— 社会研究新视野丛书 —

丛书主编 ◎ 张海东

不平等的形成

日本社会的
差异、分层和公正

不平等生成メカニズムの解明
格差・階層・公正

〔日〕佐藤嘉伦 木村敏明 — 编著

叶茂鑫 等 —— 译

社会科学文献出版社
SOCIAL SCIENCES ACADEMIC PRESS (CHINA)

FUBYODO SEISEI MECHANISM NO
KAIMEI KAKUSA,KAISO,KOSEI
Copyright © Yoshimichi Sato,
Toshiaki Kimura 2013
Chinese translation rights in simplified
characters arranged with MINERVA SHOBO
through Japan UNI Agency,Inc.,Tokyo

目 录

序　言 ……………………………………… 佐藤嘉伦 / 001

导　言　社会分层与不平等
　　　　——差异的产生机制 …… 佐藤嘉伦、木村敏明 / 001
　　1. 社会分层与不平等研究中心制度 ……………… 001
　　2. 社会分层与不平等研究中心的活动 …………… 003
　　3. 本书的要旨与构成 ……………………………… 006

第一部分　各种各样的分割线
　　　　——不平等的诸种形态

第 1 章　正规雇佣与非正规雇佣
　　　　——日本社会的不平等问题 ………… 佐藤嘉伦 / 015
　　1. 非正规雇佣存在什么问题？ …………………… 015
　　2. 正规雇佣者与非正规雇佣者间的诸多不平等 … 019
　　3. 日本雇佣-福利制度演变背景下的正规雇佣
　　　与非正规雇佣 …………………………………… 024

4. 非正规雇佣面临的社会排斥 ……………………… 029

第 2 章　多民族国家的不平等
　　　——印度尼西亚的差异问题 ………… 木村敏明 / 037
　　　1. 多民族国家印度尼西亚 ……………………………… 037
　　　2. 印度尼西亚差异的诸般表现 ………………………… 042
　　　3. 被解读为民族、宗教问题的社会差异 …………… 046
　　　4. 为了实现共存 ………………………………………… 049

第 3 章　制度产生的不平等
　　　——从日本和瑞典的比较说起 …… 永吉希久子 / 053
　　　1. 制度是使社会阶层化的装置 ………………………… 053
　　　2. 日本和瑞典的社会保障制度的比较 ……………… 058
　　　3. 失业会带来社会排斥吗？ ………………………… 064
　　　4. 不平等和制度 ………………………………………… 067

第 4 章　从家庭政策看待不平等
　　　——聚焦于单亲母亲家庭 …………… 下夷美幸 / 073
　　　1. 存在孩子抚养问题的单亲母亲家庭贫困 ……… 073
　　　2. 母亲的就业与税制和社会保障制度 ……………… 076
　　　3. 单亲母亲福利政策 …………………………………… 082
　　　4. 养育费政策 …………………………………………… 087
　　　5. 家庭政策与单亲母亲家庭的贫困问题 …………… 091

第 5 章　移民如何走向成功
　　　——在日外国人的经济融合
　　　　　………… 竹中步、石田贤示、中室牧子 / 097
　　　1. 在日外国人的同化和经济融合 …………………… 097
　　　2. 移民是如何成功的？ ………………………………… 099

3. 数据和分析方法 …………………………… 103
4. 统计分析的结果 …………………………… 105
5. 在日外国人的同化与成功 ………………… 109

第 6 章 少数群体与不平等
——在困境中生存的方法 ………… 辻本昌弘 / 115
1. 在困境中生存 ……………………………… 115
2. 日裔互助会 ………………………………… 119
3. 参加者的选拔 ……………………………… 122
4. 熟人关系 …………………………………… 126
5. 方法、创造、传递 ………………………… 130

第二部分 理论构建与政策建议
——努力阐明并缩小差异

第 7 章 制度与社会不平等
——从雇佣关系理论视角出发 ……… 今井顺 / 139
1. 不平等研究的课题 ………………………… 139
2. 社会制度及其场域 ………………………… 141
3. 雇佣关系场域 ……………………………… 143
4. 雇佣关系发展与不平等结构 ……………… 149
5. 雇佣 - 福利制度论 ………………………… 155

第 8 章 基于数理模型分析不平等与主观幸福感
……………………………………… 滨田宏 / 165
1. 地区的不平等会降低个人幸福感吗？ …… 165
2. 需要解决什么问题？ ……………………… 167
3. 个体的剥夺与社会不平等之间的关系 …… 170

4. 理论模型与实证研究 …………………………… 176

第 9 章　现代日本的收入不平等
——关注原因的多维度特征 ………… 泷川裕贵 / 185

1. 对于收入不平等的疑问 ……………………… 185
2. 群体间不平等和群体内不平等 ……………… 187
3. 通过对数方差对不平等的因素进行分解的方法 …………………………………………… 192
4. 利用 SSM 数据进行不平等的分解 …………… 196
5. 通过 SSM 数据考察收入不平等的形成要因和变化 …………………………………………… 199
6. 方差函数回归分析 …………………………… 203
7. 收入不平等的走向 …………………………… 207

第 10 章　学习能力与高校分层结构
——社会学视角下的教育不平等分析
………………………………… 松冈亮二 / 212

1. 社会分层与学习能力的关联 ………………… 212
2. 日本的高中制度 ……………………………… 214
3. 学习能力与学习活动的关联 ………………… 216
4. 多层 logistic 回归模型 ……………………… 217
5. 学习能力与高中分班决定的学习活动 ……… 222
6. 基于学习能力的教育不平等 ………………… 225

第 11 章　学龄前儿童健康差异对教育的影响
——用经济学方法分析 ………… 中室牧子 / 239

1. 学龄前儿童的健康为什么重要？ …………… 239
2. 实证研究中的因果推论问题 ………………… 241

3. 使用非实验数据的实证研究 …………………… 243
4. 使用实验数据的实证研究 ……………………… 249
5. 使用日本数据的研究 …………………………… 254

第12章 教育地区差异的政策科学性分析
——以义务教育教员的工资为例
………………………… 秋永雄一、滨本真一 / 263

1. 针对义务教育费用的争论
 ——"出了钱就要管" vs. "只出钱不用管"
 ………………………………………………… 263
2. 橘木-松浦模型的独创性与修正 …………… 266
3. 向 N 人博弈的普遍化模型扩大 ……………… 270
4. 向教育投资或不投资的自治体
 ——实证性讨论的初探 ………………………… 274
5. 如何切断人口流出与财政能力低下的恶性
 循环 ……………………………………………… 281

第13章 不平等与公正感 ………… 川岛申佳、大渊宪一 / 284
1. 日本人与公正观 ………………………………… 284
2. 公正感与社会阶层 ……………………………… 289
3. 公正感的作用 …………………………………… 298
4. 日本人的公正观
 ——总结与任务 ………………………………… 302

终　章　寻求更加美好的社会 ………… 大渊宪一 / 307
1. 社会差异理论 …………………………………… 307
2. 阻碍差异缩小的社会因素 ……………………… 309
3. 阻碍差异缩小的心理因素 ……………………… 311

4. 面向不平等的缩小
　　——从必要性标准来看待不公正 …………… 318

后　　记 ……………………………………… 324

索　　引 ……………………………………… 327

作者简介 ……………………………………… 337

译后记 ………………………………………… 344

序　言

佐藤嘉伦

（日本东北大学、京都先端科技大学）

本书为日本学术振兴会全球 COE 计划"社会分层与不平等研究中心的世界发展"的五年活动成果之一。全球 COE 计划是以增强日本研究生院的教育研究技能为目的的项目。2003 年，我们的项目被作为全球 COE 计划前身的 21 世纪 COE 计划采纳，并以此设立了社会分层与不平等研究中心（Center for the Study of Social Stratification and Inequality，简称 CSSI）。同时，全球 COE 计划于 2008 年取得成功，进一步推进了 CSSI 的研究和教育活动。虽然 CSSI 原定主要以英文论文的形式发表研究成果，但其最终以日语图书的形式总结并问世。

如本书所示，社会不平等不只是社会学或行为科学研究领域关注的问题，也需要从宗教学、文化人类学、教育学、社会心理学以及经济学等各领域进行分析与探讨。实际上，社会不平等有着不同的侧面，如果不以跨学科的视角进行研究，就难以勾勒出其全貌。正是由于感受到了这一点，在建设 CSSI 时，我们集结了全球各研究领域的专家，并致力于将其发展为国际性的跨学科研究中心。

我希望本书的读者不只阅读自身感兴趣的章节，也能纵览全书。如此，我相信一定能深化读者对社会不平等形成的各种机制的理解。

最后，我对竭尽全力翻译本书的上海大学张海东教授以及东南大学叶茂鑫讲师深表谢意。本书的翻译计划萌生于2019年我受邀参加在上海和昆明举办的研讨会之时。我从心底感谢邀请我参加研讨会的中国社会科学院李春玲研究员以及在研讨会中给予我各种帮助的中国社会科学院龚顺助理研究员。叶茂鑫与龚顺是我所任职的日本东北大学研究生院文学研究科行为科学研究室的毕业生，我为他们作为优秀的青年研究者活跃于社会学研究领域而感到自豪。

导言
社会分层与不平等
——差异的产生机制

佐藤嘉伦、木村敏明

1. 社会分层与不平等研究中心制度

中心的成立背景

本书收录了日本东北大学研究生院文学研究科所设置的社会分层与不平等研究中心（Center for the Study of Social Stratification and Inequality，简称 CSSI）十年间的研究成果。该中心于 2003 年作为日本文部科学省 21 世纪 COE（Center of Excellence）计划项目之一被采纳，继而展开活动。该项目基于政府的"大学结构改革方针"（2001 年），旨在在日本大学中建立具有世界最高水平的研究教育中心，提高研究水平和培养创造性人才。在社会科学领域，全国共有 26 个项目被采纳。中心以日本东北大学研究生院文学研究科的佐藤嘉伦为代表，同时招募了 15 名其他专业和研究院的教职人员从事推进"社会分层与不平等研究中心建设"项目的工作。这些受聘者经过严格筛选后成为中心成员。这也是日本社会科学领域唯一在文学研究科作为项目被采纳的中心。从当时的入选理由来看，中心提出了"致力于共同解决现代社会所面临的新问题"以及"教育领域的新方法"等概念，这决定了中心开展活动的方向。

虽然21世纪COE计划项目于2008年3月落下了帷幕，但该中心在此之后仍作为日本文部科学省全球COE计划项目之一被采纳进而继续开展活动。该项目继承了21世纪COE计划的基本思想，并进一步向成为具有国际竞争力的中心这一目标迈进。本中心是社会科学领域被采纳的14个中心之一，作为全球COE计划，其活动一直持续到2012年。

组织特征

本中心的两大目标为：①致力于研究成果的世界宣传、社会回馈和建言献策；②努力培养活跃于世界舞台的青年人才。为了使这两大目标有机结合并逐步实现，我们在组织层面上下了很大功夫（见图0-1）。首先，基于上述坚持研究活动和教育活动一体推进的理念，本中心设置了统筹全局、决定基本方针的"COE中心统筹办公室"。随后，又成立了"COE研究推进办公室"和"COE人才培养办公室"。这两大办公室就像马车的两个轮子，形成带动推进中心实际活动的体制。COE人才培养办公室负责教育项目的制定与修订，其不仅有教职人员，还有学生及博士后。从受教育者的角度来检视本项目的合理性是本中心的一大特征。

此外，本中心还与海外同类研究机构保持密切合作，开展活动。特别是与美国斯坦福大学"贫困与不平等研究中心"的合作，双方除了在研究层面进行信息互换，每年夏天还共同举办夏令营，促进研究者和学生之间的交流。此外，还与中国台湾"'中研院'社会学研究所·民族研究所"、韩国成均馆大学调查

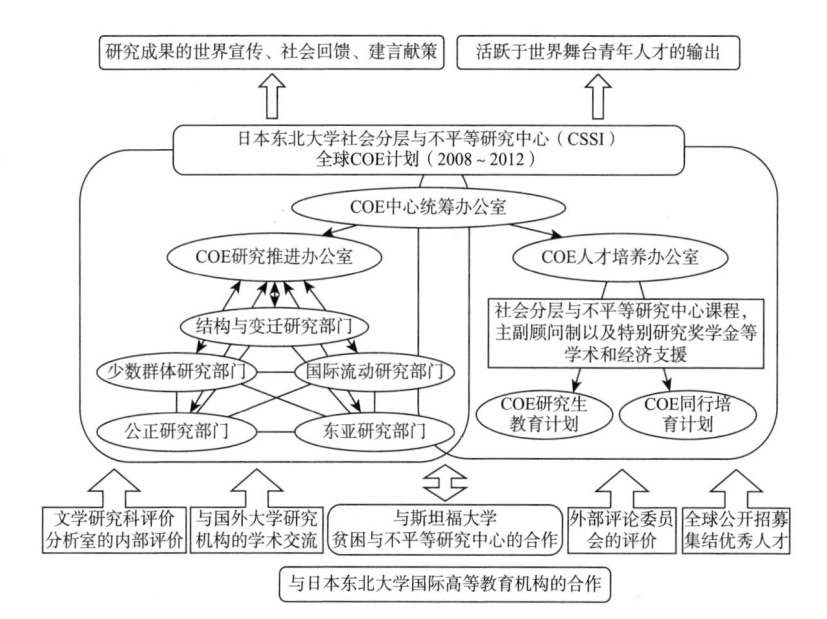

```
研究成果的世界宣传、社会回馈、建言献策    活跃于世界舞台青年人才的输出
                    ⇧                              ⇧
        日本东北大学社会分层与不平等研究中心（CSSI）
              全球COE计划（2008~2012）
                  COE中心统筹办公室
         COE研究推进办公室      COE人才培养办公室
              结构与变迁研究部门    社会分层与不平等研究中心课程、
                              主副顾问制以及特别研究奖学金等
         少数群体研究部门  国际流动研究部门   学术和经济支援
                                  COE研究生    COE同行培
         公正研究部门    东亚研究部门      教育计划    育计划
                  ⇧          ⇧        ⇧          ⇧
文学研究科评价  与国外大学研究  与斯坦福大学   外部评论委员  全球公开招募
分析室的内部评价 机构的学术交流 贫困与不平等研究中心的合作 会的评价  集结优秀人才
              与日本东北大学国际高等教育机构的合作
```

图 0-1　社会分层与不平等研究中心组织架构

研究中心、美国普林斯顿大学社会学院以及英国伦敦玛丽女王大学缔结了国际学术交流协议。

2. 社会分层与不平等研究中心的活动

基于 21 世纪 COE 计划的活动

本中心的基本目的是突破社会分层与不平等研究固有的界限，向世界展示研究成果。[1] 社会学中关于社会分层、社会流动以及不平等的研究由来已久，有着深厚的学术积淀。但是，其存在以统计数据分析为中心、理论层面和定性分析较为薄弱的问题。为了解决该问题，并从多方面探讨社会分层与不平等，本中心不仅有社会学方面的专家，还吸纳了行为科学、社会心理学、教育学、经济学、文化人类学、历史学、宗教学/宗教人类学等方面的专家。此外，我们还设置了四个研究部门，即社会分层与不平等的结构与变迁研究部门（简称"结构与变迁研究部门"）、少数群体研究部门、东亚研究部门以及公正研究部门，试图通过四个部门的有机协作来推进研究。结构与变迁研究部门运用理性选择理论、数理模型、计算机模拟等最先进的理论与方法推进研究，试图把现代社会、近代社会纳入研究视野，从历史角度进行理论构筑。少数群体研究部门主要观测在以业绩主义为社会基本原理的现代社会中，是否仍然存在由先赋属性造成的差异，并解释为何会存在这样的差异。东亚研究部门通过比较东亚各国与日本社会，旨在确认两者在社会分层、社会流动以及不平等结构上的共同点和不同点，确保得出更具一般性的观点。公正研究部门主要聚焦于公正这一判定社会分层与不平等的重要标准，致力于在全社会已经意识到单一平等主义将导致形式平等这一前提下，探讨什么样的不平等能被社会大众所接受的公正性问题。

本中心注重研究成果的国际宣传，因此决定出版英文丛书向世界介绍我们的研究成果。上述四个研究部门及部门之间合作的研究成果将会刊登在每年发行的英文年报 *CSSI Annual Report* 上。该八册英文丛书由澳大利亚的跨太平洋出版社（Trans Pacific Press）发行。我们为本中心能够通过英文年报向世界宣传研究成果而感到自豪。另外，英文丛书也刊登在了 *Equal Opportunities International*、*Pacific Affairs*、*The Journal of Politics* 等国际杂志的书评栏目。通过这些方式，我们不仅实现了研究成果在全世界的宣传，同时也为本中心在全球知名度的提高做出了贡献。

全球 COE 计划研究活动的开展

21 世纪 COE 计划虽然已于 2008 年 3 月落下帷幕，但幸运的是，之后该计划便作为全球 COE 计划项目之一被采纳，继续开展了为期 5 年的活动。相较于 21 世纪 COE 计划，全球 COE 计划的预算规模更大，因此，本中心录用专任副教授和助教，意在扩展和深化现有研究活动。在全球 COE 计划中，我们以直面"差异社会"为目的，着手解决三大问题：社会差异现状如何这一实证问题，社会差异是基于怎样的社会机制产生的这一理论问题，以及应该提出怎样的政策性建议这一最终问题。

此外，在思考现代社会差异的时候，我们不能忽视国际移民问题。截至 2011 年底，居住在日本的外国人已经超过 200 万（法务省《外国人登记统计表》）。为了阐明围绕国际移民的社会分层、不平等以及社会差异等问题，本中心除上述提到的四个研究部门外，还新设了国际流动研究部门。

全球 COE 计划与 21 世纪 COE 计划一样，都重视研究成果在国际平台的宣传，每年除了英文年报，还发行了七种英文丛书，并将这些英文丛书的书评刊登在 Social Science Japan Journal、Journal of Regional Science 等国际杂志上，提升了本中心在全球的地位。

但是，我们把更多的精力放在了国际宣传上，导致面向国内，特别是面向日本普通民众宣传不足的问题。虽然各成员也曾通过撰写日语著作和论文等向外界宣传与介绍本中心的研究成果，但是仅限于金子胜、橘木俊诏、武者陵司等人汇总的研讨会系列成果——《全球资本主义与日本的选择——于贫富差距扩大之中》（『ローバル資本主義と日本の選択——富と貧困の拡大のかなで』）（岩波书店，2010 年）、《经济研讨会》（『経済セミ

ナー』）杂志2012年第6期、第7期发布的《Symposium 教育经济学的展望》（「Symposium 教育の経済学の展望」），大西仁和吉原直树监修的《生活在流动时代——人、权力、共同体》（『移動の時代を生きる——人・権力・コミュニティ』）（東信堂，2012 年），以及日文版的 *CSSI Newsletter* 等。基于此，本中心决定将本书作为10年研究活动的集大成之作出版发行，向普通群众展示我们的研究成果。

3. 本书的要旨与构成

本书的要旨——社会差异的形成机制

本书基于本中心10年的研究成果，从多方面探讨社会差异与不平等形成的机制。人与人、集体与集体之间为何会存在差异与不平等，这是社会分层与不平等理论阐释的根本问题。对此，本书的观点是：制度、历史、文化、宗教、民族构成等宏观社会背景与人们的属性和资质、能力等微观特性错综复杂地交织在一起产生了差异与不平等。下文将以本书所收录的研究内容为例，说明本书观点。

我们经常在媒体上看到正规雇佣与非正规雇佣的报道，那么究竟为什么会产生这样的差异呢？在第1章，佐藤嘉伦提出了这一问题。在他看来，二战后日本实行的生活保障制度已经无法满足日益变化的现实需求，这导致非正规雇佣陷入了制度与现实之间两难的窘境，从而形成了正规雇佣者与非正规雇佣者之间的差异。

另外，木村敏明在第2章通过印度尼西亚的历史事件，对印度尼西亚基尼系数的时间变化进行了说明。木村将基尼系数的地域差异归结为各地域的历史差异，并指出这样的经济差异正逐渐演变为民族、宗教问题。

再举一例，日本单亲家庭孩子的贫困率超过了 50%，位居 OECD 成员国首位。由于单亲家庭多为单亲母亲家庭，所以母亲和孩子通常苦于贫困。究竟为何会出现这种现象？在第 4 章中，下夷美幸解释了税制、社会保障制度、单亲母亲福利政策以及养育费政策如何导致单亲母亲家庭贫困这一问题，并分析了与母子相离的父亲被排斥于家庭政策边缘的现状。

如前所述，本中心的特征是各类学者从不同的角度分析社会差异与不平等问题。同样，本书的内容也反映了这一点。作为研究对象的不仅有日本社会，还有印度尼西亚以及瑞典等国家，研究手法也包含统计分析、数理模型、制度分析、历史分析以及事例研究等。而宏观社会背景与微观特性错综复杂的交织导致差异与不平等这一观点始终贯穿全书。

本书的构成

本书由两大部分构成。第一部分汇集了基于实证研究探讨社会差异形成机制的相关论文。其中，实证研究不仅限于统计分析，还包括广义上的事例研究、历史分析以及制度分析等。与此相对，第二部分通过制度分析、数理模型等方法继续阐释差异与不平等形成机制，也汇集了不平等产生原因之一——教育的相关论文。最后两章则致力于解决由上述差异所导致的社会公平问题。

第 1 章（佐藤嘉伦）提到了现代日本越发突出的正规雇佣与非正规雇佣之间的差异问题，并理论性地阐明了其形成机制。佐藤从工资差异、流动壁垒以及婚姻状态这几点系统性地分析了现代日本的正规雇佣与非正规雇佣的差异，并论述了这一差异的产生背景与战后日本的"雇佣－福利制度"有关，该制度强调企业代替国家承担雇佣保障和福利保障。在该制度下，"正规雇佣"这一身份成为享受两大保障的前提条件。近年来，经济不景气和非正规雇佣限制的放宽使得正规雇佣规模缩小，非正规雇佣者增加，而由于上述制度仍在维持运转，便产生了非正规雇佣者被迫遭受社会各种排斥的现状。文中指出，制度与现实的隔阂给非正规雇佣者带来了困难，颇为耐人寻味。

第2章（木村敏明）列举了多民族国家印度尼西亚的事例，论述了其伴随着经济发展所产生的社会差异现状，并分析了这些现状表现为民族和宗教问题的原因。木村展示了20世纪80年代后印度尼西亚的基尼系数，并将不同时代、不同地区所表现出来的各种差异与各时代和地域的历史特征结合起来展开论述。在此基础上，木村列举了一系列事例，阐释了发生在印度尼西亚的社会暴乱的原因，并指出当地人认为"我们之所以贫穷，是因为某些人（某些宗教信徒）掌握了我们的经济命脉"。这些都是体现不同地域文化脉络下社会差异的实例。

第3章（永吉希久子）关注社会制度与差异、阶层固化的关系，以失业人员的社会排斥为例进行了相关探讨。失业不仅导致人们经济上的贫困，还会减少获取社会服务的渠道，甚至会带来社会关系疏远、社会活动减少等不利影响。永吉将这些不利影响概括为"社会排斥"，在此基础之上，将其形成机制与社会保障相结合展开考察。具体而言，她列举了日本和瑞典这两个可以对比社会保障制度的国家，分析制度差异对失业人员的社会排斥造成了什么样的影响。永吉指出，从分析结果来看，在面对特定阶层雇佣保护政策的情况下，原本为了改善失业者经济条件的社会救济政策未必能消除其社会排斥；同时，失业，特别是长期性失业对失业者的社会性排斥有着无法从经济角度消除的影响。

第4章（下夷美幸）提到了日本单亲母亲家庭存在的贫困问题，并将其与英国单亲母亲的情况相比较，从政策层面探讨了该问题形成的机制。下夷指出，日本的税制和社会保障制度是基于"男主外"模式建立的，因此这些政策都将父亲设定为抚养人。另外，从单亲母亲福利政策和养育费政策的具体内容可看出，政策对母亲工作的支援以及对父亲养育费的收取都存在缺陷，也未对孩子抚养人问题做出明确规定。基于此，她认为对"男主外"模式制度的倾斜和责任再分配制度的缺失导致了单亲母亲家庭的贫困。

第5章（竹中步、石田贤示、中室牧子）考察了在日移民的经济性流动与阶层固化问题。竹中等人指出，"同化理论"作为以往日本关于移民政策和学术讨论的基石，其前提是"正向同化"，即移民的社会地位和经济地位随着移民群体与本地社会的融合而得到提升。但近年的研究表明，移民群体适应本地社会不一定会带来工资的上涨，甚至反而出现"负向同化"现象。竹中等人基于在日移民统计调查，指出在日本社会中，"负向同化"模型是解释移民特别是欧美裔移民经济性流动问题的重要模型，同时还指出，海外教育以及在海外获得的外语技能等人力资本对移民的地位获得起着重要作用。

第6章（辻本昌弘）提到了移民为融资而结成的互助会，论述了少数群体应对困难的方法。互助会通过在定期例会上让参与者缴纳月费而集资，筹集到的资金将轮流支付给指定成员。因此，互助会希望尽可能确保多数人员参加，但也有必要排除存在不交钱等情况的惹是生非者。辻本指出，为了摆脱此类情况，互助会完善了组织结构，形成了巩固基盘、杜绝失效情况发生的循环型构造，此外还通过各种方法，维系群体内互助关系。研究互助会的意义不在于照搬这种方法，而在于通过学习总结他人的事例，创造性地提出克服自身困难的方法。

第7章（今井顺）是社会不平等形成的制度分析。今井基于历史脉络，摸索雇佣关系在现代社会是如何建立起来的，同时指出现代社会的雇佣关系是政府（国家）、雇佣者以及劳动者（工会）之间交涉形成的产物，劳动力市场制度、法律是雇佣关系形成的重要元素。在此基础上，他提出了非正规雇佣者被排斥在"产业市民权"之外的问题。战后日本雇佣关系所孕育出来的正规雇佣者，是享有这一权利的主体。他特别指出，2008年修订的《短期雇佣劳动法》表面上对正规雇佣者和非正规雇佣者一视同仁，实则存在问题，即非正规雇佣者如果不履行与正规雇佣者同等的义务，就无法获得与其相同的权利。这一思考意味深长。

第8章（滨田宏）利用数理模型，就地域不平等对主观幸福感产生负向影响的机制进行了说明。滨田从逆向思维出发，认为不是宏观层面的不平等影响了个人的意识（主观幸福感），而是个人意识的融合定义了宏观层面不平等的程度。而且，他以伊萨基的相对剥夺感模型为根据，从理论上将地区的不平等与主观幸福感相结合。

第9章（泷川裕贵）主要分析了作为不平等研究核心话题之一的收入不平等。泷川通过对数方差将收入不平等分解成年龄、职业阶层、雇佣形态、工作地点的规模、学历5个因素，观察了1995～2005年收入不平等的变化情况，接着通过方差函数回归，在控制其他变量后，分析了各因素的影响。尽管分析的结果各式各样，但可以看出受雇人员、大型企业职员、政府机关工作者与其他群体之间的收入差距呈稳步扩大的趋势。

第10章（松冈亮二）以高中生为对象，分析了学生特性与学校特性对于学生课外学习活动的影响。他用家庭社会经济地位、数学成绩、学习能力以及性别作为衡量学生特性的指标，用学校排名、学校类型（普通高校或职业技术学校）、公立或私立以及城市规模作为衡量学校特性的指标。关于课外学习活动，松冈将参加课外班、参加补习班、是否进行数学学习以及是否进行提升学习能力的学习作为衡量指标。尽管分析结果存在差异，但从其中得出的一个重要的结论是：在控制其他变量的情况下，学生的学习能力、学校排名以及是否为普通高校等因素会影响课外学习能力。

第11章（中室牧子）分析了学龄前儿童的健康状况对受教育程度，甚至是收入的影响。中室认真总结了该课题已有研究中的方法论相关问题后，运用自己收集的双胞胎数据，分析了学生出生体重对初三时的成绩、受教育年限和收入的影响。结果显示，学生出生体重对初三时的成绩有所影响，但对受教育年限和收入无影响。但是，学生初三时的成绩对受教育年限和收入有影响。因此可以认为，出生体重以初三时的成绩为媒介，影响着受教育年限和收入。

第12章（秋永雄一、滨本真一）通过博弈论，分析了在义务教育费国库负担额制度废除的情况下，自治体的教育投资水平会如何发生变化的问题。秋永与滨本将橘木－松浦模型普遍化，指出了义务教育费的国库负担率越高，都道府县对教育投资的积极性就越高的现象。

第13章（川岛申佳、大渊宪一）分析了人们的公正感与社会分层之间的关系。川岛和大渊指出，公正感研究要从宏观公正感和微观公正感这两大层面进行考虑。其中宏观公正感是人们关于社会整体状态的判断，而微观公正感是人们基于个人的判断。社会阶层越低的人，越能感受到自己没有得到与自身相符的收入和社会地位。

终章（大渊宪一）根据前面章节的论述，将关注点放在了阻碍差距缩小的心理因素上。大渊从公平世界信念、制度正当化以及互补世界观这几方面论述了即使存在差异，人们也甘于接受现状的心理机制，并指出处于社会不利地位的人群也存在这样的心理障碍。他还指出，主张致力于缩小差距的社会运动和政策应当考虑这些心理障碍的存在。最后他认为，基于必要性的不公平修正，是缩小现代日本社会差异的焦点所在。

注

（1）中心的研究项目与教育项目如同马车的两个轮子一样重要，但因为本书是对中心研究活动的总结，所以只针对研究项目进行阐述。教育项目的相关说明将在后记中予以补充。

第一部分
各种各样的分割线
——不平等的诸种形态

第 1 章

正规雇佣与非正规雇佣

——日本社会的不平等问题

佐藤嘉伦

1. 非正规雇佣存在什么问题?

日本非正规雇佣者的增多

众所周知,日本非正规雇佣的比例正在持续上升。图 1-1 是根据劳动力调查所绘制的日本非正规雇佣者占比变化时间序列。首先,从整体上看,20 世纪 80 年代,日本非正规雇佣者比例低于 20%,90 年代初期达到 20%;这一比例从 90 年代中期开始迅速上升,并于 2003 年超过 30%。其次,从性别来看,日本女性的非正规雇佣者比例要远高于男性。在日本大多数已婚女性需要辞去工作(辞掉正规雇佣的工作),从事兼职等非正规雇佣的工作,因此日本女性非正规雇佣者所占的比例原本就比较高。而到了 20 世纪 80 年代中期,日本女性非正规雇佣者比例已经超过 30%。与此相对,男性非正规雇佣者比例在 20 世纪 90 年代中期还不到 10%,但此后也急剧增加,到 2008 年左右接近 20%。非正规雇佣者的增加对终身雇佣制等日本式雇佣习惯造成了冲击，也成为当前日本社会出现不平等的重要原因。[1]

图 1-1 非正规雇佣者的占比

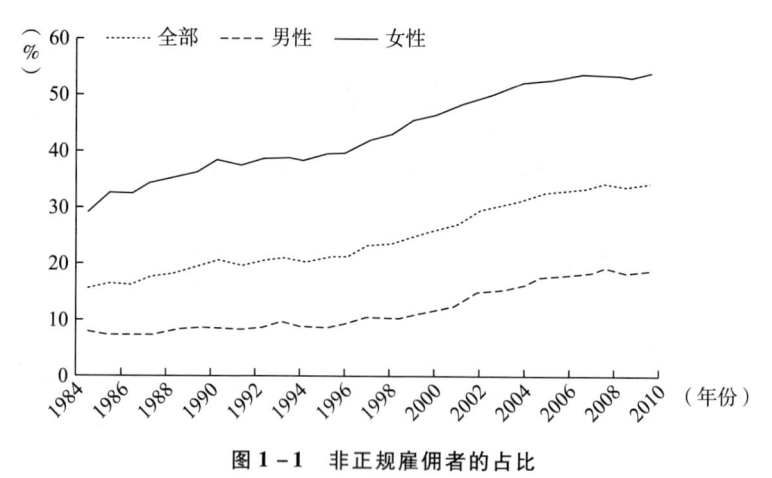

资料来源：笔者根据劳动力调查特别调查和劳动力调查详细制作。

新中间阶层的非正规雇佣化

此外，长期以来处于劳动力市场核心地位的新中间阶层也出现了非正规雇佣化的倾向。例如，根据"2005年社会阶层与流动全国调查"（以下简称SSM调查），笔者得知，处于劳动力市场核心地位的新中间阶层的非正规雇佣化倾向增强（Sato, 2011）。[2] 此分析中，笔者将全社会分为管理层、上层白领（专业技术岗位人员和拥有本科学历的白领）、下层白领（高中及以下学历的白领）、蓝领阶层以及农民阶层五个阶层，制定代际内社会流动表，对受访者在1995年与2005年的阶层流动状况进行了分析（见表1-1）。[3] 根据代际内社会流动表，可以计算出各个阶层流动水平的对数优势比。对数优势比表示进入某一阶层的相对的机会，比值越大，表明流动性越小。例如，当管理层的对数优势比是0时，表示受访者在1995年和2005年时进入管理层的机会是相同的。然而当对数优势比大于（或小于）0时，则表示1995年处于管理层的人比其他阶层的人在2005年时更容易（更难）进入管理层。对以下公式进行计算后，得到管理层的优势比为52.96。

$$\frac{1995 年为管理层在 2005 年依然为管理层人数的优势比}{1995 年不是管理层但 2005 年进入管理层人数的优势比}$$

$$=\frac{\dfrac{1995 年和 2005 年均为管理层的人数}{1995 年是管理层 2005 年成为非管理层的人数}}{\dfrac{1995 年是非管理层 2005 年成为管理层的人数}{1995 年和 2005 年均为非管理层的人数}}=\frac{\dfrac{137}{56}}{\dfrac{130}{2814}}=52.96$$

取其对数，则可得到对数优势比为3.97。用同样的方法计算其他阶层的对数优势比，可得到，上层白领为5.64，下层白领为4.46，蓝领阶层为4.23，农民阶层为6.41。由此可知上层白领的对数优势比高于除农民阶层以外的其他阶层。这意味着上层白领流动性相对较弱，稳定性较强：1995年为上层白领的人在2005年仍处于上层白领的比例较高。此外，1995年为上层白领的人中约有10%的人在2005年进入管理层，这表示上层白领依然是向上流动进入管理层的主要人群。

表1-1　1995年和2005年代际内社会流动（实际数量）

	管理层	上层白领	下层白领	蓝领阶层	农民阶层	合计
管理层	137	12	19	23	2	193
上层白领	67	606	5	22	6	706
下层白领	33	10	630	121	11	805
蓝领阶层	30	28	66	1096	28	1248
农民阶层	0	1	3	13	168	185
合计	267	657	723	1275	215	3137

资料来源：笔者根据2005年SSM调查的数据计算。

然而，如果将职业阶层和雇佣形态（正规雇佣或非正规雇佣）结合起来，以上的结论则可能并不成立（见表1-2）。1995年，上层白领中正规雇佣者占78.3%，非正规雇佣者占7.8%。虽然表1-2中没有显示，但与下层白领和蓝领阶层21.7%和20.9%的非正规雇佣率相比，上层白领的非正规雇佣率是非常低的。然而到了2005年，上层白领中非正规雇佣者所占比例翻倍，达到了15.2%。下层白领和蓝领阶层中非正规雇佣者的比例也分别增加到了34.9%、36.4%，这其中上层白领中的非正规雇佣者比例的增速最快。可见，2005~2015年，上层白领也正面临非正规雇佣化的压力。

表1-2 上层白领雇佣形态的分布

单位：%

年份	管理层	正规雇佣者	非正规雇佣者	自营者	合计
1995	4.4	78.3	7.8	9.5	100.0
2005	4.9	68.5	15.2	11.4	100.0

资料来源：笔者根据2005年SSM调查数据计算。

非正规雇佣的理想与现实

非正规雇佣率的上升这一事实，本身并不构成社会问题，相反还有诸多优点：非正规雇佣者流动性高，便于雇员找到适合自己的工作；非正规雇佣者也不必担心生子、育儿、照顾老人等因素对其职业造成的阻碍。或者说，非正规雇佣者比正规雇佣者平均劳动时间短，更容易平衡工作和生活。但在日本，这样理想化的非正规雇佣无异于空谈，非正规雇佣者和正规雇佣者的待遇差别巨大。如果正规雇佣者和非正规雇佣者之间仅仅存在劳动时间长短的不同的话，雇员则可以根据自身的需求选择在正规雇佣者和非正规雇佣者两个身份之间灵活转换。但在日本，一旦从正规雇佣者变为非正规雇佣者，在收入和福利待遇方面将十分不利。而且，非正规雇佣身份几乎难以转换为正规雇佣身份（详见下文），这是日本的非正规雇佣者面临的重要问题。

当然，也许有人也会自愿从事非正规雇佣者的工作，[4]但对大部分非正规雇佣者而言这都是无奈之举。有些人可能是因为没有成为正规雇佣者，才自称"自愿"成为非正规雇佣者的。本章将围绕正规雇佣者和非正规雇佣者之间的不平等现状进行分析，并讨论其产生机制的相关问题。

2. 正规雇佣者与非正规雇佣者间的诸多不平等

正规雇佣者与非正规雇佣者间的工资收入不平等

本节围绕一些已有的研究对正规雇佣者和非正规雇佣者之间的不平等问题进行讨论。首先，本章关注了其工资收入的不平等。笔者根据2005年SSM调查数据绘出图1-2（佐藤，2008：23）。笔者将受访者的收入水平划分成四个区间，然后将收入最高的前25%的受访者按照职业（专业技术岗位或熟练技术岗位）和雇佣形态（正规雇佣者或非正规雇佣者）两个变量进行了分组描述性统计。例如，正规雇佣的专业技术岗位雇佣者中有约六成的人进入高收入阶层，而在正规雇佣的熟练技术岗位雇佣者中只有约四成的人进入高收入阶层。

无论是正规雇佣还是非正规雇佣，专业技术岗位雇佣者都比熟练技术岗位雇佣者进入高收入阶层的比例高。这反映了技术水平影响收入。但比起技术水平因素，图1-2显示，正规雇佣者和非正规雇佣者之间的工资差距更大。

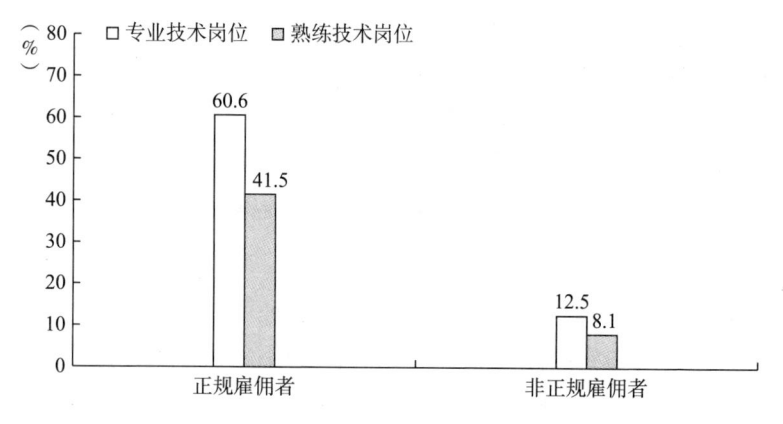

```
  80 ┌─────────────────────────┐
(%)│ □专业技术岗位  ■熟练技术岗位 │
  70 │                         │
  60 │ 60.6                    │
  50 │                         │
  40 │      41.5               │
  30 │                         │
  20 │                         │
  10 │              12.5       │
   0 │                  8.1    │
      正规雇佣者      非正规雇佣者
```

图 1-2　收入最高的前 25% 受访者中不同职业以及不同雇佣形态者的比例

资料来源：佐藤（2008：23，根据图 2 修改）。

关于正规雇佣者和非正规雇佣者之间的收入差距主要有两种解释机制。一是学历和工作经验的差别，可用人力资本（Becker, 1993）理论进行解释；二是工作时长的差别，也可以说，正规雇佣者和非正规雇佣者之间的收入差距是劳动时长差异造成的，正规雇佣者比非正规雇佣者的平均工作时间更长，因此其收入更高。

笔者认为以上两种解释都有一定的局限性。例如，若劳动时间的长短是不同群体收入差距产生的主要原因的话，其二者在时薪方面的差距应该不大。但表 1-3 中独立行政法人劳动政策研究研修机构数据显示，日本的非正规雇佣者（非全职劳动者）时薪仅为正规雇佣者（全职劳动者）时薪的 55.9%。这一数字虽然比美国的 30.7% 大，但是远小于法国的 88.2% 和荷兰的 85.3%。（独立行政法人労働政策研究・研修機構，2012）。

人力资本理论的解释，也存在局限性。例如，太郎丸博发现，即便控制了工作时长和人力资本等因素，正规雇佣者的收入仍然比非正规雇佣者高 1.4～2.0 倍（太郎丸，2009：73-76）。因此，必须要考虑其他影响因素。下一节将从社会学的视角来探讨这些影响因素。

表 1-3　不同国家非正规雇佣者时薪占正规雇佣者时薪的比例

国家	比例（%）	年份	国家	比例（%）	年份
日本	55.9	（2010）	意大利	75.4	（2006）
美国	30.7	（2010）	荷兰	85.3	（2006）
英国	71.7	（2010）	丹麦	81.3	（2006）
德国	82.1	（2006）	瑞典	83.4	（2006）
法国	88.2	（2006）			

资料来源：独立行政法人労働政策研究・研修機構（2012：169，表 5-5）。

正规雇佣与非正规雇佣之间的流动壁垒

上文主要讨论了正规雇佣者和非正规雇佣者之间的收入不平等是一种结果不平等。但如果劳动者可以在正规雇佣和非正规雇佣身份之间自由切换，那么正规雇佣者和非正规雇佣者之间存在收入差距也并不是什么问题。但诸多研究表明，正规雇佣与非正规雇佣之间存在非常严重的流动壁垒。如果对劳动者详细调查的汇总结果进行简单计算，也可以得出这一结论。为了排除"3·11"日本地震的影响，本研究决定使用 2009 年年均汇总表。[5]根据 2009 年劳动者详细调查数据，笔者经过计算发现，在前一份工作是正规雇佣身份的 123 万名劳动者中，76 万人仍是正规雇佣者，46 万人换工作后成了非正规雇佣者。与此相对，前一份工作是非正规雇佣者的 161 万人中，仅有 34 万人成为正规雇佣者，其余 127 万人仍然为非正规雇佣者。笔者进一步计算发现，前一份工作是正规雇佣身份的劳动者，在新工作中成为正规雇佣者的可能性比非正规雇佣的劳动者高了6倍。可以看出，正规雇佣和非正规雇佣之间存在巨大的流动壁垒。太郎丸博根据2007年的数据，使用同样的方法，得出了同样的结论。

这一壁垒也可以用人力资本理论解释。简单来讲，非正规雇佣者因为在劳动者市场中没有积累到足够的人力资本，所以无法转为正规雇佣者。玄田有史利用2002年"就业结构基本调查"进行的分析可以证明这一解释机制的正确性（玄田，2008）。据其数据分析显示，劳动者学历越高，越容易从非正规雇佣者变为正规雇佣者。此外，相较于上一份工作从事制造业的劳动者，从事医疗、福利、教育、教学、综合服务业等需要专业技能的工作的人，或在建筑业、餐饮业、住宿业等需要实践技能的岗位上工作过的人，更容易从非正规雇佣者转职为正规雇佣者。相反，没有足够人力资本的、学历较低、没有专业技能的劳动者则很难转为正规雇佣者。

另外，有研究指出，低学历劳动者的第一份工作更容易是非正规雇佣身份（平田，2008；枥泽、太郎丸，2011）。[6]由此可以推测，低学历人群很有可能从第一份工作开始一直以非正规雇佣者的身份工作。而父母社会阶层又决定其子女的受教育程度。因此可以说，出身于社会阶层地位较低家庭的子女更容易成为非正规雇佣者。对此，佐藤香（佐藤，2011）和石田浩（石田，2005）也进行了相关分析，结果略有不同。

正规雇佣者与非正规雇佣者的结婚不平等

正规雇佣者和非正规雇佣者之间的不平等不仅体现在收入方面，也体现在结婚机会方面。白波濑佐和子使用logit分析发现，男性的收入越低，其结婚难度越大（白波濑，2005：66，表3-3）。她虽然没有将正规雇佣者与非正规雇佣者作为因变量，但可以从非正规雇佣者和正规雇佣者之间的收入差异中得出非正规雇佣者结婚难度更大的猜想。而永濑伸子的研究得出了非正规雇佣者比正规雇佣者更难结婚的分析结果（永濑，2002）。另外，酒井正和樋口美雄的研究也指出，有非正规雇佣工作经历是非正规雇佣者结婚时间推迟的一个因素（酒井、樋口，2005）。

从上述分析中可知，非正规雇佣者可能终身未婚，以"中老年非正规雇佣者"身份一直与父母同居。针对这一现象，白波濑认为"有很多家庭处于成年子女未婚、收入低、户主年龄较大、父母仅靠养老保险生活的状况。可以设想，这种情况下父母与子女同居时，年老的父母只能用自己的养老保险来维持家计"（白波濑，2010：93-94）。

社会排斥

以上内容，概述了正规雇佣者与非正规雇佣者间的收入不平等、流动壁垒、结婚不平等以及中老年非正规雇佣者与其年迈双亲的问题。上述问题可被统称为"社会排斥"。非正规雇佣者不仅在劳动力市场遭受排斥，在诸如结婚、稳定生活这种生活机会中也遭到排斥。

而且，正如前文所讲，非正规雇佣者的比例持续扩大。由此可以猜想受到社会排斥的人群正在扩大。更重要的是，即使是长期以来处于劳动力市场核心地位并保持稳定状态的上层白领，一旦沦为非正规雇佣者，受到社会排斥的可能性也会提高。

至于非正规雇佣者为什么会处于这种状况，如上所述，仅从人力资本论的角度不足以解答这个问题。下一节会从更多社会学的视角来阐释这一问题。

3. 日本雇佣－福利制度演变背景下的正规雇佣与非正规雇佣

地位与分工结构

回答上一节提出的问题，需要从两个角度出发。第一是地位与分工结构；第二是雇佣制度，或是说雇佣－福利制度。首先，地位与分工结构是一个社会学的基本概念。社会变得越来越复杂，各种职能相继出现。或者过去资本家同时参与经营管理，后来资本家和经营管理者区分开来；又或者随着企业事务的复杂化，一个部门被划分成多个部门。

以上的职能是水平性的分化，而根据职能间的命令权限等，会产生垂直型联系，也会出现重要职能和非重要职能。为了给重要职能配属有能力的人才，有必要为其提供相应的报酬。因而随着职能间的社会资源分配不平等问题的出现，人与人之间就产生了地位高低之分。

由此想法可以联想到功能主义的社会阶层论（Parsons, 1940；David and Moore, 1945）。该理论试图回答，为什么社会中存在不平等这个根本性的问题。其中一个假设认为，为了社会的存续，其功能条件必须得到满足。上述职能的重要性被设定为能满足多少功能条件的贡献度，并根据贡献度向各个职能分配社会资源。

这个理论存在过分强调社会稳定性以及社会资源分配主体不明确等问题。但是，这个理论针对的不是个体，而是职能，其强调根据更具有普遍性的社会位置进行社会资源分配，而个体则参与到获得社会位置的竞争当中。这个假设对于解释正规雇佣和非正规雇佣之间的不平等有着重要作用。[7]

雇佣-福利制度

如果拥有更多人力资本的人任职于拥有更多社会资源的岗位，那么就会出现人力资本论所预想的状况，并可以基于此说明正规雇佣和非正规雇佣的差别是由人力资本的差别产生的。然而如上一节所述，这个解释并不充分，为了理解这一点，有必要了解上述雇佣-福利制度的形成过程。

宫本太郎认为人们的生活保障是由社会保障和雇佣保障所共同构成的，前者承袭戈斯塔·埃斯平·安德森的理论（Esping-Andersen, 1990; 2001），被称为福利制度；而后者则被称为雇佣制度（宫本，2008）。接下来将对两者间的关系进行探讨。具体而言，雇佣制度是展示劳资关系和雇佣保障制度、劳动力市场政策、经济政策、产业政策等围绕雇佣维持和扩大所产生协作关系的制度（宫本，2008：23）。今井顺更加重视两种制度间的协作关系，并使用了雇佣-福利制度这一词（Imai, 2011a; 今井，2013）。正如宫本分析所述，在日本，国家提供的社会保障支出很少，而企业则承担了更多的社会保障支出。国家通过各种政策与制度，用雇佣保障来维持人们的生活水平（宫本，2008：3）。如此一来，我们可以看到一个当雇佣得到保障，社会保障则由资方来提供的结构。由于雇佣保障和社会保障密切衔接，本章在宫本论述的基础上，决定使用雇佣-福利制度这个词。

基于如上论述，可得出以下结论，即雇佣-福利制度虽然在第二次世界大战（以下简称"二战"）后逐渐弱化，但是其核心部分仍然保留了下来，它无法应对现实中的变化，但可以替代的制度还未能建立。从这里，我们可以看到上一节中提到的正规雇佣和非正规雇佣间不平等的形成过程。为了理解这一点，我们先把战后的雇佣－福利制度的形成过程简单回顾一下。

战后日本雇佣－福利制度的形成过程

詹姆斯·阿贝格伦的研究表明，日本式经营由终身雇佣制、年功序列制和企业工会制构成（Abegglen, 1958；1958）。虽然阿贝格伦对这些构成因素并没有给予肯定的评价，但是很多人都认为它们是日本经济高速发展的原动力。终身雇佣制确保了稳定的雇佣环境，同时通过人事调动来实现企业内部的人才使用。年功序列制使人们可以预测未来的收入，方便劳动者规划生活。企业工会制则促进劳资关系良性循环。换言之，日本式管理制度是一个将劳动者的忠心、积极性和能力充分调动起来的系统。

当然这个系统不是经过精密计算制作而成的，在一定程度上可以说它是劳工运动、劳资交涉的产物。二战前，在大企业里，职员（白领）和工人（蓝领）之间有着"身份"的差别（尾高, 1984；野村, 1994；二村, 1994）。职员可以得到相对稳定的雇佣保障，工资按月结算；与此相对，工人的雇佣保障不稳定，工资按生产量计算或按小时、按天结算（二村, 1994）。在此处应用上文所述的社会位置这一说法的话，可以得知"职员"和"工人"是社会位置。一旦获得"职员"这个位置，便可以得到稳定的工作、稳定的生活保障。但是要想成为职员必须拥有大学学历或高等专科学校学历，低学历者几乎不可能获得此社会位置（二村, 1994）。从菅山真次以二战期间日立制造所、日立工厂为对象的研究中，可以发现一个有趣的现象，同样是职员，官立大学毕业生、私立大学或高等专科学校毕业生、实业学校毕业生之间有很明显的工资差别（菅山, 1989）。这缘于"职员"内部存在多个替补位置（Sub Position）。

在现代也有类似的现象。比如，若劳动者升职到企业中级别较高的职位，收入就会上涨（鹿又，2001）。因为升到重要职位后人力资本并不会马上增多，所以因高职位而获得的高收入正是对"重要职位"这一位置的报酬。

然而，在战后民主化浪潮中，废除职员和工人的身份差别是当时工会的重要主题，并且最终这一身份差别也的确被废除了（二村，1994）。但需要注意的是，这里提到的废除职员与工人身份差别是针对企业内部范围而言的。换言之，工会要求工人与职员同样被看作企业的一员。二村一夫明确指出，在1948年7月富士电机工会大会上这一点被提及（二村，1994）。关于这场大会，二村有如下论述，"决议以'我们作为同样的人'这样的话开场，可以看出这是基于基本人权所提出的诉求。但是紧接着又出现了'我们应该被给予平等参与公司运营的机会'这样的发言。显然这不是基于基本人权而提出的诉求，而是基于自己所从属的团体，在这里是富士电机公司的一员，所提出的诉求"（二村，1994：60）。

企业市民权的确立和排斥

作为企业的一员，在得到合适的待遇，获得稳定的雇佣保障和工龄工资这样的"权利"时，劳动者也要对企业履行各种各样的义务，[8]"单身赴任"是一个典型的例子。今井将这种权利-义务关系的出现称为"企业市民权"的确立（Imai，2011b）。

如上所述，日本形成了以企业为中心提供雇佣保障和社会保障的雇佣-福利制度，获得了企业市民权的人就可以得到雇佣保障和社会保障。也就是说，劳动者处于"正社员"（正规雇佣者）这个社会位置，便可以得到这两方面的保障，而如果不在这个位置，就无法获得这些保障。有两大群体是无法得到这些保障的，一个是女性群体，另一个是非正规雇佣者群体。

如野村正实所指，处于终身雇佣制这一保护伞下的主要是大企业的男性员工（野村，1994），女性之所以被排除在外，是缘于"男主外"的家庭模式。简单来讲，这种家庭模式认为，男性以正规雇佣身份工作到退休，女性与这样的男性结婚，然后做家庭主妇或以非正规雇佣身份工作。也可以做如下考虑，国家制定的社会保障政策、福利政策、纳税制度等，是以企业的雇佣保障、社会保障以及"男主外"模式为前提，加以辅助强化制定而成的。[9]如图1-1所示，长期以来女性的非正规雇佣比例都比较高，但即使女性无法获得企业市民权，在以"男主外"家庭模式为前提的社会中也并不会出现严重的社会问题（除去女权主义者的批判）。

战后雇佣-福利制度的功能缺失

不过，自20世纪90年代初期"泡沫经济"崩溃以来，这个系统的运转就出现了故障。全球化和产业（服务业）结构的变化等被认为是其中的原因。[10]本章并不对其原因进行分析，而是着眼于探讨雇佣-福利制度的功能缺失所导致的后果。

最早发现该制度存在功能缺失并提出对策的是日本商业联合会（经团联）。该联盟发表了一份名为《新时代的"日本经营"——应该挑战的方向和例子》（『新·日本の経営システム等研究プロジェクト』，1995年）的报告书。这份报告书中提到的一个重点是，在对核心员工继续实行终身雇佣制的同时，也要提升其他员工的流动性。

该报告书提议，将企业中工作的劳动者分为三类，各个企业根据各自环境和管理方针，将三类劳动者进行组合。这三类劳动者分别为：长期积蓄能力活用型劳动者（长期连续雇佣组）、高度专业能力活用型劳动者（拥有专业性技术或能力，并且不以长期雇佣为前提的组）以及雇佣灵活型劳动者（可以确保雇佣灵活性的组）。

第一类长期积蓄能力活用型劳动者与长期以来在综合型岗位上工作的正社员相似，是在终身雇佣制下拥有丰富职场经验后升职的劳动者。第二类高度专业能力活用型劳动者是发挥专业能力的技术型人才。虽然长期以来的终身雇佣制中也存在这种专业性技术人才，但报告书中明确提出"不以长期雇佣为前提"。第三类雇佣灵活型劳动者由兼职人员、派遣工、合同工等构成。关于工资，该报告书指出，第一类劳动者可以选择长期以来的按月结算制，第二类劳动者基本按照依据业绩而实行的年薪制等，针对不同的组提出了不同的工资体系。

关于雇佣问题，不只是上文所述思考方式的转变，泡沫经济崩溃后，企业无法维持终身雇佣制，随着2001年后小泉政府推行管制放松等一系列社会形势的变化（见图1-1），不仅是女性非正规雇佣者，男性非正规雇佣者比例也扩大了。这意味着男性劳动者也正在被剥夺企业市民权。

4. 非正规雇佣面临的社会排斥

生活机会被剥夺

上文所指的变化的影响很大。虽然有一定程度的弱化，但社会仍在以企业为中心、以"男主外"模式为前提的环境下运行。因此，没有企业市民权的男性非正规雇佣者，不仅在劳动力市场，在社会的其他领域也会遭到排斥。如此一来，他们便被剥夺了很多生活机会。结婚不平等和无家可归是典型的例子。如上所述，男性非正规雇佣者比男性正规雇佣者更难结婚，当然有的人本身就不想结婚，然而对于想结婚但又碍于非正规雇佣者身份而不能结婚的人，其原因可以归结为劳动力市场核心部分的排斥导致结婚机会被剥夺。

另外，无家可归者中男性占绝大多数。据厚生劳动省"无家可归者实地调查（概数调查）"显示，在平成23年调查中，10890名无家可归者中有10209名是男性。[11] 岩田正美汇总了2000年前后的五个调查后，也指出无家可归者中绝大多数是男性（岩田，2004）。虽然厚生劳动省的调查中没有提及无家可归者之前从事的职业以及其就业状态，但岩田对此进行了详细的分析，在此稍作介绍。根据她汇总的表格，可以看到无家可归者在成为无家可归者之前的就业状态中，临时工、兼职工和日结工约占60%；正规雇佣者占35%~40%（岩田，2004：52，表3）。虽然从正规雇佣者占三成以上这一点可看出无家可归者构成的多样性，但非正规雇佣者占比六成这一点更可以说明问题。[12] 同时，在还未成为无家可归者的非正规雇佣者中，有近七成在成为无家可归者前，住在公司宿舍或是借住在别人家，这些人随着失业也失去了居住的地方。2008年末到2009年初东京日比谷公园开设了跨年派遣村，大家得知了原来有这么多的无家可归者。

这个现象在一定程度上具有讽刺意味。在二战后日本形成的雇佣-福利制度下，企业不仅提供雇佣保障，也承担着提供员工住房等福利保健责任，员工住房是一个典型的例子。对于员工来说，失去工作的同时，也失去了居所。[13]

无家可归者的问题可以折射出雇佣-福利制度中存在的问题。根据制度的不同，无家可归者的问题也呈现不同的一面。比如在法国，在家里居住被认为是一种权利（Emmanuelli，2012），为无家可归者举行的社会运动中，人们很重视确保居民的居所，目标就是将无家可归者纳入中层社会（Inaba，2012）。但是，据笔者所知在日本几乎没有人提出保障无家可归者的居住权利的建议。无家可归者很难拥有居所，也正因为如此他们无法得到生活保障，也很难再找到工作（Malinas，2012）。

在现实与战后雇佣－福利制度之间进退维谷的非正规雇佣者

纵观上文，非正规雇佣者因为社会位置（或因为没有得到正规雇佣这一社会位置），不仅在劳动力市场的核心部分中遭到排斥，在生活的方方面面都有遭受社会性排斥的风险。与其说这是由非正规雇佣者自身造成的，不如说这是雇佣－福利制度没有根据社会现实做出适当调整的结果。现在的日本雇佣－福利制度，虽有所改变，但仍然默认以"男主外"模式为前提，普遍关注正规雇佣者（今井，2013）。虽然可以看到劳动力市场在快速流动，但这只是边缘部分的现象，核心部分的规模虽然有所缩小但是仍保留着稳定性（佐藤，2009；Sato，2010）。剧烈变化的现实和并没有做出适当反应的雇佣－福利制度之间出现了一条鸿沟，非正规雇佣者陷入其中，并遇到了诸多困难。

注

（1）但是，正如后面提到的那样，日本式雇佣传统的弱化并没有在各个方面都表现出来，只是在局部有所表现。
（2）SSM 调查数据的使用已经得到了 2005 年 SSM 研究会的许可。另外，笔者在对此论文中使用的数据进行分析时，使用了保田时男的程序。在此对保田先生表示感谢。
（3）此处的上层白领指的是在专业技术岗位人员和拥有大学本科学历的白

领。下层白领是指拥有高中及以下学历的白领。

(4) 针对愿意成为非正规雇佣的人是不是"真心地"愿意成为非正规雇佣者这一点，依然模糊不清。有可能是因为他们想成为正规雇佣者的希望落空，才"变得想成为"非正规雇佣者。另外，基于纳税制度，可能存在当丈夫是正规雇佣者时，妻子更有可能选择当非正规雇佣者的诱导性因素（下夷，2013）。

(5) 太郎丸博利用2007年年均劳动者详细调查汇总表，基于同样的方法也得出流动壁垒很高的结论（太郎丸，2009：65-68）。

(6) 然而，根据佐藤香将劳动者入职为非正规雇佣者作为因变量的 logistic 回归分析，在最初的模型中学历表现出统计学上的显著性；但此模型中入职期和初中三年级的成绩之间并未显示出显著性（佐藤，2011）。另外，石田浩的研究表明学历对男性没有影响，但对于女性则有影响（石田，2005）。

(7) 有田伸在流动制度研究会（2012年9月1~2日）的报告中，相较于职能，使用了更具有普遍性的概念"Position"，来尝试说明阶层差异（有田，2012a；2012b）。本节关于职能和 Position 的论述参考了有田的研究以及怀特的空置链模型（White，1970）。

(8) 年功序列制的开端是电产型工资体系的成立（兵头，1997）。在1946年被称为"产业工团主义十月斗争"中，由十家电力公司组成的日本电气产业工会联盟和企业方面进行交涉，产生了这个工资体系。这个体系的特征是，工资由生活保障工资、能力工资以及工龄工资三项构成，其中生活保障工资约占七成。生活保障工资根据实际生活费用、员工年龄以及员工家庭成员数量计算得出，可以说这是保障劳动者基本生活的工资。

(9) 针对"男主外"模式和纳税制度以及社会保障制度的关系，下夷美幸在本书第4章中进行了详细分析。

(10) 针对青壮年中非正规雇佣者比例增加的原因，太郎丸博进行了详细地分析（太郎丸，2009）。

(11) http://www.mhlw.go.jp/stf/houdou/2r985200000191qr.html（2012年9

月 17 日)。
(12) 岩田正美应用聚类分析法,划分了无家可归者的三种类型(岩田,2004)。
(13) 关于失业与社会性排斥的联系,在本书第 3 章,永吉希久子针对更具有一般性的过程进行了详细分析(永吉,2013)。

参考文献

Abegglen, James C., 1958, *The Japanese Factory: Aspects of Its Social Organization*, Free Press. (=1958, 占部都美監訳「日本の経営」ダイヤモンド社。)

有田伸, 2012a,「問題の所在——日本の格差問題理解のために何が必要か?」移動レジーム研究会(2012 年 9 月 1 日~2 日)報告資料。

有田伸, 2012b,「社会階層と報酬格差を眺める視角」移動レジーム研究会(2012 年 9 月 1 日~2 日)報告資料。

Becker, Gary S., 1993, *Human Capital: A Theoretical and Empirical Analysis, with Special Reference to Education*, 3rd ed., The University of Chicago Press.

David, Kingsley and Wilbert E. Moore, 1945, "Some Principles of Stratification," *American Sociological Review*, 10 (2): 242-249.

独立行政法人労働政策研究・研修機構編, 2012,『データブック国際労働比較(2012 年版)』独立行政法人労働政策研究・研修機構。

Emmanuelli, Xavier, 2012, "Policies against Social Exclusion in France," Marc Humbert and Yoshimichi Sato eds., *Social Exclusion: Perspectives from France and Japan*, Trans Pacific Press, 75-85.

Esping-Andersen, Gosta, 1990, *The Three Worlds of Welfare Capitalism*, Polity Press. (=2001, 岡沢憲芙、宮本太郎監訳『福祉資本社会の三つの世界——比較福祉国家の理論と動態』ミネルヴァ書房。)

玄田有史, 2008,「前職が非正社員だった離職者の正社員への移行について」『日本労働研究雑誌』No. 580：61 - 77。

平田周一，2008，「非正規雇用の増大と格差の拡大——流動化と多様化は本当か」佐藤嘉倫編『2005 年 SSM 調査シリーズ 15 流動性と格差の階層論』（科学研究費補助金報告書）2005 年 SSM 調査研究会，133 - 152。

兵頭釗，1997，『労働の戦後史（上）』東京大学出版会。

Imai, Jun, 2011a, *The Transformation of Japanese Employment Relations: Reform without Labor*, Palgrave Macmillan.

Imai, Jun, 2011b, "The Limit of Equality by 'Company Citizenship': Politics of Labor Market Segmentation in the Case of Regular and Non-Regular Employment in Japan," Yoshimichi, Sato and Jun Imai eds., *Japan's New Inequality: Intersection of Employment Reforms and Welfare Arrangements*, Trans Pacific Press, 32 - 53.

今井順，2013，「制度と社会的不平等——雇用関係論からの展開の試み」本書第 8 章。

Inaba, Nanako, 2012, "Comparison of Poor People's Participation in Social Movements in France and Japan," Marc Humbert, Yoshimichi Sato eds., *Social Exclusion: Perspectives from France and Japan*, Trans Pacific Press, 102 - 115.

石田浩，2005，「後期青年期と階層・労働市場」『教育社会学研究』76：41 - 57。

岩田正美，2004，「誰がホームレスになっているのか？——ポスト工業社会への移行と職業経験等からみたホームレスの 3 類型」『日本労働研究雑誌』No. 528：49 - 58。

鹿又伸夫，2001，『機会と結果の不平等：世代間移動と所得・資産格差』ミネルヴァ書房。

Malinas, David-Antoine, 2012, "Public Policies toward Homeless and the Politicization of Civil Society in Japan," Marc Humbert, Yoshimichi Sato eds., *Social Exclusion: Perspectives from France and Japan*, Trans Pacific Press,

86 – 101.

宮本太郎，2008，『福祉政治：日本の生活保障とデモクラシー』有斐閣。

永瀬伸子，2002，「若年層の雇用の非正規化と結婚行動」『人口問題研究』58（2）：22 – 35。

永吉希久子，2013，「制度が生み出す不平等——日本とスウェーデンの比較から」本書第 4 章。

二村一夫，1994，「戦後社会の起点における労働組合運動」坂野潤治、宮地正人、高村直助、安田浩、渡辺治編『シリーズ日本近代史 4 戦後改革と現代社会の形成』岩波書店，37 – 78。

野村正實，1994，『終身雇用』岩波書店。

尾高煌之助，1984，『労働市場分析——二重構造の日本的展開』岩波書店。

Parsons, Talcott, 1940, "An Analytical Approach to the Theory of Social Stratification," *American Journal of Sociology*, 45（6）：841 – 862.

酒井正、樋口美雄，2005，「フリーターのその後——就業・所得・結婚・出産」『日本労働研究雑誌』47（1）：29 – 41。

佐藤香，2011，「学校から職業への移行とライフチャンス」佐藤嘉倫、尾嶋史章編『現代の階層社会 1 格差と多様性』東京大学出版会，65 – 79。

佐藤嘉倫，2008，「格差社会論と社会階層論——格差社会論からの挑戦に応えて」『季刊経済理論』44（4）：20 – 28。

佐藤嘉倫，2009，「現代日本の階層構造の流動性と格差」『社会学評論』59（4）：632 – 647。

Sato, Yoshimichi, 2010, "Stability and Increasing Fluidity in the Contemporary Japanese Social Stratification System," *Contemporary Japan*, 22（1&2）：7 – 21.

Sato, Yoshimichi, 2011, "New Middle Class at Risk in Japan?" Paper presented at the 106th Annual Meeting of the American Sociological Association.

下夷美幸，2013，「家族政策にみる不平等——母子世代に焦点をあてて」本書第 5 章。

新・日本的経営システム等研究プロジェクト，1995，『新時代の「日本的経営」——挑戦すべき方向とその具体策（新・日本的経営システム等研究プロジェクト報告）』日本経営者団体連盟。

白波瀬佐和子，2005，『少子高齢社会のみえない格差——ジェンダー・世代・階層のゆくえ』東京大学出版会。

白波瀬佐和子，2010，『生き方の不平等——お互いさまの社会に向けて』岩波書店。

菅山真次，1989，「戦間期雇用関係の労職比較——『終身雇用』の実態」『社会経済史学』55（4）：1-33。

太郎丸博，2009，『若年非正規雇用の社会学——階層・ジェンダー・グローバル化』大阪大学出版会。

栃澤健史、太郎丸博，2011，「若年不安定就労層にみる地域格差」佐藤嘉倫、尾嶋史章編『現代の階層社会1 格差と多様性』東京大学出版会，81-96。

White, Harrison C., 1970, *Chains of Opportunity: System Models of Mobility in Organizations*, Harvard University Press.

第2章

多民族国家的不平等

——印度尼西亚的差异问题

木村敏明

1. 多民族国家印度尼西亚

地理面积的扩展和民族群体

本章列举了与日本历史和经济关系密切的印度尼西亚所存在的差异问题。日本与印度尼西亚在某些方面具有共性,比如两国都是由亚洲大陆周边的岛屿组成的,深受大陆文明影响,一边吸收大陆文化,一边形成自身独特的社会和文化。但是,印度尼西亚的陆地面积约为日本的5倍,人口约为日本的2倍,历史上也受到印度文化、阿拉伯文化、西欧文化的直接影响,而且不同地区受到的影响不同,每个地区都孕育出了风情各异、独具个性的社会文化。第二次世界大战结束后,印度尼西亚共和国作为一个独立国家开始发展,其多样性也被世界其他国家所认知。由许多民族群体[1]携手打造的印度尼西亚"多民族国家"这一画像,从国家主题公园的"缩影公园"到学校的教科书都随处可见。本章将探讨在这样的社会和文化脉络中,社会差异如何凸显出来。由于社会多元化在我们身边不断发展，因此对该问题的探讨无疑会成为我们决定如何思考、如何自处的一个重要线索。

在被称为"从沙璜（苏门答腊岛）到马老（巴布亚岛）"的印度尼西亚领土上，散布着一万几千个或有名或无名的岛屿。[2] 从最西端开始，光是人口超过 1000 万的就有苏门答腊岛、爪哇岛、加里曼丹岛[3]和苏拉威西岛这四座岛屿，而人口超过 100 万的有马德里岛、巴厘岛、巴布亚岛、[4]帝汶岛、[5]弗洛勒斯岛以及龙目岛等岛屿。除了这些水平上的扩展，在位于火山带的岛屿上，由于地壳运动形成的山脉产生了高低差，从而带来了纵向上生态学的多样性。

生活在这个地区的人们大多数属于奥斯特罗尼西亚语系，除了上述可供利用环境的不同，还存在长期波浪形迁入的情况，并且受地域限制，海洋和热带雨林使人们生活在相对孤立的环境中，加之不同地区受周边文化影响的程度不同，这些都促使各区域间形成存在一定程度文化和语言差异的民族群体。虽然荷兰法学者佛伦霍芬（Vollenhoven, 1918）用习惯法根据这些差异将印度尼西亚分为了 19[6]个民族群体，但实际上就相互沟通困难的程度而言，印度尼西亚存在无数个更小众的语言群体，很难掌握其整体的实际数量。

另外，从人口分布上能观察到明显的偏向。爪哇岛是一个拥有肥沃土地、密集人口的地区，19 世纪以集约型农业为主的发展为背景，产生了被称为"人口爆炸"的人口激增现象。依靠这些资源，从 9 世纪开始，许多王国就在这个地区反复兴起和灭亡。在这些所谓的"印度教爪哇"王朝的统治下，爪哇岛的政治地位是决定性的，在荷兰统治时期也被延续了下来。殖民地政府设置在西爪哇的巴达维亚，当地独立后改名为雅加达，成为印度尼西亚共和国的首都。印度尼西亚虽然是一个具有多样性的多民族国家，但也不能忽视约占全国人口总数一半的人所生活的爪哇岛和爪哇人所拥有的优势。

错综复杂的宗教与民族

印度尼西亚在 3 世纪或 4 世纪，流传着包括印度教、佛教在内的印度文化，其最先进的知识主要被各个国家中的上层阶级所接受。特别是在爪哇岛内陆成立的以灌溉农业为基础的诸王国中，印度教元素对其国家机构和宫廷文化产生了巨大影响，马塔兰、谏义里、新柯沙里以及 14 世纪极尽荣华的满者伯夷王国等所谓的印度教爪哇王朝都曾在这片土地上繁荣发展（Koentjaraningrat，1971）。

另外，沿海聚集了前来寻求热带特产的外来交易者以及想要出售内陆商品给他们的商人，多样的交易市场形成了多样化出身背景人群所聚集的港口城市。13 世纪印度洋交易由穆斯林商人主导后，港口城市统治者改信伊斯兰教，这一变化备受关注。尤其是苏门答腊岛的亚齐，从 16 世纪中期开始，为了对抗企图垄断交易的葡萄牙势力，亚齐加强了与西亚的联系，邀请乌里玛[7]们推进伊斯兰化，它甚至被称为"麦加的大门"。17 世纪苏门答腊岛以外的地区也有统治者推进改信伊斯兰教，其中有不少人遣使麦加，并获得了苏丹的称号（弘末，2004）。爪哇也不例外，伊斯兰教的影响力自北岸起逐渐扩大，最终在 16 世纪兴起的新马塔兰国被奉为了国教。但是正如李格和康贾拉宁格勒所指出的，伊斯兰教在爪哇的渗透十分不均匀，在受印度教影响很强的中部爪哇和东部爪哇，伊斯兰教和本土宗教融为一体，被称作"爪哇宗教"，并且还存在未接受伊斯兰教的地区（Legge，1977 = 1984；Koentjaraningrat，1971）。

此后，西欧各国对印度尼西亚的影响不断加深，基督教的信徒规模也随之扩大。在16世纪，天主教正式开始传教活动，并在东努沙登加拉地区通过多明我修道会拥有了众多信徒。而新教方面，荷兰殖民地政府对基督教的传教活动并不积极，正统的印度尼西亚人到了19世纪才改变信仰。19世纪到20世纪中期，生活在苏门答腊岛、苏拉威西岛、加里曼丹岛等外岛内陆且没有被伊斯兰化的巴塔克、托拉查和迪雅克等民族，通过荷兰和德国的传教士团成为新教徒（Aritonang and Steenbrink，2008）。

就这样，印度尼西亚经历了很长一段时间，在各种外来文化影响之下，接受了这些宗教。另外，由于地理、历史的原因，其接受的方式也极为不同，民族的边界和宗教的边界错综复杂地纠缠在一起。比如居住在苏门答腊岛的民族群体托巴·巴塔克人和曼特宁·巴塔克人，两个民族群体虽然在语言特征和氏族名上有很多共同点，但前者信新教，后者信伊斯兰教，他们有完全不同的信仰。

多样性中的统一

如前所示，印度尼西亚最大的民族群体是爪哇族。虽然如此，但不能否认印度尼西亚是一个多样化的社会。如图2-1所示，说印度尼西亚语和爪哇语的人共占全部人口的近半数。换言之，印度尼西亚人口近半数是以这些主要语言以外的语言为母语的人。

进一步而言，印度尼西亚原本在制度设计阶段就不是专为爪哇人设计的国家，而是从多民族国家理念出发进行设计的国家。印度尼西亚被殖民统治下的1928年，独立运动者们采用"青年的誓言""祖国印度尼西亚是一个国家""印度尼西亚民族是一个民族""说印度尼西亚语这一种语言"等口号，并将其确立为独立运动的方针，明确表示其目标并非要建成一个爪哇人的国

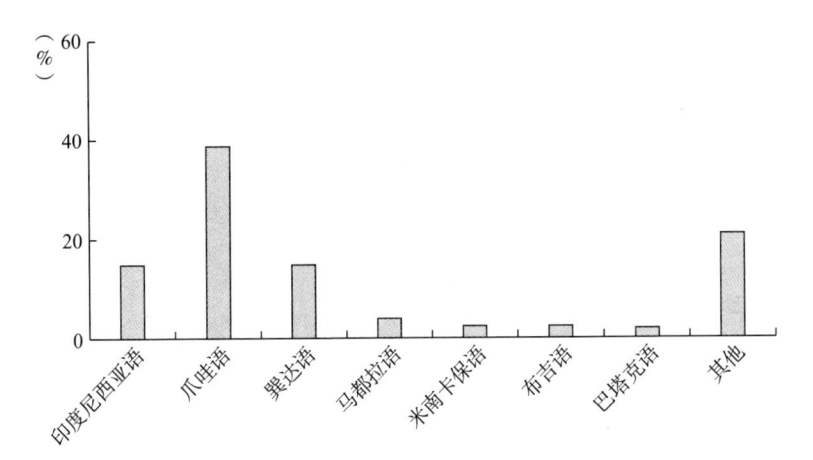

图 2-1 印度尼西亚 5 岁以上居民不同母语语言人口占比

资料来源：笔者根据 Penduduk Indonesia（Biro Pusat Statistik，1996）制作。

家，特别是对通用语的设想，并不是将拥有最多使用人口的爪哇语作为通用语，而是将印度尼西亚语作为通用语，这明确表示了与爪哇主义的区别。

在宗教上，印度尼西亚不把大部分国民信仰的伊斯兰教作为国教，而是选择建设一个原则上承认某些公认宗教拥有同等权利的"宗教国家"。在规定了建国理念的"建国五原则"（Pancasila）中，认定国家成立的基础是"唯一神的信仰"而非"伊斯兰教"，就是出于这个原因。另外，正如后面将要讲到的那样，这里提到的宗教，其范围都是在国家的延伸管理之下，目前总统令承认的六种官方宗教有：伊斯兰教、新教、天主教、印度教、佛教和儒教。

印度尼西亚是一个多民族国家，倡导将拥有多种文化、宗教背景的人统合起来，建立一个统一民族国家。在 1950 年被禁的国徽上，可以看到灵鸟迦楼罗的爪子所抓住的幕布上写着

"Bhinneka Tunggal Ika",即"多样性中的统一"。然而,正如许多评论家所指出的那样,这种团结是建立在国内各种势力极其危险的平衡基础上的。或者也可以这样说,其原本就没有形成统一,所以才需要这样的理念。人们所倡导的国策"多样性中的统一",在俯视并振翅高飞的灵鸟脚下,各种各样的势力频繁上演争斗,有时甚至会对灵鸟产生致命的影响。因为无法面面俱到地对分割印度尼西亚社会的所有因素进行剖析,所以这里专门就殖民地时代延续下来的所谓"二元经济"问题,以及有关宗教和政治问题进行分析。

2. 印度尼西亚差异的诸般表现

二元经济

波克主张的"二元经济论",虽饱受批判,但对如今印度尼西亚状况的考察提供了有用的观点。波克提出,当时处于荷兰殖民统治下的印度尼西亚采用的是二元的经济结构,在经济政策上也应该考虑到这一点。他表示,19世纪荷兰投入资本开发种植园和矿物资源,使印度尼西亚出现了大规模的商业城市、金融机构、贸易公司以及大企业等,形成了现代经济活动的基础。这些经济活动主要由以荷兰人为首的外来人士参与,印度尼西亚人仅能部分性地接触到相关活动。波克认为,在有许多印度尼西亚人生活的村落里,基于传统习惯,由互惠义务关系所支撑的共同结合体以及集约型农业经济还很牢固,其力量并没有消失。不仅如此,他认为,支撑后者经济的村落社会特征是建立在不能被个人主义的经济动机所解释的社会、宗教契机之上的,同时指出这种二元性并非短暂过渡(Boeke, 1942 [1983])。

很多评论家批评他的这个理论过于单纯地将两种经济进行对比，但也有很多人指出，他的理论作为理解印度尼西亚社会现状的一个模型，其有效性不可忽视。约翰·大卫·李格指出，在理解"大规模企业的各种设备和传统劳动密集型经济活动并存"的印度尼西亚和附近亚洲各国的经济状况时，二元经济的概念在一定程度上是非常有用的。在荷兰统治后期，"西欧化"的精英诞生，他们作为已经独立的印度尼西亚领导层继承了当时荷兰人的立场，城市精英和农村大众的新二元结构出现在印度尼西亚社会（Legge，1977；1984）。

这个框架即使在今天对认识印度尼西亚社会差异也有一定的启发性。特别是在推进开发地下资源、森林资源以及种植园等的地区，继承荷兰殖民政府权益的精英阶层和当地人民之间的差异至今仍历历在目。尽管如此，与波克所看到的20世纪初的印度尼西亚不同，这种差异在农村被卷入市场经济的今天具有完全不同的含义，容易被政治化，成为民族间对立的导火索。

随时间变化的差异

图2-2展示的是1976年以后印度尼西亚基尼系数随时间的变化趋势。从整体来看，这个时期印度尼西亚的基尼系数没有超过0.40的警戒线。因此，凭这点而言，我们不能认为印度尼西亚是差异极为显著的国家。但如果仔细观察的话，也可以从中发现时代性的变化。

一方面，苏哈托掌权的20世纪60年代中期到70年代，由于积极引进外资以及起用技术人员等一系列经济开发政策的实施，印度尼西亚的经济实现了快速发展。特别是70年代，印度尼西亚经济年均增长率持续保持在8%左右，成为战后"亚洲奇迹"的代表，备受瞩目。但是另一方面，也是在这个时期，社会

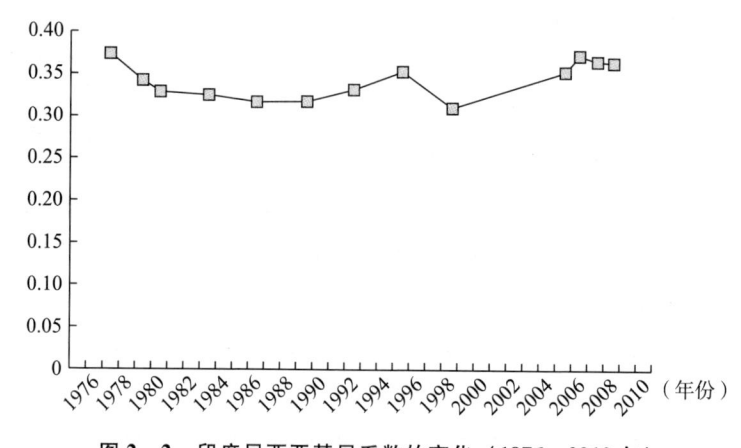

图 2-2　印度尼西亚基尼系数的变化（1976~2010 年）

资料来源：笔者根据 *Indikator Kesejateraan Rakyat*（Badan Pusat Statistik，1983；1985；1989；1990；1998；1999；2008；2009）制作。

上受这样投资直接好处的人和没有受到好处的人之间逐渐产生了巨大的差异。从图 2-2 可以看出，70 年代后半期基尼系数已经接近 0.40 了。

在此后的 80 年代印度尼西亚的基尼系数逐渐下降，到 90 年代为止一直稳定在不到 0.35 的水平，进入 90 年代后，差异有再次扩大的倾向。80 年代后半期，苏哈托政权为了吸引海外的进一步投资，推进大幅度的金融自由化，使投机性资金流入印度尼西亚。但是，受 1997 年亚洲金融危机的影响，印度尼西亚的经济大幅减退，经济增长率也下降了 10 个百分点。在这个时期，基尼系数下降到 0.30 附近。国际协力银行的报告分析了其主要原因，在城市整体支出减少的过程中，中上阶层的支出水平大幅下降；农村整体支出增加过程中，低阶层的支出水平有所提高，这造成了整体上差距的缩小（国际协力银行，2001）。但是，这样的差异缩小现象是短暂的，之后的 2006 年，差异再次回到了 0.35 以上的水平。也就是说，20 世纪 90 年代末的差异缩小不过是受一时的经济危机所影响，并不是因为印度尼西亚社会发生了结构性变化，经济活动再次恢复良好势头之后，差异也会再次开始扩大。

不同地区的差异情况

接下来，我们将关注不同地区基尼系数的变化。首先我们关注1986年的情况。从上述时间轴来看，1986年印度尼西亚整体基尼系数处在差异比较小的稳定时期，很多地区的基尼系数并不高。而差异最大的州是伊里安查亚州（现巴布亚州）。巴布亚岛在19世纪后半期被西欧各国瓜分，西半部分被纳入荷兰统治下的荷属东印度。但是，在承认印度尼西亚独立的1949年海牙圆桌会议上，参会者并未得出该地区是否属于印度尼西亚统治的结论，主张将其分离独立的荷兰与印度尼西亚之间产生了对立。荷兰直到1962年才有条件地同意把该地归还给印度尼西亚，但如今，该地区的独立问题仍层出不穷。虽然该地区蕴藏着石油、天然气、铜等丰富的自然资源，但是利益分配的不均衡还是导致了差异的产生。加里曼丹岛的东加里曼丹州由于同是地下资源的出产地，结构上也产生了差异。关于爪哇岛，在拥有雅加达、日惹、苏腊巴亚等大城市的西爪哇州、日惹特区、东爪哇州之间存在差异稍大的倾向。

接下来看1996年的统计。正如前文所述，这一时期正值1997年亚洲金融危机前夕，印度尼西亚虽然实现了接近两位数的经济连续增长，但同时经济差异也在不断增大。不仅是伊里安查亚，西爪哇和日惹等大城市圈的差异也扩大了，基尼系数超过了0.35。另外，此前差异较小的苏门答腊岛、加里曼丹岛、苏拉威西岛等地在这一时期也逐渐显现出差异。

虽然帝汶岛曾被荷兰和葡萄牙分割成东西两半殖民统治，但是随着第二次世界大战结束，日军撤离该地，东帝汶方面回到了葡萄牙的统治之下。其后的20世纪70年代，东帝汶独立的势头高涨，1975年，印度尼西亚军队勾结了一部分势力向东帝汶发起进攻，第二年将其收编为印度尼西亚的一个州。到了90年代，以军队向独立游行队伍开枪的圣克鲁斯事件（1991年）为导火索，该地区形势愈发紧张。1996年是两位独立运动者被授予诺贝尔和平奖的一年。之后在联合国监督下，东帝汶政府接受了1999年居民投票结果，并于2002年实现了独立。

接下来，让我们进一步看看2009年差异的状况。印度尼西亚大部分地区的基尼系数超过0.35，而南苏拉威西和东加里曼丹、巴布亚、日惹的基尼系数则接近0.40。另外，在印度尼西亚，作为经济最落后地区之一的东西努沙登加拉地区也出现了差异扩大的征兆，如此种种令人担忧的事态正在发生。在保持经济快速增长的同时，如何应对这些差异，对今天的印度尼西亚政府来说是重要的政策课题。

3. 被解读为民族、宗教问题的社会差异

作为通俗故事载体的民族

在多民族国家印度尼西亚，当社会上存在的差异问题显现时，其外在的事实总是会被披上民族问题的"外衣"。在日常生活中，语言和生活习惯的不同以及印度尼西亚语的口音差异等也成为人们所谓"庸俗民族学"的关注对象，有民族形象被刻板化的倾向。"粗暴的〇〇人""阴险的〇〇人""吝啬的〇〇人"等刻板印象中的这些民族形象，在平时最多不过是被用于开其他民族玩笑的段子而已，但是如果在讨论重大社会问题时也只用这

些说辞进行解释或者故事化的话,那么事态就不仅仅是开玩笑这么简单了。

尤其是在移民较多的城市,经济上的差异很容易被移民和当地人之间的各种问题所掩盖。"我们所生活地区的经济被别的○○人控制着,自己无法受益"这样的说法,可以在○○中填上任何民族的名字,在印度尼西亚到处都能听到这种论调。很多情况下,只要举出几名移民成功者的事例就可以被当地人广泛接受,有时甚至会以暴力方式表现出来。

印度尼西亚政府早就注意到这种作为通俗故事传播载体的民族所具有的危险性。特别是在苏哈托政权统治下,民族(suku)、宗教(agama)、人种(ras)和社会势力(antara golongan)之间的问题(SARA)[8]被视为禁忌,在公众场合严令禁止相关言论。但是随着苏哈托政权崩溃,失去了对这种禁忌的约束力,人们也就无法抵抗这样的故事所拥有的魔力,以一部分民族为对象的暴力则会席卷社会。

华人

最容易被当作这一目标的是华人(Schwarz, 1994)。自古以来,印度尼西亚各地就盛行与中国交流,而且从荷兰殖民统治下的19世纪后半期开始,华人移民数量激增。他们大多在种植园和工厂当工人,但其社会地位并不稳定。1854年出台的《荷印居留民区分法第109条》规定,荷属东印度(现印度尼西亚)的居民分为四类,即①欧洲人、②准欧洲人、③世居民族、④准世居民族。日本人被包含在②中,而华人、印度人和阿拉伯人一起被归入第④类。在国籍方面,由于殖民地政府奉行出生地主义而清政府则奉行血统主义,很多华人夹在两者之间,成了双重国籍者。独立后的印度尼西亚政府关于确定这些华人归属国的政策不断变换，在接受和取缔他们印度尼西亚国籍之间反复不定，其立场变得更加不明确（蔡，1993；唐松，1993）。

另外，在苏哈托政权统治下，与海外企业建立合作关系的阿斯特拉集团、利姆集团等华人财阀迅速成长（Robison，1986；1987），这成了印度尼西亚人对华人居民不信任感增加的原因。20世纪90年代经常听到"3%的华人控制着印度尼西亚七成的经济活动"等说法。这些都成为1998年暴乱发生的诱因。

其他"民族问题"与宗教

除此之外，各个地区都能听到基于当地实情的类似故事。在加里曼丹岛各地，随着大规模森林砍伐和种植园的开发，发生了以当地居民达雅克人迁出和外来移民流入等为主的社会变化，民族群体之间产生了纠纷。1996年以来，西加里曼丹的达雅克人和外来移民，尤其是马来人和马都拉人之间屡屡发生冲突，造成数百人死亡。在《爪哇·波斯报》（2008年2月28日）的采访中，有一位达雅克人陈述，马来人总是炫耀自己属于"头等舱"，希望达雅克人就这样一直落伍。

而且，当这种民族差异与宗教差异相互重叠的时候，情况会变得更复杂。民族和文化的差异仅在表面上留有相对的解释余地，但在宗教不同的情况下，很容易形成单一的逻辑，即如果给异教徒贴上"恶"的标签，消灭它的行动就是"善"。马鲁古群岛的情况就是一个简单易懂的事例。

马鲁古群岛的安汶岛从16世纪开始成为葡萄牙人的贸易据点，之后荷兰在17世纪初也在此设立了东印度公司的据点。由于与西欧各国的联系密切，该地区在整个印度尼西亚属于基督教信徒较多的地区，也是穆斯林和基督徒相互对抗的地区。但由于政府的移民政策，20世纪70年代开始，南苏拉威西岛信仰伊斯兰教的布吉人、布特恩人、望加锡人等大量移居此地，尤其积极活跃在商业领域，两者间的平衡开始被打破。

苏哈托政权瓦解后的1999年1月19日，以信仰基督教的安汶人司机和信仰伊斯兰教的布吉人之间的小争执为开端，几个地区发生了大规模的冲突。

4. 为了实现共存

至此，本章概述了多民族国家印度尼西亚存在的社会差异现状，并指出当地社会有将这些差异放入民族和宗教框架的倾向。当然，在这里发生纷争的背景原因并不仅是贫富差异这么简单，还有一种强有力的观点认为，其直接诱因是亚洲金融危机之后苏哈托政权统治上的混乱。虽然如此，但不可否认的是，对参加暴乱的居民来说，并不存在与华人或马都拉人之间的"差异"成为他们参与破坏活动的巨大动力。而且，现实差异越大的社会，越容易产生这种想象上的"差异"。

正如刚才所看到的，印度尼西亚近些年来在经济繁荣的背景下，差异再度迅速扩大。在这样的情况下，如何保持国家的统一、构建稳定的社会，是现在印度尼西亚政府面临的重大问题。印度尼西亚的第四任总统是致力于恢复印度尼西亚华人权利的阿卜杜勒拉赫曼·瓦希德，他作为印度尼西亚最大的穆斯林团体——伊斯兰教士联合会的领导人，屡次呼吁信徒们不要忘记伟大的神创造的这个世界是由现实中各种各样的宗教和民族所构成的，那种想要否定多样性的思想，也否定了神的伟业（Fakieh, 2010）。当然，仅凭这句话并不能消除民族、宗教之间的对立纷争，更何况是解决差异问题。但是，从这样一位人物能出现在伊斯兰保守派领导人的大家庭中可见，印度尼西亚居民在印度尼西亚多民族共存的历史长河中，为实现共存所做出的努力以及所孕育出的智慧。

注

（1）印度尼西亚语中有相当于英语 nation 的 bangsa 这个词，是一个具有强烈意识形态色彩的词语，它的意思是，只有一个民族是统一的印度尼西亚国家载体，即"印度尼西亚民族"。与此相对，根据文化、语言来区分的各种各样的群体用 suku 这个词来表示。在本章中使用民族概念时，指的是 suku。

（2）据印度尼西亚内务省统计，印度尼西亚共有 17504 座岛屿，其中光是有名字的就有 7870 座。

（3）包括马来西亚领土、文莱领土。

（4）包括巴布亚新几内亚领土。

（5）包括东帝汶领土。

（6）具体指的是印度尼西亚①亚齐、②加约·阿拉斯·巴塔克、③米南卡保、④南苏门答腊、⑤马来、⑥班卡·勿里洞、⑦加里曼丹、⑧米纳哈萨、⑨哥伦打洛、⑩托拉查、⑪南苏拉威西、⑫特尔纳特、⑬安汶、⑭伊里安、⑮帝汶岛、⑯巴厘·龙目岛、⑰中部爪哇·东部爪哇、⑱爪哇王侯领地、⑲西爪哇。

（7）指精通伊斯兰教教义、处于领导其他穆斯林地位的人，伊斯兰学者。

（8）由 suku、agama、ras、antar golongan 的首字母组合而成。

参考文献

Aritonang, Jan Sihar and Steenbrink, Karel, 2008, *A History of Christianity in Indonesia*, Brill.

Badan Pusat Statistik, 1983, *Indikator Kesejahteraan Rakyat*, BPS.

Badan Pusat Statistik, 1985, *Indikator Kesejahteraan Rakyat*, BPS.
Badan Pusat Statistik, 1989, *Indikator Kesejahteraan Rakyat*, BPS.
Badan Pusat Statistik, 1990, *Indikator Kesejahteraan Rakyat*, BPS.
Badan Pusat Statistik, 1998, *Indikator Kesejahteraan Rakyat*, BPS.
Badan Pusat Statistik, 1999, *Indikator Kesejahteraan Rakyat*, BPS.
Badan Pusat Statistik, 2008, *Indikator Kesejahteraan Rakyat*, BPS.
Badan Pusat Statistik, 2009, *Indikator Kesejahteraan Rakyat*, BPS.
Badan Pusat Statistik, 1996, *Penduduk Indonesia: Hasil Survei Penduduk Antar Sensus* 1995, Antar Jasa.
Boeke, Julius Herman, 1942 [1983], *The Structure of Netherlands Indian Economy*, AMS Press.
Bertrand, Jacques, 2003, *Nationalism and Ethnic Conflict in Indonesia*, Cambridge U. P.
Fakieh, Maman Imanulhap, 2010, *Fatwa dan Canda GUS DUR*, Kompas.
弘末雅士, 2004, 『東南アジアの港市世界——地域社会の形成と世界秩序』岩波書店。
唐松章, 1993, 『インドネシア華人社会経済論——その社会・経済的地位の変容に関する研究』鳳書房。
Khalik Abdul, 2008, Ethnic-based Conflict Continues to Haunt West Kalimantan, *Jawa Pos*, 2008 年 2 月 28 日号 (https://www.thejakartapost.com/news/2008/02/28/ethnicbased-conflict-continues-haunt-west-kalimantan.html 2012. 8. 1.).
Koentjaraningrat, 1971, *Manusia dan Kebudayaan di Indonesia*, Djambatan.
国際協力銀行, 2001, 『貧困プロファイルインドネシア共和国』(https://www.jica.go.jp/activities/issues/poverty/profile/pdf/indonesia;//fr.pdf 2012. 8. 1).
Legge, John David, 1977, *Indonesia*, Prentice-Hall of Australia. (= 1984, 中村光男訳『インドネシア歴史と現在』サイマル出版。)
Robison, Richard, 1986, *Indonesia: The Rise of Capital*, Allen&Unwin. (=

1987，木村広恒訳『インドネシアー政治・経済体制の分析』三一書房。）

蔡仁龍，1993,『インドネシアの華僑・華人』鳳書房。

Schwarz, Adam, 1994, *A Nation in Waiting*, Allen&Unwin.

Vollenhoven, Cornelis van, 1918, *Het adatrecht van Nederlandsch-Indië*, Brill.

第3章

制度产生的不平等

——从日本和瑞典的比较说起

永吉希久子

1. 制度是使社会阶层化的装置

失业导致的社会排斥

20世纪90年代以后,网吧难民、过年派遣村等新闻被大肆报道,不稳定雇佣者和失业者所面临的困境引起了社会的关注。为了说明他们的困境,本章使用了"社会排斥"这一概念。所谓社会排斥,笼统地说,是指某人或某个地区处于不能以该社会一般水平进行社会参与的状况。这个概念起源于20世纪60年代的法国,20世纪80年代长期失业成为社会问题,在欧洲引起关注。20世纪90年代以后,在欧盟和布莱尔政权掌控下的英国,失业被当作政策理念方针提出,成为在考虑社会政策时的重要概念(Béland,2007;岩田,2008)。

社会排斥是把人们所面临的问题归结于多领域不利因素的累积和"关系"的缺失来进行把握的概念(岩田,2008;Room,1999)。例如,1997年英国成立的特别机构——Social Exclusion

Unit（社会排斥局）指出，社会排斥有如下表现。

社会排斥是这样一种词，能够快速展现处在各种不利因素下的人和地区所拥有的问题，这些问题包括失业、技能缺乏、收入低下、歧视、住房困难、罪案高发环境、丧失健康以及家庭破裂等（岩田，2008：21）。

从这个表述中可以看出，社会排斥的概念涉及人们生活的各个领域中的不利因素。此外，社会排斥重视不利因素在各个领域的积累过程（岩田，2008；Room，1999）。讨论社会排斥问题，就是在讨论类似于"失业导致经济贫困，贫困导致孤立"这样的排斥在各个领域连续性关系的问题，即讨论"排斥链"是否存在，如果存在的话，这个过程如何的问题。

失业导致排斥的机制

在这个排斥链中，失业占据重要地位。也就是说，失业不仅是导致人们自身被劳动力市场排斥的一种社会排斥，也是被其他领域排斥的重要起点（Béland，2007；Van Berkel et al.，2002）。在欧盟理事会的报告中经常出现"雇佣是应对社会排斥的最佳保护措施"（Council of European Union，2002：5）这句话。人们普遍认为，失业是引起其他领域排斥的起点，解决了失业问题，就能解决社会排斥问题。

关于失业引起其他领域社会排斥的机制，现有研究讨论了两种情况。第一，失业后会失去稳定的收入，所以容易产生经济上的贫困（de Graaf-Ziji and Nolan，2011；Gallie et al.，2003）。而且由于没有工作，失业者可以享受的福利也有所差异，例如员工宿舍这种因雇佣而产生的居住权利，在这种情况下，失业意味着失去住房。也就是说，失业不但会导致失业者收入来源的中断，还局限了其可接触的财富和福利，并且失业引起的经济资源不足会导致其在其他领域被排斥（Burchardt et al., 1999；Gallie et al., 2003；阿部, 2007）。阿部彩基于首都圈的调查指出, 除了基本需求上的排斥、物质上的排斥、社会关系的缺乏、社会参与的排斥、社会活动的排斥以及制度上的排斥这6个领域, 其他领域中的社会排斥都与收入有关。但是, 即使控制失业者的收入, 曾经的非自愿失业经历也会促使现在的住房、社会参与、社会关系、制度等方面对其产生排斥。这表明, 失业导致社会排斥的主要原因是无法还原的贫困状态（阿部, 2007）。

所以, 失业不仅会使失业者贫困, 还会通过别的方法引起其他领域的社会排斥。就业不仅有经济上的好处, 还会让人们获得相应的社会地位, 以及参加面向集体目标的活动和贡献自己能力的机会, 并且能为其提供形成社会关系的场所（Jahoda, 1981）。反过来说, 失业就意味着失去这样的好处, 最终导致失业者的自尊、精神健康遭受挫折, 也会经历孤立等情况（樋口, 2006）。失业带来的这些负面影响, 在对日本年轻失业者的研究中也得到了证实。研究指出, 失业者和不稳定劳动者与稳定劳动者相比, 社会网络更少, 且对自己的能力没有自信（樋口, 2006）。

综上所述, 失业不仅剥夺了失业者的经济资源, 更通过剥夺失业者与其他人接触的机会和发挥能力的机会以及获得他人认可的机会, 从而引起其他领域的社会排斥。但是, 实际上失业和社会排斥的联系并没有那么明确。例如, 加利等（Gallie et al., 2003）指出, 两者的关系因国家而异, 也有可能受到其他因素的影响。

本章在探讨影响失业和社会排斥之间联系的各种因素的同时, 还重视社会保障制度的作用, 并且对社会保障制度是如何与失业造成社会排斥的过程产生联系的问题进行考察。

社会保障制度与失业者社会排斥的关联

之所以关注社会保障制度,是因为它产生了不平等。以失业为首的风险对生活的影响有多大,取决于社会保障制度保障的对象是谁,保障到什么程度。总之,可以说社会保障制度通过规定制度的对象和保障的程度,影响社会中的阶层化程度和结构。如果借用艾斯平·安德森(Esping-Andersen,1990;2001:25)的话来说,就是"福利国家不仅是可以通过介入不平等结构来缩小差异的机制,其自身也是阶层化的制度"。

武川正吾将国家福利分为社会补助和社会规定两个方面。社会补助是指对失业者发放失业补贴和进行生活保障等再分配制度;社会规定是指在国家规定活动中,与劳动力市场中的劳动基准法和雇佣机会均等法律相同,"以稳定并提高市民生活水平为直接目的的规定"(武川,2007:23)。本章除了关注这两个方面,还关注积极的劳动力市场政策。积极的劳动力市场政策是通过开发、资助职业训练和新雇佣等措施,使失业者得以回归劳动力市场的政策。在长期失业导致社会保障负担增加的问题上,很多发达国家都采取了积极的劳动力市场政策(Walters,1997)。如后文所述,积极的劳动力市场政策能够以不同于社会补助的形式缓解失业者面临的社会排斥。

社会保障制度的三个方面影响失业者社会排斥的机制如图3-1所示。社会补助和社会规定干预了由失业造成的经济资源的不足。当然,失业补贴和生活保障等社会补助增加了失业者的经济资源。如果是"去商品化"程度高的社会,即人们不依赖市场就能维持生活的这种程度较高的社会,失业导致贫穷的可能性就低(Esping-Andersen,1990;2001)。但是,考虑到失业者的社会排斥情况,不单是补助水平,领取资格也成了问题。虽然

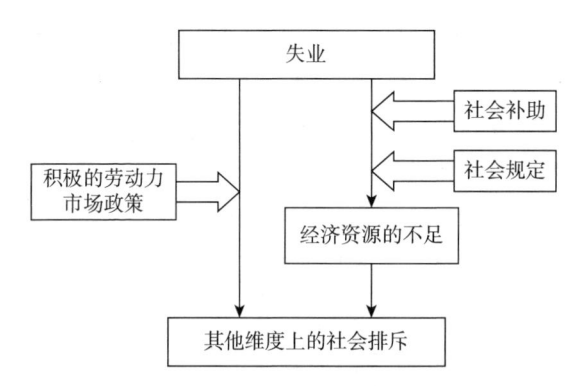

```
           ┌──────────────┐
           │     失业      │
           └──────────────┘
            │    ↑    ↑
            │    │    │  ┌──────────┐
            │    │    ⇐══│ 社会补助 │
            │    │       └──────────┘
 ┌──────────┐   │       ┌──────────┐
 │积极的劳动力│  │    ⇐══│ 社会规定 │
 │  市场政策 │⇒ │       └──────────┘
 └──────────┘   ↓
            │ ┌──────────────┐
            │ │ 经济资源的不足 │
            │ └──────────────┘
            ↓    ↓
         ┌──────────────────┐
         │ 其他维度上的社会排斥 │
         └──────────────────┘
```

图 3-1　社会保障制度介入失业和社会排斥的联系中的模型

补助水平高，但由于政府的资金情况，也无法对长期失业或自身不能稳定就业的人提供足够的资助。

而且，失业导致经济资源不足的过程也会受到社会规定的影响。例如，在对正规雇佣者保护程度较强的情况下，对用人方来说解雇成本会变大，所以用人方想要聘用可能拥有更高生产率的人。因此，属于低学历者、女性、移民等身份的人被聘用的可能性会降低（Kogan，2006；OECD，2004）。也就是说，如果雇佣保护很强的话，被认为人力资本较低的人就容易失业。与此同时，如果放宽对非正规雇佣的限制的话，年轻人、低学历者和女性从事非正规雇佣工作的概率就会变高（OECD，2004）。这表明，在保护正规雇佣并放宽对非正规雇佣的限制时，正规雇佣者和非正规雇佣者之间会产生双重劳动力市场，被认为人力资本低的人会滞留于非正规雇佣层。此时，失业者被置于经济上十分不利的位置，所以很容易陷入贫困（Atkinson，1998）。

另外，积极的劳动力市场政策通过不同于社会补助和社会规定的机制影响失业者的社会排斥。第一，积极的劳动力市场政策通过职业培训和扶持就业等计划，给失业者提供发挥、提高自身技能的机会，找回他们的自尊（Hansen et al., 2002；Wulfgramm, 2011）。汉森等（Hansen et al., 2002）在欧洲6个国家进行了采访调查。他们指出，参加扶持就业计划和职业培训的很多人有重拾自尊和改善社会生活的经历。第二，这样的计划给失业者提供了与劳动力市场接触的机会和构建社会网络的机会。上述汉森等人的调查显示，参加了职业培训的人中半数以上都扩大了自己的社会网络。但是，也有人指出，参加扶持就业计划的人在面对同单位的"普通"雇佣者时，不会说自己是通过计划就业而找到工作的，也不能和他们之间形成社会网络。因此，积极的劳动力市场政策在缓解社会排斥上的效果有限。

下面，我们将关注这些机制，通过比较日本和瑞典这两个国家的社会保障制度，来进一步了解社会保障制度的不同对失业者的社会排斥的影响。

2. 日本和瑞典的社会保障制度的比较

社会补助的比较

首先，我们来看社会补助。与失业者最相关的社会补助就是失业补贴。在日本，对失业者的补助基于《雇佣保险法》，由国库和保险费来承担。而在瑞典，失业补助由失业者自身加入的任意保险来承担，对于不满足任意保险理赔资格的人，国库将支付基础补贴。但是对于任意保险，国库其实也承担了很大一部分。两国的失业补助都是以65岁以下的人为对象的，但在日本，补助对象仅限于被雇佣者，而在瑞典则以被雇佣者和个体经营者为补助对象。在这一点上，瑞典的失业补助覆盖的范围更广。

从补助额度来看，根据补助而产生的收入替代率在两国之间并没有太大差异（Van Vliet and Caminada，2012）。日本的补助额度根据年龄和曾经收入的不同而不同，曾经的收入越低替代率则越高。此外，从年龄层来看，60 岁以上 65 岁以下的人的替代率为 45%～80%，比例较低，而其他年龄层则为 50%～80%。与此相对，瑞典任意保险的替代率分段计算，前 200 天是失业前最后一份工作工资的 8 成，其后的 100 天是 7 成。[1]另外，基础补助是每天 320 克朗（3840 日元左右，2012 年 8 月计），但在失业者从事打工、兼职等工作的情况下，会减少补助金额。

另外，两国在补助条件的严格性上也相差无几。就业意识对任何一个国家来说都很重要，失业者在公共职业安定所进行登记等事项的同时，也需要工作 6 个月以上。[2]但是，如果失业者是由于自身原因离职的话，在日本要求其 2 年内有 12 个月以上的工作经历才能满足条件，在瑞典通过任意保险领取补助的条件是需要参保 12 个月以上。

日本和瑞典在制度上相差很大的点在于失业者不满足补助期限和补助条件时的"安全网"。从补助期限来看，瑞典一律为 300 天，若失业者为未满 18 岁的孩子，则追加 150 天。而日本的补助期限则根据失业者参加雇佣保险的时间而定，在参保不满 1 年以及未满 45 岁且参保不满 5 年的情况下，可以领取补助的期限只有短短的 90 天。[3]因此，日本由失业保险承担赔付的补助金比例较低，2008 年的数据仅为 23%（International Labour Office，2010）。与此相对，在瑞典，即使过了失业补助的期限，只要响应积极劳动力市场政策，也可以获得任意雇佣保险的领取资格，补助额是原来的工资的 65%，对基础补助的对象一天补助 223 克朗。也就是说，瑞典的积极劳动力市场政策起到了保障长期失业者生活的作用。

在日本，生活保障成为不能领取失业保险人群的"安全网"。在领取生活保障的家庭中，包括因失业等原因导致收入下降的"其他家庭"的比例从1990年开始到2000年增加了一倍。生活保障的补助额达到较高水平，占相同结构家庭平均收入的54%。这与瑞典的66%相比稍低，但与荷兰相当，比英国和德国的水平还要高（Jung，2007）。日本的生活保障制度基于补足性原理，以劳动能力、财产、收入为指标进行审查，补助是有限的。虽然没有能够准确反映生活保障率的数据，但很多研究推测其数值在20%左右，这是一个极低的数值（藤澤，2008）。也就是说，日本生活保障制度的补助水平虽然不低于他国，但可以说是很有限的。

如上所述，日本和瑞典在社会补助上的补助水平都很高，但日本的失业补助和生活保障都对失业者受助资格有所限制，失业补助的补助期限也很短。与此相对，在瑞典，失业补助是包含性的，而且即使不在保险范围内，也可以通过参与积极的劳动力市场来领取补助。因此，如果社会补助对减轻失业者的社会排斥现象有效果，那么失业对经济状况的影响效果在瑞典较小，而在日本是较大的。

社会规定的比较

接下来，我们来看看社会规定。这里，我们将关注与失业者社会排斥息息相关的正规雇佣者的雇佣保护和放宽非正规雇佣的规定。图3-2将OECD制作的2008年度雇佣保护水平指标（OECD，2012c）分为正规雇佣和非正规雇佣两个部分，来比较日本和瑞典的雇佣保护程度。[4]这个指标中0为最低，6为最高，正规雇佣越受到保护，对非正规雇佣的规定就越强，各自的值也越高。从图3-2中可以看出，正规雇佣在瑞典的雇佣保护程度比日本高。在瑞典，如果由于正规雇佣者自身的问题，有理由地解雇的话，至少需要一次事前警告；如果是由于公司经营上的原因解雇的话，则需要由工会向正规雇佣者本人通知。解雇必须要有客观的理由，不正当解雇的话，需要向例如工龄 5 年的正规雇佣者支付 16 个月工资等，根据工龄支付赔偿金（OECD，2012b）。而在日本，并没有官方规定的解雇通知方法，而且在不正当解雇的情况下，对哪怕工龄已经 20 年的正规雇佣者也不过是按照一般的赔偿方法，赔付 6 个月工资。瑞典与日本相比，可以说对正规雇佣者有严格的保护。

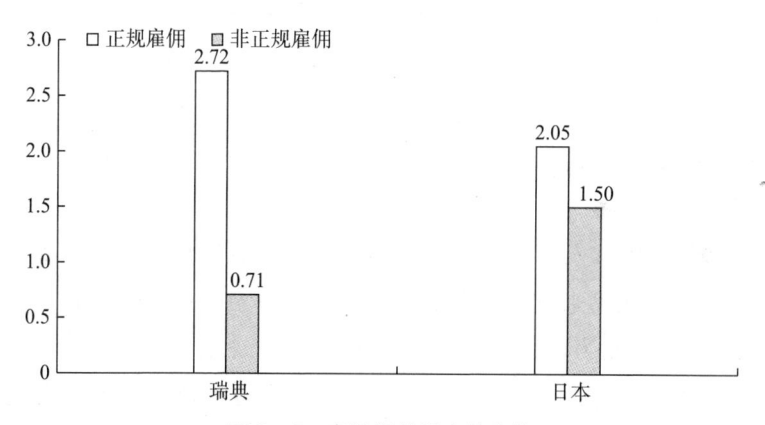

图 3-2 雇佣保护程度的比较

另外，从非正规雇佣来看，瑞典的规定程度较低。在瑞典，有效利用非正规雇佣在各行各业都得到了广泛的认可，并允许多次更新。但是，除季节劳动者和 67 岁以上的合同制劳动者以外，普通的合同制劳动者 5 年中如果累计雇佣时长达到 2 年的话，就可以转成正规雇佣者，在这方面可以说瑞典比日本的规定更严格（OECD，2012b）。相反，关于劳动派遣，瑞典正在放宽限制，任何工种和合同期限都可以雇用、派遣员工。与此相对，在日本劳动派遣则受到了一定程度的规定，如工种等受限（滨口，2009）。

日本和瑞典都在推进对正规雇佣者的保护和放宽对非正规雇

佣的规定（OECD，2012a），这一倾向在瑞典更为明显。此外，瑞典的《雇佣保护法》规定，如果需要人员调整，原则上要从工龄较短的劳动者开始解雇，所以在劳动力市场处于不利地位的阶层很难得到稳定的工作，失业者有可能容易滞留在不稳定阶层。因此，如果社会规定对失业者的社会排斥有效果，那么在瑞典，失业对经济状况的影响效果比日本大。

积极的劳动力市场政策的比较

在瑞典，失业补贴的补助是最后一项措施，失业者的首选是积极的劳动力市场政策（伊藤，2001），因此，长期失业者有义务响应积极的劳动力市场政策。与此相对，在日本，进行求职活动是失业者领取失业补助的必要条件，但是其没有参加职业培训等的义务。

从2010年与日本和瑞典的劳动力市场政策相关的社会支出占GDP的比重来看，瑞典是日本的3倍左右（OECD，2012b）。再从每个劳动力市场政策所花费的费用明细来看，在日本，包含促进失业补贴和早期退职政策在内的"维持劳动外收入"费用占整体费用的一半以上；而在瑞典，该项费用则被限制在整体费用的四成。另外，在介绍工作、新型雇佣、维持就业的补助等积极的劳动力市场政策等方面，瑞典比日本花费了更多的预算。

其中，瑞典积极的劳动力市场政策，是以长期失业者和年轻失业者等难以再进入劳动力市场人群为对象的项目（Arbetsförmedlingen，2011）。例如，作为中心项目之一的"职业和开发保障项目"（Jobb-och utvecklingsgarantin）是以在职业安定所登记超过60周的长期失业者为对象而设立的，有三个阶段。第一阶段（30周），在具体的咨询服务基础上设计具体的课程，根据就业活动和面向就业活动的"工作训练"（Job Coach）进行指导。

在这个阶段如果失业者没找到工作，则会转移到第二阶段，即到实际工作单位进行职业培训和实习项目（60周）。再之后，转移到第三阶段，到有用人补贴的工作岗位上就业。这个项目以找到全职工作，或者考上大学等教育机构为结课标准。也就是说，这个项目通过网罗性地提供积极的劳动力市场政策的主要项目，如求职支援、职业培训、用人补贴岗位等，来阶段性地引导长期失业者就业。

当然，日本也采用了积极的劳动力市场政策，但其重点与瑞典不同。根据池永肇惠（2008）的分析，20世纪90年代以后，积极的劳动力市场政策把重点放在了推进开发企业能力的方向上。除此之外，还采取了面向老人和女性的促进就业政策，如老年人继续雇佣补助和育儿停工补助等。换言之，日本的积极的劳动力市场政策的实施对象可以说是已经被企业雇佣的人，维持对他们的雇佣，而不是失业者。但是，日本受近年来经济状况和雇佣环境恶化的影响，也采用了促进失业者参与社会的政策，比如对雇佣保险对象以外的人进行带补助的职业培训，以及以无工作经验者和以长期失业者为对象的带补贴的短期雇佣项目等，但其规模尚小。

因此，如果积极的劳动力市场政策能影响到失业者的社会排斥的话，那么在失业对社会排斥的直接效果上，日本会比瑞典大。

在下一节中，我们将根据Luxembourg Wealth Study Database（以下简称为LWS）、2006年度European Social Survey（以下简称为ESS）和2005年度的"关于工作和生活的全国调查"[5]（以下简称为SSM）3个社会调查数据验证这些假设。

3. 失业会带来社会排斥吗？

失业对经济贫困的影响

失业会导致失业者丧失经济来源吗？图 3-3 根据 LWS 数据，针对再分配前和再分配后的收入，调查了瑞典和日本失业者和其他工作者陷入相对贫困比例的差异。因为 LWS 是家庭数据，所以分为三个类型，即户主或配偶中有一方在工作的"就业家庭"；户主或配偶中有一方是退休者，或者户主是学生的"非劳动力家庭"；不属于上述任意一种情况的"失业家庭"。另外，相对贫困是指收入低于等价收入中位数的一半的情况。

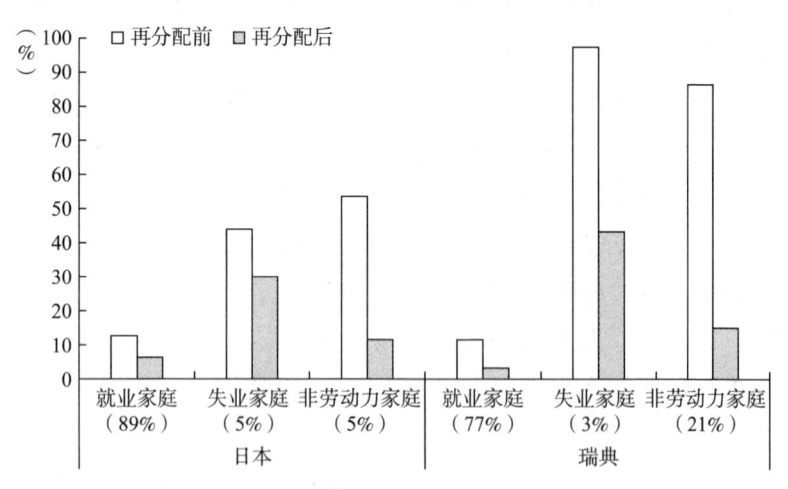

图 3-3 日本和瑞典不同家庭形态的相对贫困率

从图 3-3 可以看出，瑞典失业家庭和非劳动力家庭的再分配导致相对贫困率较小，再分配前 97% 的失业家庭处于相对贫困状态，而再分配后降为 43%。但是，失业家庭与就业家庭相对贫困的优势比高达 21 倍，可以说失业家庭陷入相对贫困的风险远远高于就业家庭。与此相对，日本通过失业家庭的再分配未能大幅减少相对贫困的比例，从44%降低到30%。另外，对于相对贫困，失业家庭和就业家庭的优势比仅为6倍。因此，瑞典的社会补助对失业者的经济资源带来的影响比日本大，但失业者的相对贫困率也是瑞典更高，更容易发生经济资源相对不足的情况。

失业者参与社会活动的比较

以上的相对贫困风险差异会造成失业者的社会排斥吗？在这里，我们对布尔恰迪特等（Burchardt et al. , 1999）提出的社会排斥5个领域中的2个领域（政治活动、社会关系）进行分析，两者都是与经济资源和就业无关的领域。将是否通过投票参与政治以及是否有商量的对象作为政治活动和社会关系的指标。[6] 没有投票或没有商量对象时，视为被排斥。另外，将员工的地位分为4类，即正规雇佣者、非正规雇佣者、失业者和非劳动力者。非劳动力者指的是未就业者中的退休者、学生、进行家务和育儿的人，失业者指的是除此之外的其他未就业者。另外，失业经验不只在某个时间节点，也有可能累积起来造成现在的社会排斥（阿部，2007），因此，也探讨了1年以上的长期失业经验对社会排斥的影响（见表3-1）。[7]

表3-1 失业与社会排斥的相关点的比较

	瑞典		日本	
	政治活动	社会关系	政治活动	社会关系
正规雇佣者 非正规雇佣者	1.090	1.012	1.039	0.907

续表

	瑞典		日本	
	政治活动	社会关系	政治活动	社会关系
非劳动力者	0.813	1.457	0.887	1.067
失业者	1.274	1.481	1.112	0.781
长期失业经历	1.704*	1.862+	0.734	1.249+
20 岁				
30 岁	0.514*	7.656*	0.392**	1.327
40 岁	0.561+	7.819*	0.270**	1.831**
50 岁	0.499*	12.252**	0.225**	3.536**
60 岁及以上	0.402**	13.021**	0.155**	4.950**
男性	1.218	3.417**	1.448+	3.076**
受教育年限	0.912**	0.885**	0.976	0.913**
已婚	0.504**	0.980	0.716	0.850
家庭成员数	0.961	0.660*	0.882	0.873**
等价收入	0.978	0.968+	0.982*	0.998
移民身份	2.710**	0.770		
定数	0.886	0.058**	1.376	0.396**
Cox & Snell pseudo-R^2	0.061	0.091	0.043	0.125
N	1410	1442	1756	3597

注：等价收入，在日本以 10 万日元为单位，在瑞典以 1000 克朗为单位；+ $p < 0.5$，* $p < 0.05$，** $p < 0.01$；数字为优势比。

从以上二项 logistic 回归分析的结果来看，在瑞典，政治活动的排斥和社会关系的排斥都是由长期失业经历造成的。另外，如果以长期失业经历为模型的话，目前的失业状态对于社会排斥没有明显效果。因此，比起目前处于失业状态，长期处于失业状态更能导致失业者从社会关系和政治活动中被排斥，而且失业并不是通过收入这一途径来造成上述社会排斥的效果的（结果省略)。也就是说，失业经验仅通过"无法恢复以往的经济条件"这一点对社会排斥产生影响。

另外，从日本的结果来看，其与瑞典相同，目前的失业状态对社会排斥没有影响。相对的，长期失业经历增加了失业者在社会关系上被疏远的风险。而且，这种效果即使在不考虑收入的情况下也是一样的（结果省略）。也就是说，失业在提高社会关系风险的效果中，能用经济资源不足的原因来解释的部分很小。另外，来自政治活动的排斥与长期失业经历无关。

4. 不平等和制度

本章考察了社会保障制度对失业者社会排斥的影响。社会保障制度希望通过社会补助和促进失业者参与社会的积极的劳动力市场政策来抑制失业者的社会排斥现象。但是，放宽非正规雇佣规定和推进对正规雇佣者的雇佣保护，会促使在劳动力市场中处于弱势地位的人遭受社会排斥。从这样的观点出发，本章分析了社会调查数据，比较了瑞典和日本的失业者社会排斥的程度，结果如下。

第一，失业补贴等社会保障制度虽然会缓解失业者经济资源的丧失情况，但失业者陷入相对贫困状态的风险仍比就业者高，这在瑞典表现得尤为显著。再分配大幅改善了失业者相对贫困的比例，但再分配后，失业家庭陷入相对贫困的风险也是就业家庭的 21 倍。社会保障虽然有助于改善失业者的经济剥夺状态，但在保护正规雇佣者的社会限制下，被这种保护拒之门外的不稳定阶层会滞留在相对贫困状态。基于 ESS 数据的分析，在瑞典，受移民出身和年纪小的影响，雇员会有陷入 1 年以上长期失业状态的风险（结果省略），如果因保护正规雇佣者和放宽对非正规雇佣者的限制而产生双重劳动力市场，人们的失业率就会增加（Kogan，2006；OCED，2004）。正如已经看到的那样，日本和瑞典的社会限制容易产生双重劳动力市场，其结果就是，在劳动力市场中处于弱势地位的人不再被稳定雇佣，滞留在了相对贫困阶层。

第二，如果有长期失业经历的话，雇员在日本和瑞典社会受排斥的风险都会随之提高。无论在哪个国家，长期失业经历都增加了被社会关系疏远的风险。而目前暂时性的失业状态对其没有明显影响。由此可以认为，失业期的延长会导致社会关系的减少。在日本，长期失业虽然会减少社会关系，但不会造成失业者的政治活动排斥，但在瑞典则会导致失业者退出政治活动。这些结果与积极的劳动力市场政策的假设相反，失业者未能通过增加社会关系、增加自尊自信而避免被孤立和保持参与其他活动的热情。从此次结果来看，无法确认积极的劳动力市场所带来的效果。

第三，失业的效果是在控制收入的基础上显现出来的，由此也可以确认，失业之所以产生社会排斥，并不仅仅是由于经济资源的不足。正如雅赫达（Jahoda，1981）指出的那样，在如今的社会中，工作不仅是维持经济生活，也是维护社会关系的起点。职场是自我肯定的地方，生产活动之外的领域也构成了我们的生活。因此，长期失业只有无法恢复经济条件这一点是对社会排斥有影响的。

本章讨论了失业对其他领域造成社会排斥的过程中，社会保障制度能否对其产生作用这一问题。社会调查数据的分析结果表明，至少社会补助和社会规定的相关事项介入了由失业所带来的社会排斥。特别是在瑞典，失业者社会排斥的高风险与其有很重要的联系。这是因为，虽然充裕的社会补助是失业者的"安全网",但是如果其维护了对特定阶层固定对象的雇佣,就不能消除社会上处在脆弱地位人群的社会排斥的风险。这种情况下,即使失业者的经济基础比较稳定,也不能改变他们在社会中被分割出去的事实。

但是,由于文中分析所使用的数据和指标在两个国家上存在差异,并且失业者自身所占的比例较小,所以推断结果的稳健性不够,可能无法将结果一般化。在今后的研究中可以通过分析时间序列数据以及包括更多国家在内的国际比较分析等验证本章结果的稳健性。

注

(1) 但是,支付对象的日额度上限是680克朗。
(2) 瑞典基础补助的领取资格中也包含对劳动时间的要求,需要有6个月以上,每月工作不低于80小时的劳动时间,或者在过去12个月内,有连续6个月不低于480小时的劳动时间。
(3) 如因自身情况离职,不论年龄,在雇佣保险参保不满10年的情况下,领取期为90天。
(4) 该指标中,正规雇佣分别以①解雇手续的不便性、②无理由解雇的通知期限和工龄相应的离职补贴、③解雇的困难性为基准进行测量;而非正规雇佣则分别以①有期限的雇佣、②可使用人才派遣的范围和时间等为基准进行测量(Venn, 2009)。
(5) 在二次分析中,我们从东京大学社会科学研究所附属社会调查·数据档案研究中心SSJ数据档案中获得了"2005年SSM日本调查"的数据。"关于工作和生活的全国调查"是2005年SSM调查的实地调查名称。
(6) 关于政治活动,瑞典的数据将近期在国政选举中没有参与投票的情况作为政治活动排斥,日本的数据将"很少参与"或"不参与"国政选举和自治体选举时的投票的情况作为政治活动排斥。另外,关于社会关系，瑞典的数据将"没有能聊个人话题的对象"的情况作为被社会关系排斥，日本的数据将过去一年里即使是再细小的烦心事也没有和别人聊过的情况作为被社会关系排斥。
(7) SSM调查中，没有直接询问过去失业经历的问题。因此，关于工作经历中的失业期，本章将除因结婚和育儿而辞职以及因退休而离职（以退休或合同期满为由的离职，且该工作是最后一份工作，现在没有找工作）的以外，1年以上处于无业状态的算作长期失业经历。

参考文献

阿部彩，2007，「日本における社会的排除の実態とその要因」『季刊・社会保障研究』43（1）：27-40。

Arbetsförmedlingen, 2011, *Annual Report of the Swedish Public Employment Service 2011*, Arbetsförmedlingen

Atkinson, Tony, 1998, "Social Exclusion, Poverty and Unemployment," John Hills. ed. , *Exclusion, Employment and Opportunity*, Center for Analysis of Social Exclusion, London School of Economics, 1-20.

Burchardt, Tania, Julian Le Grand and David Piachaud, 1999, "Social Exclusion in Britain 1991—1995," *Social Policy and Administration*, 33（3）：227-244.

Béland, Daniel, 2007, "The Social Exclusion Discourse: Ideas and Policy Change," *Policy and Politics*, 35（1）：123-139.

de Graaf-Zijl, Marloes and Brain Nolan, 2011, "Household Joblessness and Its Impact on Poverty and Deprivation in Europe," *Journal of European Social Policy*, 21（5）：413-431.

Esping-Andersen, Gøsta, 1990, *The Three Worlds of Welfare Capitalism*, Polity Press. （＝2001，岡沢憲芙、宮本太郎監訳『福祉資本社会の三つの世界——比較福祉国家の理論と動態』ミネルヴァ書房。）

European Social Survey, 2010, *ESS-4 2008 Documentation Report. Edition 3. 0.*,

European Social Survey Data Archive, Norwegian Social Data Science Services.

Council of European Union, 2002, *Fight against Poverty and Social Exclusion: common objectives for the second round of National Action Plans—Endorsement*, 14164/1/02 REV 1 SOC 508, 25 November 2002, Council of European Union.

藤澤三宝子,2008,「日本の低所得と生活保護制度——JGSSデータによる社会扶助受給決定要因分析を通して」『日本版 General Social Surveys 研究論文集』7:271-283。

Gallie, Duncun, Serge Paugam Paugam and Sheila Jacobs, 2003, "Unemployment, Poverty and Social Isolation: Is There a Vicious Circle of Social Exclusion?" *European Societies*, 5 (1): 1-32.

濱口桂一郎,2009,「EU労働者派遣指令と日本の労働者派遣法」『大原社会問題研究所雑誌』604:25-35。

Hansen, Henning, Perdp Hespanha, Carlos Machado and Rik Van Berkel, 2002, "Inclusion through Participation? Active Social Policies in the EU and Empirical Observations from Case Studies into Types of Work," Rik Van Berkel and Iver H. Møller eds., *Active Social Policies in the EU*, The Policy Press, 103-135.

樋口明彦,2006,「社会的ネットワークとフリーター・ニート——若者は社会的に排除されているのか」太郎丸博編『フリーターとニートの社会学』世界思想社,49-74。

池永肇恵,2008,「日本の労働政策の方向性——多様化への対応と政策効果分析の重要性」『PIE/CIS Discussion Paper』389:1-52。

International Labour Office, 2010, *World Social Security Report 2010/11*, International Labour Office.

伊藤正純,2001,「高失業状態と労働市場政策の変化」篠田武司編『スウェーデンの労働と産業——転換期の模索』学文社,199-230。

岩田正美,2008,『社会的排除』有斐閣。

Jahoda, Marie, 1981, "Work, Employment, and Unemployment: Values, Theories, and Approaches in Social Research," *American Psychologist*, 36（2）: 184 – 191.

Jung, In-Young, 2007, "Social Assistance in Nine OECD Countries," Paper presented at the 4th East Asian Social Policy Research Network（EASP）Conference, University of Tokyo.

Kogan, Irena, 2006, "Labor Markets and Economic Incorporation among Recent Immigrants in Europe," *Social Forces*, 85（2）: 697 – 721.

OECD, 2004, *OECD Employment Outlook*, OECD.

OECD, 2012a, *Employment Outlook*, OECD.

OECD, 2012b, *Economic Outlook*, OECD.

OECD, 2012c, OECD Indicators of Employment Protection.（https://www.oecd.org/els/emp/oecdindicatorsofemploymentprotection.htm, September 30, 2012）.

Room, Graham J., 1999, "Social Exclusion, Solidarity and the Challenge of Globalization," *International Journal of Social Welfare*, 8: 166 – 174.

武川正吾, 2007,『連帯と承認』東京大学出版会。

Van Berkel Rik, Iver H. Møller and Colin C. Williams, 2002, "The Concept of Inclusion/ Exclusion and the Concept of Work," Rik Van Berkel and Iver H. Møller eds., *Active Social Policies in the EU*, The Policy Press, 15 – 44.

Van Vliet, Olaf and Koen Caminada, 2012, "Unemployment Replacement Rates Dataset Among 34 Welfare States," *NEUJOBS Special Report*, 2: 1 – 70.

Venn, Danielle, 2009, "Legislation, Collective Bargaining and Enforcement: Updating the OECD Employment Protection Indicators," *OCED Social, Employment and Migration Working Paper*, 84: 1 – 54.

Walters, William, 1997, "The 'Active Society': New Designs for Social Policy," *Policy and Politics*, 25（3）: 221 – 234.

Wulfgramm, Melike, 2011, "Can Activating Labour Market Policy Offset the Detrimental Life Satisfaction Effect of Unemployment?" *Socio-economic Review*, 9（3）: 477 – 501.

第 4 章

从家庭政策看待不平等

——聚焦于单亲母亲家庭

下夷美幸

1. 存在孩子抚养问题的单亲母亲家庭贫困

日本的单亲母亲家庭贫困率在发达国家中最为突出，这是近年来广为人知的。在 2009 年，日本政府公布了日本单亲家庭的贫困率为 54.3%（2007 年调查结果），这在 OECD 成员国中是最高的。[1]该贫困率为相对贫困率，OECD 以及日本政府所使用的数据是不到可支配收入中间值 50% 的人群。

在这之后，1985 年以来的贫困率被记载在 2010 年的"国民生活基础调查"（厚生劳动省）中，其显示单亲家庭的贫困率一直高于 50%。此外，在《儿童和育儿白皮书》（「子ども・子育て白書」）以及《儿童和青年白皮书》（「子ども・若者白書」）（均为内阁府文件）中，从 2010 年开始也加入了"儿童的贫困"这一项（见表 4-1）。其在公布上述日本政府发表的贫困率的同时，也按国家顺序排列展示了 OECD 成员国的贫困率。在白皮书中，这些指标显示单亲家庭特别容易成为经济贫困家庭。作为对策，白皮书中提出应该推进对单亲家庭的就业支持政策,将儿童抚养补贴的补给对象扩大至单亲父亲家庭,继续保持生活保障中的单亲母亲加法制度。

表 4-1 贫困率的年份变化

调查年份	1985	1988	1991	1994	1997	2000	2003	2006	2009
	%	%	%	%	%	%	%	%	%
相对贫困率	12.0	13.2	13.5	13.7	14.6	15.3	14.9	15.7	16.0
孩子的贫困率	10.9	12.9	12.8	12.1	13.4	14.5	13.7	14.2	15.7
有孩子的家庭	10.3	11.9	11.7	11.2	12.2	13.1	12.5	12.2	14.6
大人1人	54.5	51.4	50.1	53.2	63.1	58.2	58.7	54.3	50.8
大人2人或以上	9.6	11.1	10.8	10.2	10.8	11.5	10.5	10.2	12.7
名义值	万日元	万日元	万日元	万日元	万日元	万日元	万日元	万日元	万日元
中间值(a)	216	227	270	289	297	274	260	254	250
贫困线(a/2)	108	114	135	144	149	137	130	127	125
实值(1985年为基准)									
中间值(b)	216	226	246	255	259	240	233	228	224
贫困线(b/2)	108	113	123	128	130	120	117	114	112

注:1994年的数值不包含兵库县。贫困率的计算基于OECD的标准。大人指的是18岁及以上的人,孩子指的是17岁及以下的人,有孩子的家庭指的是户主年龄为18~65岁的家庭。名义值指的是该年等价可支配收入,实值指的是根据1985年的消费者物价指数调整后的值。

资料来源:根据厚生劳动省"2010年国民生活基础调查"制作。

通过这种方式,政府官方承认了单亲家庭的贫困问题,并将其设定为政策议题,这是解决问题的第一步。但是,白皮书所提到的政府采取的行动中,除扩大对单亲父亲家庭的支持以外,其他的都没有超过现有政策。即使到了政府开始公布单亲家庭贫困率3年后的2012年11月,都没有任何消灭贫困的积极对策出现。

"单亲家庭"的贫困率是单亲母亲家庭与单亲父亲家庭的合

称，根据2010年的"国势调查"（总务省），单亲母亲家庭约为756000个，而单亲父亲家庭约为89000个，单亲母亲家庭占总单亲家庭的九成。[2]此外，观察2011年"全国单亲母亲家庭等调查"（厚生劳动省）中的家庭收入可以发现，单亲母亲家庭比单亲父亲家庭年收入更低。由于其偏向于低收入，所以单亲家庭的贫困也就大致能看作单亲母亲家庭的贫困。

那么，为什么日本的单亲母亲家庭贫困问题如此严重，并且被常年搁置，得不到解决？要想阐明其结构就需要从多方面进行讨论，在这里，笔者想从单亲母亲家庭相关政策开始试探性地进行讨论。从政策方面进行探讨的原因是本来问题出现的背景与现有政策相关，同时，问题没有被解决这个事实也显示出政策迟缓的现状。

单亲母亲家庭贫困可以从各种各样的立场或视角来看待，从贫困家庭生活中孩子的角度来看，无论是父母的照料还是国家的照料，孩子的正常生活都没有得到保障。换言之，也就是说贫困家庭的孩子无论从私还是从公的角度来看，都没有得到充分的抚养。如此看来，单亲母亲家庭贫困可以看作对孩子抚养的经济问题。

同时，因为离婚或婚前生育所产生的单亲母亲家庭，也就是所谓的离婚单亲母亲家庭占总的单亲母亲家庭的九成，[3]所以作为孩子抚养义务者的父亲其存在也是不能忽视的。因此，单亲母亲家庭的贫困可以看作对孩子生活保障负责的母亲、父亲以及国家这三者之间的问题。

基于这样的问题意识，本章选取单亲母亲福利政策和养育费政策作为对象进行分析。这里的单亲母亲福利政策是指以单亲母亲家庭为对象的经济支持以及劳动支援政策。养育费政策指的是确保父亲支付养育费的政策。[4]通过对这些政策的探讨，我们得以思考前文提到的为什么日本的单亲母亲家庭贫困如此严重，且被常年搁置得不到解决的问题。

在接下来的部分，首先，我们要掌握作为影响单亲母亲家庭母亲就业和收入的基本制度，即税制和社会保障制度的特征（第2节）。其次，针对单亲母亲福利政策与养育费政策的现状，把握政策主要的作用和内容，并将其与英国政策进行比较，进一步讨论日本的特征（第3节和第4节）。最后，从家庭政策的观点出发重新审视这些政策，整理围绕抚养孩子的父母以及国家之间的关系，思考日本的单亲母亲家庭贫困问题。

2. 母亲的就业与税制和社会保障制度

工作贫困

如本章开头所述，日本的单亲母亲家庭贫困率为发达国家最高，与此同时，单亲母亲家庭中母亲的就业率高也是日本的特征。在OECD的国际比较统计中，观察各国的单亲母亲家庭中母亲的就业率（2007年）可以发现，日本的单亲母亲家庭中，母亲的就业率（85%）远高于美国（72%）、法国（70%）、德国（65%）与英国（52%），也高于瑞典的单亲家庭（包括单亲父亲家庭81%）（OECD，2011）。

通常来说，如果母亲就业，单亲母亲家庭的贫困率要比没有就业的单亲母亲家庭贫困率低。的确，观察OECD成员国的单亲家庭贫困率（见表4-2）可发现，除了日本，在所有成员国中，父母就业和没有就业的情况相比较，就业情况下的贫困率相对较低。也就是说，就业成为脱贫之路。

但是，在日本单亲母亲就算就业，其贫困率也不会降低。不仅如此，还会微微上升。因此，大多数日本的单亲母亲即使工作，也难以让家庭从贫困中脱离出来，这也就是所谓的工作贫困。

表4-2 有孩子家庭的贫困率（2008年）：按家庭成年人的就业状况分类

单位：%

	孩子的贫困		有孩子的家庭						
			合计		单亲家庭		双亲家庭		
	2008年	20世纪90年代后半期开始的变化	2008年	1995年开始的变化	没有就业	就业	没有就业	有1人就业	2人或以上就业
澳大利亚	14.0	1.0	11.6	0.6	74.7	16.8	68.0	13.5	1.0
奥地利	7.9	0.7	7.2	1.7	57.9	25.9	31.8	16.0	1.9
比利时	11.3	1.2	9.9	0.7	68.3	17.5	70.0	16.1	0.9
加拿大	15.1	0.7	13.0	0.3	84.9	29.3	73.7	27.5	4.9
智利	22.4	-3.8	12.4	-10.6	65.1	9.4	56.8	15.5	2.1
捷克	8.4	2.9	7.2	3.0	84.1	15.7	84.9	7.3	1.9
丹麦	3.7	1.7	2.9	1.3	33.9	5.1	29.2	7.8	0.6
爱沙尼亚	12.1	—	21.2	—	59.1	30.6	64.0	16.4	5.1
芬兰	5.4	3.4	4.7	2.9	49.0	8.6	49.2	13.4	1.4
法国	9.3	0.3	7.4	-0.8	45.7	16.5	21.8	10.5	2.3
德国	8.3	0.2	7.6	1.0	46.2	11.6	23.2	3.7	0.6
希腊	12.1	-0.2	11.6	0.4	81.5	12.3	37.3	21.8	5.3
匈牙利	7.2	-3.1	6.4	-2.3	30.8	21.3	9.6	6.5	3.1
冰岛	5.7	—	—	—	—	24.7	100.0	19.1	1.9
爱尔兰	11.4	-2.0	9.7	—	62.4	10.8	21.8	9.0	1.2
以色列	26.6	12.1	22.5	9.7	81.1	29.6	86.4	37.5	3.6
意大利	15.3	-3.6	14.0	-3.4	87.6	22.8	79.3	22.5	2.7
日本	14.2	2.1	12.2	1.0	52.5	54.6	37.8	11.0	9.5
韩国	10.3	—	8.6	—	23.1	19.7	37.5	9.5	5.3
卢森堡	13.4	5.5	12.2	4.9	81.7	47.6	40.6	17.2	4.9

续表

	孩子的贫困		有孩子的家庭						
			合计		单亲家庭		双亲家庭		
	2008年	20世纪90年代后半期开始的变化	2008年	1995年开始的变化	没有就业	就业	没有就业	有1人就业	2人或以上就业
墨西哥	25.8	-0.2	22.2	0.4	48.2	31.6	68.7	34.7	11.2
荷兰	9.7	—	7.8	—	57.9	23.8	64.7	14.6	1.9
新西兰	12.2	-0.5	9.6	-1.5	75.7	14.0	68.6	9.3	1.0
挪威	5.5	1.8	4.6	1.6	42.5	5.9	45.4	7.3	0.2
波兰	14.5	—	12.5	—	79.0	20.4	52.2	26.9	4.3
葡萄牙	16.7	1.2	—	—	—	—	—	—	—
斯洛伐克	10.1	—	8.9	—	69.0	17.1	83.6	21.6	2.5
斯洛文尼亚	7.2	—	6.4	—	77.7	20.8	63.0	33.6	2.7
西班牙	17.7	0.9	16.2	1.3	68.8	26.7	88.8	29.3	5.2
瑞典	7.0	4.4	6.0	3.9	54.5	11.0	46.0	18.5	1.4
瑞士	9.6	—	8.3	—	29.6	—	7.0	—	—
土耳其	23.5	3.9	19.3	2.5	44.5	28.3	25.8	20.0	16.1
英国	12.5	-4.9	11.2	-3.3	47.8	6.7	31.5	9.7	1.4
美国	21.6	-0.6	18.7	0.0	91.5	35.8	84.1	30.6	6.6
OECD平均	12.6	1.0	11.1	0.6	61.1	21.3	53.1	17.1	3.7

注：日本为2006年，丹麦和匈牙利为2007年，而智利为2009年。
资料来源：OECD，2011b，OECD Family Database，OECD（www.oecd.org/social/family/database 2012.9.30）。

在"全国单亲母亲家庭等调查"（厚生劳动省）中，观察单亲母亲家庭母亲的就业状况（见表4-3）发现，在1980年以后，单亲母亲家庭母亲的就业率一直高于80%，达到了非常高的水平。

表4-3 单亲母亲家庭母亲的就业状况

单位：%

调查年份	就业人员	就业地位						非就业人员	不详
		总计	正规职员或职工	派遣员工	打工者等	自营业	其他		
1983	84.2	100.0	55.1	—	7.6	14.2	7.4	15.8	—
1988	86.8	100.0	55.5	—	19.4	12.2	12.9	13.2	—
1993	87.0	100.0	53.2	—	31.3	7.8	7.7	11.4	—
1998	84.9	100.0	50.7	—	38.3	5.7	5.3	13.6	—
2003	83.0	100.0	39.2	4.4	49.0	4.2	3.2	16.7	0.3
2006	84.5	100.0	42.5	5.1	43.6	4.0	4.7	14.6	0.9
2011	80.6	100.0	39.4	4.7	47.4	2.6	5.9	15.0	4.4

注：1983年和1988年的"正规职员或职工"与"打工者等"分别为"长期雇佣者"与"非长期雇佣者"。1983年的"自营业"为"自营业"和"农业"的合计。2003年以后的"其他"为"公司干部"（只有2011年）、"家族企业从业者"和"其他"的合计。

资料来源：根据厚生劳动省"全国单亲母亲家庭等调查"制作。

因此可以看出，日本大部分单亲母亲家庭中母亲是工作的，而且即使是没有工作的母亲，其就业意愿也非常强烈。2011年的调查显示，在没有工作的母亲里，有接近九成的人希望工作，其无法工作的理由为"求职中（38.2%）"以及"因病无法工作（26.8%）"等，可以说，只要是能够工作的母亲基本上都在工作。但是，其工作方式以打工为主。观察其变化，可以发现正规职员或职工在减少，而打工等非正规劳动人数正持续增加，到2011年，有一半正在工作的母亲为打工者，因此其就业收入很低，观察其平均年收入（2010年），可以发现正规职员或职工年收入为270万日元，而与之相对的是，打工者在其半数以下，为125万日元。

"男主外"模式的税制和社会保障制度

单亲母亲家庭中母亲大多数为打工者，其难以获得足够的收入，这与税制以及社会保障制度有着千丝万缕的关系。

日本的税制以及社会保障制度虽然原则上是以个人为单位，但是其前提条件是"男主外"模式，因此对配偶的考虑也包含在制度之中。"男主外"模式是指丈夫主要从事劳务工作，并赚得足够抚养妻子和孩子的家庭收入以支撑家庭的生计，而妻子主要在家中从事家务以及育儿工作。虽然双收入的家庭正在增加，但是现在仍然有许多女性选择以生育为契机辞去工作并集中精力养育孩子，然后作为打工者继续回到劳动力市场。影响女性选择这种生活方式的就是将妻子作为丈夫的被抚养人，即"男主外"模式的税制以及社会保障制度。

在税制中，其最主要的是配偶减免和配偶特别减免制度。日本的个人所得课税以个人为单位，但是在配偶没有收入或收入较低的情况下，其符合配偶减免和配偶特别减免制度，需考虑家庭的情况，这是关于"配偶"的待遇。虽然这项制度在性别方面是中立的，但是实际上其减免对象以丈夫为主，妻子要么是专业主妇，要么是打工劳动的工作者。

具体来说，如果妻子的年收入在103万日元以下，并且配偶减免为103万到141万日元的情况下，配偶特别减免是适用的。虽然减税对象为丈夫的税金，但是如果妻子在减免范围内工作的话，作为整个家庭，他们可以得到经济上的优惠。然而，当妻子的收入超过103万日元时，丈夫不仅不能成为减免对象，妻子自己的收入也会被课税。这被称为"103万日元之墙"，被视作女性就业的阻碍。

同时，在社会保障制度中，"第三号被保险人制度"是争议的焦点（椋野、田中，2009：150－151）。第三号被保险人指的是在国民退休金缴纳者中，被公司职员或者公务员（第二号被保险人）抚养的配偶。这在制度上虽然也是性别中立的，但是第三号被保险人以正在工作的丈夫所抚养的专业主妇或者打工主妇为主。

该项制度在1985年的退休金制度改革中成立基本退休金时被导入，作为包括专业主妇在内的女性退休金权利的保障。在这之前的退休金制度是以退休后夫妻二人使用丈夫的退休金来维持生活为前提所设计的，正在工作的丈夫所抚养的妻子并没有义务加入。因此，虽然此时妻子可以随意加入除此以外的其他国民退休金，但是如果没有加入任何退休金，在离婚的情况下，就会产生没有退休金的问题。为了解决这个问题，日本导入了"第三号被保险人制度"，使妻子能够以本人的名义领取退休金。

在第三号被保险人制度中，妻子本人不需要支付保险费用，其保险费用一并计入丈夫所加入的厚生退休金或互助养老金等国民退休金当中。作为被抚养人，妻子所被承认的收入须未满130万日元。因此，即使妻子就业并得到收入，如果年收入未满130万日元，也会成为第三号被保险人，本人不会产生保险费。但是如果年收入在130万日元以上的话，其会失去作为第三号被保险人的资格，本人必须支付保险费。

此外，年收入未满130万日元作为被抚养人的这种待遇在健康保险中也是存在的，如果妻子的年收入超过130万日元，不仅是退休金保险费，连健康保险费也需要本人支付。因此，是否停留在被抚养人身份这一决定的经济影响比配偶减免更大，这被称为"103万日元之墙"。

男女共同参与计划会议的调查报告书（2012年）显示，因为这堵"墙"，现实中有夫之妇的就业被抑制。根据报告书所述，已婚女性的收入集中在 90 万～110 万日元，特别是 40～50 岁女性的这个倾向尤为明显。此外，26% 的女性打工者希望将工资或年收入以及劳动时间控制在一定水平内进行"劳动调整"，其理由按照顺序依次是"因为如果超过自己所得税的非课税限度额（103 万日元），就必须支付税金（55.3%）""因为如果超过一定额度（103 万日元），会从配偶的健康保险、厚生退休金等被抚养人中被移除，必须自己另外加入（43.2%）""因为如果超过一定额度，配偶税制上的配偶减免会消失，配偶特别减免会变少（31.4%）"。[5]

与此类似，由于"男主外"模式的税制和社会保障制度，已婚女性的工作方式偏向于打工，而且打工的工资以及打工条件被限制在丈夫抚养女性的前提之下。由此可见，在必须依靠自身力量抚养孩子的单亲母亲家庭中，母亲处于极度不利的地位。

3. 单亲母亲福利政策

儿童抚养补贴

单亲母亲家庭不仅收入低，其中也少有家庭能够领取生活保障。近年来，虽然受保率有所上升，但是在 2010 年也仅仅达到 15%。[6] 20 世纪 80 年代后期以来，生活保障依据所谓的"优化"，强化其窗口申请的规则，单亲母亲家庭的受保条件也受到了限制。因此，大多数低收入单亲母亲家庭并没有得到生活保障，仅凭自身的收入和福利补贴维持生计。在这些福利补贴中，对单亲母亲家庭来讲不可或缺的就是儿童抚养补贴。

儿童抚养补贴主要以因离婚或私生子而产生的单亲家庭为对象进行支付补贴。1962 年制度开始实行时，只针对单亲母亲家庭进行补贴，从2010年8月开始单亲父亲家庭也成为补贴对象。补贴一直持续至孩子18岁那一年年底，按照收入进行补贴。比如家庭中有1个孩子的情况下，可以领到1万日元到4万日元的补贴。受补助者每年都在增加，到2010年底受补助者约为105.5万人，其中单亲母亲家庭约有97.0万人（厚生劳働省，2012：188）。虽然难以计算出接受儿童抚养补贴的单亲母亲家庭占比，但是在2010年的"国势调查"（总务省）中，观察包含与祖父母同居的单亲母亲家庭，其家庭数为108万个，从这里可以推测大多数单亲母亲家庭都在接受儿童抚养补贴。[7]

虽然儿童抚养补贴制度从开始到现在在保障单亲母亲家庭收入中发挥了重要的作用，但是我们能从制度变迁中看出国家对单亲母亲家庭的态度。儿童抚养补贴作为补充单亲母亲家庭养老金的制度而成立，截至1985年法案修订时，儿童抚养补贴与退休金制度同步，补贴额都有所增加。在这个时期，国家的态度是不区分父亲是去世还是离婚，都以退休金或补贴等方式填补单亲母亲家庭由于缺少"男主外"而产生的空缺。

但是，在1985年法案修订后，儿童抚养补贴由退休金制度的补充制度变为纯粹的福利制度，补贴额与退休金相分离，从此以后，一直呈现减少的趋势。此外，在1985年法案的修订中，加入了离婚父亲如果有定额或定额以上收入时，国家不需承担支付责任的规定。虽然最终这个规定在事实上被无限延期执行，但是国家所表现出的是以父亲挣钱为主，国家并不能代替或补充其角色的态度。

从此之后，伴随着单亲母亲家庭的增加，接受儿童抚养补贴的人数也急速增长。由于支付费用增加，2002年国家从"以儿童抚养补贴为中心的支持"变为"面向就业和自立的综合性支持"，开始进行单亲母亲家庭福利政策的根本性改革。改革最主要的目的是限制儿童抚养补贴发放，强化实质性的收入限制，削减补助金额。此外，在2002年的法案修订中，不能忽视的是如果接受补助的时长超过5年，其补助额最多会减少到1/2这样的决议。在此之后，对于终止支付，如果接受补贴者能够提交非对象申请书，并证明自身正在就业或求职中的话，那么就可以像之前一样继续领取补助。但是，不关心单亲母亲家庭生活实况，单纯只是将受补助额度按照补助时长减少这项规定制度化，可以说明国家在抚养孩子中所发挥的作用正在倒退。

对母亲的就业支持

在2002年的单亲母亲福利政策改革中，被重点关注的是支持母亲自立的就业支援政策。作为导入该项改革的主要施政方针，其包含"单亲母亲家庭等就业和自立支援中心"、"自立支援教育训练补贴费"以及"高度技能训练促进费"。其内容和实质效果如下。[8]

单亲母亲家庭等就业和自立支援中心开设在都道府县、指定都市以及中核都市的所有实施主体的设施中，这些设施（106所）除了提供就业相关资讯或信息，也能开展技能讲演。观察其实质效果发现，虽然2012年度的资讯约达90000条，但是就业资讯只有5749条，其中全职工作只有2356条。

自立支援教育训练补贴费与高度技能训练促进费是为了支持母亲们提高技能或取得职业资格而创立的补贴费，前者支付给修完指定教育训练课程的母亲两成讲座费（上限为10万日元），而后者支付给护士等在培养机构训练期间的生活费（月补助额为14万日元左右）。观察2012年度的实质效果可发现，领取自立支援教育训练补贴费有1537人，就业人数为880人，其中全职工作者仅有315人。领取高度技能训练促进费的补助人数为7969

人，取得职业资格的有2114人，就业人数为1714人，其中属于全职工作者的为1519人。虽然就业人数很少，但是也作为全职工作者在发挥作用。

如前所述，为了帮助单亲母亲家庭中的母亲实现就业，并通过就业达到经济独立这个政策目标，政府需要制定帮助母亲就业于收入更高、更稳定职业的支援政策。然而，即使将上述政策以外的其他政策囊括在内，依据单亲母亲家庭支援政策而从事全职工作的人数也远比领受儿童抚养补贴的人数少。由于今后儿童抚养补贴依旧会持续削减，如果没有有效的就业支援政策，单亲母亲家庭的贫困风险会变得更高，不得不接受生活保障的单亲母亲家庭有可能也会进一步增多。

日本的特征

在针对单亲母亲家庭的政策中，将支援重点转至促进就业的倾向是发达国家的共性。在这里，我们尝试探讨与日本有着相同社会政策，即偏向"男主外"模式的英国的政策。[9]在诞生于1997年的劳动党执政期间，英国进行了"从福利到就业"的政策转换，针对单亲母亲家庭中的母亲也实施了就业促进政策。基于此，在劳动党开始执政时，单亲母亲家庭中母亲的就业率还不到50%，依靠收入补贴（类似于日本生活保障的公共补贴）维持生活的单亲母亲家庭不断增多（DWP，2006）。此外，由于英国在1997年的儿童贫困率在欧盟主要国家中最高（DWP，2003），所以劳动党把儿童的贫困对策作为重要议题，制定了将贫困儿童"至2004年度减少1/4，2010年度减少1/2，2020年度完全消灭"的执政目标。为了达成目标，劳动党政权主要重视促进单亲母亲家庭中的母亲就业。

英国政府所实施的促进单亲母亲家庭就业政策被称为"为了

单亲家庭的新政策"，其特征是一对一支援，根据被支援对象的特征进行就业咨询或者职业训练。此外，该项政策也设定了职业中心+公共职业安定所，按部就班地执行就业支援以及向求职者发放福利补助。

同时，在英国，不仅有新政策制度，作为促进就业的政策，面向就业者的经济支援也很充实。该项支援基于"值得工作"这一思考，与以往的福利补贴不同，其根据税额减免来执行。其中，对于有孩子的低收入家庭，其减免税额额度更大，通过这样的经济支援，促进没有工作的父母参与工作。其实际效果显示，单亲家庭就业率不断攀升，到2005年英国单亲家庭就业率达到56.6%，与1997年相比，增加了11个百分点（DWP，2006）。

在前面的表4-2中，观察英国的单亲家庭贫困率，发现父母有无就业其差距非常之大，有就业的情况下家庭贫困率为6.7%，这只是没有就业情况下的家庭贫困率（47.8%）的1/7，与其他发达国家相比贫困率也是非常低的。查看英国国内统计，也发现1997年以后，单亲家庭的贫困率大幅下降（DWP，2012），这与其说是由于父母就业率的增加而产生的，不如说是父母通过就业从政府得到的补助增加而产生的。[10]虽然在英国，针对单亲母亲家庭的政策也通过这种方式转换为就业促进政策，但是其伴随的是就业所产生的经济支援的提升。

如此看来，虽然日本和英国同样是"男主外"模式，针对单亲母亲家庭国家的态度却大不一样。在英国的政策中，虽然以前母亲更多地依赖于福利，但是现在，伴随着母亲的就业，填补单亲母亲家庭中母亲不利地位的经济支援也相对充实。这些都是为了应对单亲母亲在"男主外"模式中处于不利地位的情况而制定的福利政策。但是在日本的政策中，国家对母亲的生活保障补助持否定的态度，在进一步要求已就业母亲就职的同时，还要削减扭转母亲不利地位的儿童抚养补贴。日本这样的政策欠缺对"男主外"模式制度下单亲母亲家庭不利地位的处理，没有达到与"男主外"模式的整合。[11]

4. 养育费政策

养育费的实情

接下来我们探讨保障从离婚父亲获得养育费的相关政策。在离婚单亲母亲家庭的情况下，离婚父亲也有义务抚养孩子，通过支付抚养费履行义务。

但是，我们观察"全国单亲母亲家庭等调查"（厚生劳动省）发现，2011年，接受父亲养育费的单亲母亲家庭只有两成（见表4-4）。首先，单亲母亲家庭中有六成养育费还没有决定。[12] 即使是判决执行的案件，也有多数离婚父亲是没有支付或停止支付养育费的，执行判决的单亲母亲家庭中，收到养育费的只有五成。养育费的平均月额在1个孩子的情况下为3.5万日元，2个孩子的情况下为5万日元。

表4-4 离婚单亲母亲家庭养育费的接受情况

单位：%

调查年份	现在还在接受养育费	接受过养育费	没有接受过养育费	不详
1983	11.3	10.1	78.6	—
1988	14.0	10.6	75.4	—
1993	14.9	16.4	68.7	—

续表

调查年份	现在还在接受养育费	接受过养育费	没有接受过养育费	不详
1998	20.8	16.4	60.1	—
2003	17.7	15.4	66.8	—
2006	19.0	16.0	59.1	5.9
2011	19.7	15.8	60.7	3.8

资料来源：根据厚生劳动省"全国单亲母亲家庭等调查"所制。

近年来，养育费的接受率停留在两成（见表4-4），与孩子分居的父亲中有约八成未抚养孩子。虽然没有收入的父亲的确也无法支付养育费，但是根据2007年单亲母亲家庭的调查，离婚父亲的收入比普通家庭主人收入低三成左右，其平均年收入为376万日元，年收入在200万日元的人占82%（労働政策研究·研修機構，2012：168）。这样看来，能够支付却没有支付的父亲应该不少。对于这一点，为了保障养育费执行，制度或者政策会干预其中。

司法中的制度

养育费问题一直按照司法程序来处理，在保障养育费的制度中，有家庭法院的"履行保障制度"和基于民事执行法的"强制执行制度"。然而，能够使用该项制度的只有家庭法院下达判决的案件或者判决以公证书等法律有效形式书面认证的案件，真正能够使用这些制度的单亲母亲家庭其实很少。单亲母亲家庭在未确定养育费判决的协议离婚情况下，或者有判决但无公证书的情况下，首先必须要向家庭法院申请养育费。实际上，向家庭法院申请养育费的案件正不断增加。从孩子监护案件的新受理件数中发现，2010年的养育费相关调停案件约为18000件，审判案件约为2900件，分别是10年前的1.5倍和2.7倍（最高裁判所事務総局，2010）。[13]

然而，单亲母亲家庭即使可以使用履行保障制度或强制执行制度，父亲也不一定会切实地支付养育费。履行保障制度的强制性较弱，如果父亲不执行法院的履行命令，也只不过是处以10万日元以下的罚款。如果是强制执行，虽然能够扣押父亲的工资，但是申请所需要的信息或文件都要准备充分，所有的手续都顺利进行，父亲一旦从现在的工作地点离职，必须要重新确认父亲新的工作地点以及工资支付状况等，申请手续也必须重新来过，这些手续的费用全部由要求支付养育费的母亲来承担。因此，无论是从对于单亲母亲家庭的现实可利用性这一点，还是从养育费保障的实效性这一点，这些制度都是有问题的（下夷，2008：2-8）。

福利行政中的对策

如上所述，关于单亲母亲福利政策，在2002年进行了"面向就业和自立的综合支援"的改革，"养育费的保障"被定位为综合支援四个支柱中的一项。从此以后，养育费问题不仅由司法，也由单亲母亲福利行政机构进行处理，2007年10月该机构开设了养育费咨询支援中心。

在这个中心里，除了提供信息或培养在自治体中提供抚养费咨询的人才，也接受来自单亲母亲家庭的咨询电话或邮件，从2007年10月到2011年，咨询的总数超过了20000次。咨询次数到2010年急速增长（2011年有所减少），在2010年度大约接受了7000次的咨询。约八成的咨询者为单亲母亲，其中大多数是关于养育费的索取手续、估算以及不执行的咨询（鹤冈，2012）。然而，在中心所进行的对咨询者的支援中，并不包含寻找住处不明的父亲，以及与父亲进行交涉或者征收养育费等直接性的支援。

在福利行政中虽然养育费的保障作为单亲母亲家庭自立支援的一环也受到重视，但是，其并没有按照单亲母亲家庭的需求进行支援。由于国家对养育费的保障持消极态度，也没有制定直接对父亲进行干预的政策，所以对于孩子的抚养，父亲自身的自觉性就变得非常差。

日本的特征

由于不支付养育费的问题并不只发生在日本，所以在很多国家，除了利用司法制度，行政机关也着手应对养育费问题。与之前的单亲母亲福利政策相同，这里也列举社会政策为"男主外"模式的英国进行比较。[14]

英国在20世纪80年代后期保守党执政背景下，关于单亲母亲家庭的福利依赖以及父亲欠付养育费问题的批判声不断升高，并于1991年在福利行政部门中设立了养育费厅，从1993年开始实施养育费制度。其导入的制度令行政机关严厉追究父亲的抚养责任，并由养育费厅协定以及征收养育费。接受公共补助的单亲母亲家庭为该项制度的强制适用者，[15] 在这种情况下，被征收来的养育费作为给单亲母亲家庭的福利进行补贴偿还。因此，即使支付了养育费，单亲母亲家庭的收入也不会增加。也就是说，该项制度是为了从父亲手里收回福利补贴而导入的。

然而，该项养育费制度在刚开始的时候相继出现了各种征收问题，并且民众对其批判也从未断绝过，因此，之后的劳动党政权提出了推进基于父母双方同意的养育费协定与支付的新方针，并于2008年设置了针对养育费的强制委员会这一新的公共机构。该委员会并不采用养育费制度，而是提供能自主协定和支付养育费的信息服务。另外，之前的养育费制度会调整为新的更强有力的制度。在那之前,政府一边推进运营的效率化以及强制手段的强化,一边实行现行制度。该项改革改善了公共补助接受者的待遇,并废除了对养育费制度接受方的强制性以及使用征收的养育费来偿还福利补贴的方式。从2010年开始的保守党和自由党联合政权也基本继承了这一政策,英国的养育费政策从支援父母双方自主解决问题的服务和行政机构强力干预的养育费制度两方面进行推进。

如此看来,在保障养育费方面,日本与英国的政策大不相同。在英国,导入养育费制度后,国家会督促离婚父亲履行抚养责任,并根据养育费制度强行追究其责任,也会有弹性地对当事人进行支援。无论如何,该项政策驱动父亲履行其责任,而这样积极的养育费政策才真正适用于"男主外"模式。[16]

与之相比,日本虽然也把养育费保障作为政策议题,但是其采用的政策是消极的,国家既没有对父亲追究孩子的抚养责任,也没有任何支援对策。养育费问题难以由当事人自己解决,这之间看不到日本的养育费政策与"男主外"模式的关联。

5. 家庭政策与单亲母亲家庭的贫困问题

作为政策基础的家庭范式与范式的实现

在上述内容中,我们将单亲母亲家庭的贫困看作由母亲、父亲和国家所共同造成的,并探讨了税制和社会保障制度、单亲母亲福利政策和养育费政策。最后,我们从家庭政策的视角将这些政策重新审视,并进一步思考日本单亲母亲家庭的贫困问题。

家庭政策是一个多义性概念,根据庄司洋子的定义,家庭政策是"国家、自治体等政策主体意图性地制定或实施个别对家庭有一定影响的政策或者实施这些政策的总合",其政策目的是"从政策主体来看将家庭整体放置于最理想的状态"(庄司,1999)。

根据这样的定义,我们可以推测在家庭政策中,包含着一定的家庭范式,并且政策主体努力实现这样的家庭范式,这就是家庭政策(的实施)。基于这样的认知,针对我们探讨过的政策,从抚养孩子的观点出发,探寻作为政策基础的父亲范式和母亲范式,并检讨为实现这样的范式,国家的努力情况。

单亲母亲家庭孩子抚养家庭政策的缺失

日本的税制以及社会保障制度为"男主外"模式,以"丈夫＝抚养人,妻子＝被抚养人"这种双亲家庭为前提。从抚养孩子的观点来看,这也是把父亲作为第一抚养责任人的模式。如果将此称作"以父亲抚养为主的模式",那么国家会通过调整税制以及社会保障制度中对配偶的待遇程度,来努力使现实中的家庭向该模式靠近。由此,可以被认为是以父亲抚养为主模式的家庭政策。

关于单亲母亲福利政策,在削减儿童抚养补贴的时候,采用的是可能成为削减依据的模式,虽然难以找出这样的家庭范式,但是,从2002年改革后的儿童抚养补贴与就业支援可以看出,其基本将母亲作为孩子的第一抚养责任人。另外,对于养育费政策,因其缺乏针对父亲的积极政策,找不出父亲范式,所以单亲母亲家庭孩子的抚养可以被称为"以母亲抚养为主的模式"。然而,国家希望单亲母亲家庭中的母亲依靠自身抚养孩子而推出的政策,仅仅停留在支付技能训练促进费使母亲获得职业资格这一点上。其规模过小,几乎可以认为国家没有对实现以母亲抚养为主的模式做出努力。

如此,不得不说,针对双亲家庭孩子的抚养问题,以父亲抚养为主模式的家庭政策虽然正在开展，但是与之相对的，对于单亲母亲家庭的孩子抚养却称不上是家庭政策。这也就是说对于孩子的抚养，只有双亲家庭是家庭政策的对象，而离婚家庭（单亲母亲与父亲）并没有被囊括在内。

在明确以父亲抚养为主模式的家庭政策下，对双亲家庭的孩子来讲，父亲承担其主要抚养责任，但是对单亲母亲家庭的孩子来讲，该由谁来承担这样的抚养责任？因为没有这样的家庭政策，双亲同居的母亲、双亲分居的父亲以及国家三者之间的责任制度是不明确的。如此，对单亲母亲家庭的孩子而言，抚养责任并没有得到再分配，而在以父亲抚养为主模式的家庭政策下，双亲同居的母亲由于偏离了以父亲抚养为主模式而处于不利地位，但同时又要抚养孩子。这样看来，我们可以认为，针对单亲母亲家庭的孩子抚养问题，家庭政策的欠缺导致了日本单亲母亲家庭的高贫困率，同时，这样的问题又被搁置一边不予讨论。因此，关于孩子的抚养问题，我们需要回到为什么离婚家庭（单亲母亲与父亲）被搁置在家庭政策以外来进行思考。

注

(1) 厚生劳动省发布了"有孩子家庭相对贫困率的有关公布（2009 年 11 月 13 日）"。该项公布显示，2007 年的相对贫困率在有孩子的家庭中为 12.2%。其中，在 1 个大人的家庭中为 54.3%，在 2 个及以上大人的家庭中为 10.2%。

(2) 在这里所提到的单亲母亲（父亲）家庭指的是母亲（父亲）与未婚且不满 20 岁的孩子所组成的家庭。因此，与孩子的祖父母同居的单亲母亲（父亲）家庭并没有包含在内。

(3) 根据"全国单亲母亲家庭等调查"（厚生劳动省），在单亲母亲家庭中，丈夫去世的单亲母亲家庭占比急速下降，在 2011 年父亲去世为 7.5%，离婚为 80.8%，未婚母亲为 7.8%，丈夫去世比未婚母亲占比还要小。

(4) 在日本，根据 2002 年单亲母亲福利政策的转变，养育费的保障被定位为单亲母亲福利政策四大支柱之一。在本章中，为了分别探讨母亲的抚养和父亲的抚养，我们把养育费政策从单亲母亲福利政策中分离出来进行讨论。

(5) 该项数值来自男女共同参与会议基本问题·影响调查专门调查会（2012）的第 32 页，以及图表 51 和 52，已婚女性的收入数据是基于"国民基础调查（2010 年）"（厚生劳动省）的特别合计结果，女性打工劳动者数据来自"短时间劳动者实况调查（2010 年）"（労働政策研究·研修機構）的结果。

(6) 根据国立社会保障和人口问题研究所的《〈生活保障〉相关公开统计数据一览》，单亲母亲家庭的生活保障接受率从 2009 年的 132.4% 急速上升至 2010 年的 153.7%（http://www.ipss.go.jp/s-info/j/seiho/seiho.asp，2012 年 9 月 30 日）。

(7) 这里需要注意的是，单亲母亲家庭为孩子不满 20 岁的家庭，这与儿童抚养补贴的支付对象儿童年龄的 18 岁是不同的。

(8) 3 项政策的概要和实效均出自于厚生劳动省的雇佣均等·儿童家庭局·家庭福利课（2012），以及同课的单亲母亲家庭等自立支援室（2011）。

(9) 以下，关于英国的单亲母亲福利政策请参照下夷（2008；2012a）。

(10) 虽然不仅限于单亲贫困率，但根据 1997 年、1998～2008 年、2009 年的英国孩子贫困率下降因素的相关分析发现，其原因并不是父母就业本身降低了贫困率，而是政府补贴的增加（Dickens, 2011）。

(11) 这里虽然意在检验单亲母亲福利政策与"男主外"模式的关系，但不言而喻，这并不是要支持"男主外"模式的相关政策。我们也可以从当"男主外"模式与单亲母亲福利政策发生偏离或者有出入时，单亲母亲家庭中母亲会处于不利地位，或者其不利地位并不会被修正这一观点来进行验证。

(12) 根据2011年的"全国单亲母亲家庭等调查"（厚生劳动省），"正在协定养育费"为37.7%，"没有协定"为60.1%。"正在协定养育费"中，有70.7%为"有相关文件"，另有37.7%为"无相关文件"。
(13) 根据最高裁判所事务总局（2010）的报告，虽然母亲的申请人数较多，但是近年来，父亲的申请人数也在增加。
(14) 以下，关于英国的单亲母亲福利政策请参照下夷（2008；2012a；2012b）。
(15) 这里虽然在陈述单亲母亲家庭孩子的养育费，但是制度并不限定于单亲母亲家庭，单身父亲家庭也相同。
(16) 对于与"男主外"模式关联的检验，与注（11）相同。

参考文献

男女共同参画会議基本問題・影響調査専門調査会，2012，『女性が活躍できる経済社会の構築に向けて』（2012年2月）。

Department of Work and Pensions (DWP), 2003, *Measuring Child Poverty*, DWP.

Department of Work and Pensions (DWP), 2006, *A New Deal for Welfare: Empowering People to Work*, (Cm 6730), TSO.

Department of Work and Pensions (DWP), 2012, *Households Below Average Income: An Analysis of the Income Distribution 1994/95 - 2010/11*, DWP.

Dickens, R., 2011, "Child Poverty in Britain: Past Lessons and Future Prospects," *National Institute Economic Review*, 218: R7 - R19.

厚生労働省，2012，『厚生労働白書（2012年版）』（http://www.mhlw.go.jp/toukei:/hakusho/hakusho，2012年9月30日）。

厚生労働省雇用均等・児童家庭局・家庭福祉課「ひとり親家屋の支援について（2012年9月12日）」（http://www.mhlw.go.jp/seisakunitsuite/bunya/kodomo/kodomo:/kosodate/boshikatei/index.html，2012年9月30日）。

厚生労働省雇用均等・児童家庭局・家庭福祉課・母子家庭等自立支援室「2010年度母子家庭対策の実施状況（2011年12月16日）」（http://www.mhlw.go.jp/seisakunitsuite/bunya/kodomo/kodomo://kosodate/boshi-katei/index.html，2012年9月30日）。

椋野美智子、田中耕太郎，2009，『はじめての社会保障（第7版）』有斐閣。

OECD, 2011, OECD Family Database, OECD (www.oecd.org/social/family/database, 2019.9.30).

労働政策研究・研修機構，2012，『シングルマザーの就業と経済的自立（労働政策研究報告書 No. 140）』労働政策研究・研修機構。

最高裁判所事務総局，2010，『司法統計年報・家事事件編（2010年度）』。

下夷美幸，2008，『養育費政策にみる国家と家族——母子連帯の社会学』勁草書房。

下夷美幸，2011，「養育費問題からみた日本の家族政策——国際比較の視点から」『比較家族史研究』25：81-104。

下夷美幸，2012a，「イギリスにおける養育費政策の変容——子どもの貧困対策との関連から」『大原社会問題研究所雑誌』649：1-15。

下夷美幸，2012b，「母子世帯と養育費」ジェンダー法学会編『講座 ジェンダーと法第2巻——固定された性役割からの解放』日本加除出版，189-203。

庄司洋子，1999，「家族政策」庄司洋子、木下康仁、武川正吾、藤村正之編『福祉社会事典』弘文堂，136-137。

鶴岡健一，2012，「養育費の確保を巡る諸問題——養育費相談の窓から見えるもの」『ケース研究』312：50-85。

第 5 章

移民如何走向成功

——在日外国人的经济融合

竹中步、石田贤示、中室牧子

1. 在日外国人的同化和经济融合

移民的增加

自日本 1989 年修订《出入境管理及难民认定法》以来已经过去 20 多年了。在此期间，居住在日本的外国人有所增加，1988 年约有 94 万人的外籍居住者，2011 年增加到了 200 万人。虽然从比例上来讲日本外国人口比例仍然较低，仅占总人口的 1.7%，但近年来外国人口的增加也促进了"多文化共生"和"移民问题"等政策性问题的讨论。长期以来日本被称作单一民族和单一民族文化的国家（驹井，2006；Reitz et al.，2003），在日移民要如何取得成功？通往成功的道路又是什么？本章将从经济融合指标出发，探索 1989 年以后移民日本的"新来者"的社会流动状况（同代人群中经济地位的变化）及其形成机制。

移民的同化理论

解释移民的社会流动以及经济融合时,最为著名的理论就是移民同化理论(Assimilation Theory)。一般而言,同化被定义为移民在文化和社会层面与侨居国人趋同的过程,伴随着同化,移民的经济收入会不断增加。这是因为大多数移民都是从发展中国家移居到发达国家,在侨居国学习新的文化和语言,掌握其特有的技能,从而逐渐实现经济上升的摸索(Alba and Nee, 2003)。也就是说,移民在侨居国居住时间越长,其经济收入越高。

但也有学者指出,移民的居住时间越长,在经济方面越有"下降"的可能,他们将之称为"负向同化"(Negative Assimilation)(Chiswick and Miller, 2011)。这仅限于从发达国家向其他发达国家移民,出生国和侨居国的文化和经济水平相似时产生的现象。例如,从英国和加拿大移居到美国的人不需要学习新的语言,很多情况下他们具有能够在侨居国直接施展的技能,所以有时会随着时间的推移而走向经济的"下降"(Chiswick and Miller, 2011)。与大多数来自发展中国家、被定位在侨居国社会底层的移民相比,本就拥有可迁移技能和语言能力的移民在移居之初会获得较高的工资,移居后工资反而会有所下降。这意味着,即使与侨居国社会的同化进行得比较顺利,也未必能在涨工资方面有用,而长期停留者的工资水平比短期停留者的更低。

本章探讨的内容——移民的同化和成功

在本章中,笔者会根据"负向同化"理论,明确即使通过同化掌握侨居国社会所特有的技能,也未必会带来移民的成功这一点。之所以这样说,是因为笔者通过自己的研究,证明了奇斯威克和米勒(Chiswick and Miller, 2011)这一仅讨论部分移民的理论在日本的适用范围更广（Takenaka et al., 2012）。正如开头所提到的1989年修订法律中规定的那样，日本采取的移民政策原则上只接受高级技能人才。[1] 日本的移民政策只接受高级技能人才，可以说是一种很容易产生"负向同化"的环境，但其主要原因不仅是政策，还有接受移民的日本劳动力市场结构。因为"外国式"的技能和知识与"日本式"存在区别与差异，所以会被分到不同的劳动部门。

在日本，关于移民整合的讨论大多是基于以往的同化理论。因此，很多研究认为，促进移民学习日本文化，同化于日本社会是最重要的。而对留在社会底层的移民来说，缺乏同化是阻碍其经济向上流动的原因。本章针对这些观点进行了新的思考。同化并不一定会带来成功，比起在日本获取的知识，在国外接受的教育和在外国所特有的技能等"海外资本"更能为移民工资的上涨做出贡献。这种负向同化模式，相较于亚洲移民，在欧美移民中表现得更为明显，但是海外资本带来的特殊待遇，如后文所述，无论移民出身于哪个国家，他们都会拥有。在讨论这一点之前，我们首先来回顾一下"移民一般如何获得成功"的问题。

2. 移民是如何成功的？

正向同化理论

一般来说，移民的经济提升遵循"正向同化"（Positive Assimilation）进程（Chiswick and Millar, 2011），这是解释移民社会流动现象最有力的理论。入境时，移民的收入大多低于具有相同社会背景的本地人，因为在侨居国社会的劳动力市场中，移民没有可以马上使用的技能（Portes and Rumbaut, 1996, 2006;

Arbeit and Warren，2012；Kanas et al.，2011；Haskins，2008）。而且，移民大多来自于发展中国家，他们在出生国获得的技能在发达的侨居国几乎无法通用。但是，在侨居国停留的时间长了，他们的经济状况就会慢慢改善，因为他们掌握了侨居国社会特有的技能并逐渐同化（Chiswick，1978，1979；Alba and Nee，2003）。"正向同化"模式从理论上明确了这种移民的表现，已经在以欧美为首的诸多移民侨居地得到了证实（Chiwick and Miller，2011）。

一般来说，在侨居国接受教育十分有利于掌握侨居国特有的技能。因此，通过留学等教育途径进入劳动力市场的移民更容易取得经济上的成功。卡纳斯等（Kanas et al.，2011）在关于德国移民的研究中，证实了与在出生国接受教育的移民相比，在侨居国也就是德国接受教育的移民职业地位和工资更高。同样，以美国移民为研究对象的阿克莱什（Akresh，2006）也表示，在美国接受教育有助于提升移民的职业地位。

移民比起在侨居国取得的学位，在出生国取得的学位有被劳动力市场低估的倾向（Arbeit and Warren，2012；Fong and Cao，2009）。有研究表明，在国外接受教育的移民比在美国接受教育的移民年收入低14%（Zeng and Xie，2004）。李（Li，2001）也表示，加拿大的移民中，在国外接受教育的移民比在加拿大国内接受教育的移民的年收入要少近10000美元。这种对国外教育的"处罚"，被认为是由用人方评价国外学位时的偏好所引起的，一般来说，国外的受教育经历很难被转移到侨居国的劳动力市场中（Arbeit and Warren，2012）。

然而，国外教育的"处罚"也存在差异。方和曹的研究（Fong and Cao，2009）表明，社会网络越宽的人，所受到的"处罚"越小。另外，阿贝特和沃伦（Arbeit and Warren，2012）还表示，比起在南美和加勒比各地接受教育的移民，在加拿大和英国接受教育后移民到美国的人，在就业上呈现从事专业职务的倾向，所以"处罚"因取得学位所在的国家而不同。因此，在国外接受教育的价值可以根据侨居国和出生国之间赖于语言或文化差异的"可转移性"来把握（Chiswick and Miller，2011）。

综上所述，正向同化模型中，重要的是在侨居国接受教育等拥有侨居国特有人力资本的人所起到的作用。移民的居住时间越长，越能在侨居国社会实现经济收入的提升，若以此为前提，那么移民如何同化于侨居国社会便被视为其成功与否的关键。

负向同化理论

与其相对的负向同化理论（Negative Assimilation Theory），如前文所述，指的是一种出现在流动于劳动力市场习惯和文化相似的发达国家之间，且具有高技能的移民身上的现象（Chiswick and Miller，2011）。他们大多会因社会经济状况的改善而产生社会需求增加等外部因素，移居到对自己技能有最高经济回报的国家，所以其经济回报一般会随着时间的推移而下降。这是因为外部因素带来的高回报是无法长久的（Chiswick and Miller，2011）。从这个意义上来说，负向同化也可以说是移民的筛选结果，因为这是一种可能发生在期待高回报的移民身上的现象。

以往研究并没使用针对同一人的长期追踪数据，而是在不同时间内分析人口普查等截面数据，严格来说，这类研究所得出的结果并不能证明同一人的工资随着时间的流逝而下降，而只能表示在侨居国住的时间短的人比住的时间长的人工资高。换言之，这类研究可能只是观察两种类型移民间的平均工资差距，即具备可以在国际上转移的高级技术无论何时都能再次转移的移民，和在其他国家很难获得高收入只能留在侨居国的移民两者之间的平均工资差距。又或者说，可以认为这反映了他们是否有承担回国所需费用的能力。移民如果长期停留在侨居国的话，是因为他们有了家庭，建立了新的人际关系，所以回到出生国的成本会逐渐上升（Chiswick and Miller，2011）。

不管怎么说，负向同化理论表明，移民在侨居国社会积累特有的人力资本，未必能让自身经济收入得到提升。并非所有移民都通过同化于侨居国社会来获得经济上的利益。

日本移民政策与讨论

日本的移民政策以及与此相应的政策性讨论产生于正向同化理论的框架之中。说起来，高级技能人才比普通移民更容易适应和融入日本社会，日本政府只接受拥有一定技能的移民这一政策也是基于这样的观点。日本政府还积极致力于留学生移民政策，想要通过日本教育吸引更多技术型人才移民到日本。这样的措施也是以正向同化理论为依据的，该理论认为在侨居国社会接受教育有利于移民的经济水平提升。受经济长期不景气和人口老龄化的影响，日本政府试图通过增加高技能移民的接受量以谋求日本经济的复苏（グローバル人材育成推進会議，2012；法務省，2012a；塚崎，2008）。在 2010 年以后内阁府主导的"新成长战略"中，通过移民引进海外技术和知识被定位为主要政策之一，受这些政策的影响，政府还制定了为促进技术移民停留和入境的"积分制"（法務省，2012a）。

这些各种各样的政策中，重要的是通过教育促进外国人融合的政策。日本政府通过"留学生 30 万人计划"和"亚洲人才资金构想"（経済産業省、文部科学省，2007；文部科学省，2008）等措施，致力于增加留学生数量。其结果是，1990 年有 4.1 万名留学生，到 2010 年增加到了 14 万名（JASSO，2012），毕业后留在日本继续工作的外国人也有增加的倾向。据法务省调查,毕业后仍居住在日本的外国留学生在 1997 年有 2600 名左右,而在 2008 年则增加到了 11000 名（法务省,2009）。

留学生被称为"教育移民"（Liu-Farrer,2009；Ziguras and Law,2005）,或"日本式人才培养移民"（坂中,2011）等,日本政府认为他们是促进高级技能人才移民的理想型人才。通过留学习惯了侨居国的社会和文化的移民（原留学生）,不仅有能够提高国际竞争力的国外技能,而且也很容易适应日本的劳动力市场（Suter and Jandl,2008；Ziguras and Law,2005；寺仓,2009）。基于这一点,在最新制定的针对高级人才的积分制中,虽然要求积分达到 70 分以上的人才能入境,但日本政府采取了优待制度,例如奖励给在日本取得学位的外国人 5 分、日语熟练的外国人 10 分（法务省,2012a）。这样一来,在日本移民政策继续以正向同化理论为基础的情况下,如果同化未必带来成功,那么只得被迫改变长期以来的政策了。

3. 数据和分析方法

数据

此处的讨论基于最近的研究（Takenaka et al.,2012）。作为此次研究的一环,笔者从 2012 年 2 月到 4 月进行了网络调查。[2] 该网络调查是通过专门针对移民社区的调查公司进行的,调查对象是 1989 年《出入国管理及难民认定法》修订后入境的人,即所谓的"新来者"（Newcomer）,并不包括被称为"在日"的韩国籍长期停留者 ["旧来者"（Old-comer）]。另外,基于移民经济统合和社会流动的研究目的,分析对象设定为除学生以外的

16～69岁、拥有短期大学以上学历且至少在日本居住3年以上的外国人。其中，在日主要4个外国人群体分别是中国人、韩国人、南美人和欧美人（美国、英国、加拿大、澳大利亚、新西兰的英语圈人）。从国籍来看，2011年在日本居住的新来者中，上述4个外国人群体占85%（139万人中占118万人）（法务省，2012b）。但是，南美人和其他群体的样本相比数量少，所以此次的分析不含南美人。另外，为了控制地域差异，研究对象仅限于住在关东和关西区域的大都市圈的外国人。[3]最终，本研究可供分析的样本为412人（中国人87人、韩国人212人、欧美人113人）。

虽然有人指出，网络调查收集的样本不具代表性，但网络调查大体上具备这样的优点，即居住在城市的高学历受访者较多，很容易收集日本政府所接受的高级技能人才的样本。可以说这是目前大规模收集外籍人员调查数据的最现实的方法。

统计分析框架

本研究的目的在于通过定量分析探究移民如何实现经济上的移动，以及同化于侨居国是如何帮助他们实现经济目标的。因此笔者将移民的收入作为因变量，对其进行回归分析。长期以来同化理论以同化于侨居国令移民收入增加为前提，为了验证同化理论是否成立，笔者关注了以下两个自变量的统计学意义和推算变量的符号，一个是在侨居国的居住时长，根据移居境内后的年数来测量；另一个是是否具有侨居国社会特有的人力资本，根据是否在日本接受教育的虚拟变量而进行测量。接着，笔者将样本分为亚洲圈（中国、韩国）和欧美圈进行推算。这是为了验证移民由于出生地区不同而导致收入的决定性因素和社会流动的机制不同的可能性。笔者通过将样本分成两个国籍组进行分析，尝试着明确负向同化如何产生,是在什么时候,由谁产生的。[4]

4. 统计分析的结果

网络调查中的移民平均状况

作为回归分析对象的移民平均状况大致为:年龄在31岁左右,在出生国接受了4年制的大学教育毕业,已经在日本居住了8年,现在从事专职工作,工作单位是中型或大型企业,日劳动时长为8小时,年收入为525万日元,比日本人的平均年收入412万日元(国税厅,2012年)还要高很多。收入差距也存在于移民之间。亚洲移民的平均收入为489万日元,而欧美移民则高达621万日元,比亚洲移民高了100万日元不止,这反映了他们在人力资本上的差异。欧美移民的年龄也稍高(欧美移民平均年龄为32.7岁,而亚洲移民则为30.5岁),学历也较高(25%的欧美移民为研究生毕业,而亚洲移民研究生学历者则只有20%)。但是,在对日语的熟练使用程度上,欧美移民低于亚洲移民,几乎没有欧美人在日本的大学接受教育。因此笔者认为两个群体之间的经济统合模式存在差异。

移民收入的决定因素——负向同化模型

决定在日居住移民收入的主要因素是什么?数据的回归分析结果表示(Takenaka et al., 2012),代表在日居住时长的变量的系数为负,因为在统计学上显著,表明负向同化模型成立。具体来说,可以确认以下三点。

第一点是移民在日本的居住时长对收入没有正面影响。即使控制了人力资本、国籍、性别、年龄等影响收入的其他因素,平均居住在日本时间长的移民收入也不高。与广泛接受移民正向同化理论的欧美不同，日本的移民经历的是负向经济统合的过程。这是因为根据日本政府的方针，本就有很多高学历、拥有高级技能的人移民过来，但是很多外国人延续这样的方针来日本，会随着时间的推移导致其经济水平下降。

第二点是移民在日本接受教育未必能获得高薪。也就是说，比起通过留学在日本接受教育，在出生国受教育更有利于移民获得高薪。因此，在日本的劳动力市场中，在国外获得资格和技能的人可以享受很大的优待。而且，受教育水平的虚拟变量在统计学上不显著，2年制的大学、4年制的大学、研究生等教育经历在经济回报上没有呈现明显差异。总之，在决定移民工资的时候，比起一般受教育水平的差距，日本劳动力市场更重视他们在哪里、接受了怎样的教育，也就是"质量"。

第三点是语言熟练度的影响。一方面，较强的英语能力有提高收入的作用。英语当然是在国外获得的人力资本，所以在日本的劳动力市场获得了很高的评价。另一方面，日语的熟练程度也影响到移民收入的提高。日语是典型的侨居国社会特有的人力资本，对日语的熟练使用会提升工资，这使正向同化模式比负向同化模式看起来更正当。但是，此处的日语能力和停留时间没有关系，所以与其说日语能力是移民通过居住在日本而获得的能力，倒不如说是在海外就获得了的人力资本的一部分。

什么时候产生负向同化？

那么，负向同化理论能广泛适用到何种程度呢？为了验证它是否仅限于某个特定职业和国籍，笔者观察了网络调查中外国人的职业。从职业地位获得的差别来看，在国外取得学位的移民中有72%拥有专业职位，而在日本取得学位的移民中拥有专业职位的仅占51%。在国外取得学位的移民大多是在教育、翻译、贸易、IT等行业工作,有很多人从事与日本人技能互补的职业和工种。另外,在日本取得学位的移民大多从事销售、一般事务等和日本人一样的工作,可以看出其有与日本人成为竞争对手的倾向。JASSO(2005)以毕业于日本的大学的外国留学生为对象进行的调查结果显示,他们大多从事笔译和口译(28%)、技术开发(11%)、销售(11%)等工作。简言之,外国留学生毕业后和日本人一样,在日本的公司组织中从事内勤之类的一般事务性工作的情况比较多。相比起来,在国外接受教育的人呈现从事收入更高的专业职位的倾向。

接下来,笔者分析了欧美移民和亚洲移民之间是否存在差异。正如奇斯威克和米勒(Chiswick and Miller, 2011)所指出的那样,如果只有在同等经济水平国家间移居,且拥有高级技术的移民产生负向同化的话,这种倾向自然会被认为是只发生在来自发达国家的高级技能人才身上的现象。他们为了验证这一点做了回归分析,据结果表明(推算结果等详细内容参阅 Takenaka et al., 2012),比起亚洲移民,负向同化在欧美移民中表现得更为明显。在欧美移民之间,代表在日居住时长的变量系数为负且在统计学上显著,表示他们的收入是随着时间的推移而下降的。这不适用于亚洲移民。但是,在这两个群体中,在日本接受教育(留学)对收入产生了负面影响。因此可知,无论他们出身于哪国,在国外接受的教育所附带的优惠,都是他们在日本取得经济成功的重要手段。这恐怕是在国外取得学位的日本人的数量极少,或者日本的移民政策只接受高级技能人才而导致的,我们认为其原因之一是包括英语在内的国外资本供给的不足(Institute of International Education, 2012; JASSO, 2012)。

另外,在欧美移民样本的推算中,代表着在日居住时长的变量其平方项为正，且在统计学上显著，这一点很重要。插入推算参数，笔者发现欧美移民的收入和居住时长的关系随着时间的推移呈 U 字形变化。也就是说，在最初的 10 年里，欧美移民的工资是下降的，之后则会慢慢上升。对于亚洲移民，代表在日居住时长的变量，其系数，包括平方项，在统计上都并不显著。

即使是在知道在哪里取得学位的相关信息的基础上，再来观察收入和居住时长的关系，笔者也发现欧美移民和亚洲移民之间存在明显差距。负向同化只出现在欧美移民身上，亚洲移民的收入和在日居住时长之间没有表现出显著的联系。从样本中的亚洲移民的职业经历来看，在日本接受教育毕业后直接在日本的企业就职的人很多，因此如前文所述，我们可以认为他们是将日本人当作竞争对手的同时而被劳动力市场接纳。其实，针对亚洲移民的推算结果显示，与日本人相同，企业规模和工作时间作为决定亚洲移民工资的重要因素，会对其工资产生影响（而在针对欧美移民的分析中，企业规模和劳动时间在统计学上并不显著）。但亚洲移民和日本人之间根本的不同在于，日本人通常会随着年龄和经验的积累涨工资，但亚洲移民则不会。

此处最重要的是"在国外积累的人力资本"有助于移民的成功。无论是欧美移民还是亚洲移民，在日本接受教育的虚拟变量为负且在统计学上显著。也就是说，在国外接受教育，不论国籍为何，都存在被日本劳动力市场高度评价的倾向。而且，在国外积累的人力资本不会随着时间的推移而减少，因为在日本接受教育的虚拟变量和居住时长的交叉项在统计学上并不显著。也就是说，从国外带来的技能和知识，虽然不能帮助移民的工资随时间变化而增长，但却能决定其工资的整体水平。

负向同化理论是揭示同化于日本未必会给外国人带来成功的理论，其特别适用于欧美移民的情况。因为欧美移民所拥有的日本社会特有的人力资本很少，来日之初，他们自己的技能和知识获得的评价是最高的，得到的工资也是最高的。在日本观察到负向同化的背景，正如前文所述，其原因一是日本的政策只接受高级技能人才，二是以与日本人互补为目的引进移民的政策。这反映了日本移民政策仅授予在某个特定领域拥有日本政府所需要的"外国人特有的技能"（法务省，2012a）的外国人以居留身份。现实中，很多高级技能人才在"国际教育者"（例如外语教师）和"特殊的熟练劳动者"（例如厨师和运动员）等分类下被允许入境。

这种负向同化引起的可能是日本劳动力市场的分割。如果是通过日本的教育系统被吸纳的话，大部分外国人都会和日本人竞争劳动部门的工作，但是在国外积累技能的移民则希望能最大限度地利用特殊技能来填补日本人技能的不足（Borjas, 2006）。移民是根据出生的地域、技能以及在哪里获得学历等情况，以不同的形式纳入日本的劳动力市场的。

5. 在日外国人的同化与成功

"正向同化"政策和"负向同化"带来的影响

正向同化理论说明了移民的经济目标的达成，但现在已经明确这个理论并不一定适用于日本。另外，与以往的观点相反，在日本的劳动力市场中，影响外国人工资水平的不是侨居国社会特有的人力资本，而是直接从国外带来的技能。这可以说是政府想要通过侨居国的教育来吸引和培养外国人才而导致的一个讽刺的结果。随着全球化的推进，劳动者的国际流动越来越活跃，通过教育吸引移民是越来越重要的国家战略（寺仓，2009）。这种战略有时被称为"日本式人才培养移民政策"(坂中,2011),还引出了日本式"多文化"国家的构想(総務省,2006)。但是,分析结果表明,这一战略未必会促进移民的融合。因为在日本接受教育的移民其工资与在日居住时长无关,没有显示出正向同化。反而具有国际通用技术的高级技能人才的移民会随着负向统合而工资下降,所以日本迟早会成为移民移居其他国家的"踏板"或"备胎"。

外国人的"负向同化"和日本的社会不平等

日本政府想要通过教育吸纳移民的战略可能会强化社会的分层。一方面,教育有实现国家统合的功能(Anderson,2004),并且将教育机会广泛地渗透到社会中,也可以成为缓和不平等问题的装置(小塩、妹尾,2003)。但是另一方面,也不能否定这样的战略有创造新的社会划分形式的可能。阿贝特和沃恩(Arbeit and Warren,2012)表示,教育的"质量"可以作为创造新阶层的机制发挥作用,在美国取得的学位最有价值,在发展中国家取得的学位价值较低。正如这句话所说,移民根据取得学位的地点不同,会被赋予不同的价值。

本章的分析显示,左右在日外国人经济成功的关键,在于其在国外培养的知识和技能。国外资本是决定外国人薪资水平的重要因素,对刚入境时的薪资水平的影响尤甚。因为许多分析日本劳动力市场的文献指出,早期劳动力市场的经验会对未来产生影响,并对劳动者的职业生涯产生重大影响(Esteban-Pretel et al.,2011 等)。因此,按照出生地区和取得学位的地方的不同,入境时可以获得薪资相对较高的"外国人的"工作的群体,与工资相对较低,只能获得"和日本人竞争的"工作的群体之间,也有产生社会分层的可能性。

一般认为,在日本,从日本的"好大学"毕业,进入"好公司"就是成功。但是,在日本接受教育并按日本企业的人事录用流程在企业内晋升,这种所谓的日本型"晋升捷径"的同化路径,对外国人来说并不能带来最好的结果。随着日本社会的多样化和阶层化的发展,以年轻人为首的很多人都纠结于无法进入"好公司",得不到"好工作"。不同于日本主流职业规划的外国人的成功模式,可能也会成为日本人的一种新的选择吧。

注

(1) 日本政府没有正式接受非熟练移民。但是现实中,生于南美的日裔等在工厂从事简单劳动。这些移民作为日裔,是以家族血缘关系为基础而被接受的。
(2) 网络调查是根据以本章执笔者之一的竹中为研究代表的科研经费基础课题(B)《'多文化'时代日本的社会不平等——探索人的迁移和差距问题的关系》而实施的。
(3) 关东、关西区域的大都市圈包括有东京都、神奈川县、千叶县、埼玉县、大阪府、京都府、兵库县。当然,这样的大都市圈里居住着很多外国人,但不包括住着很多外国人的爱知县。其理由是居住在爱知县的外国人多为在汽车厂等工作的巴西等特定的民族群体的移民。
(4) 关于分析的详细内容请参阅 Takenaka 等(2012)。

参考文献

Akresh, Ilana Redstone, 2006, "Occupational Mobility among Legal Immigrants to the United States," *International Migration Review*, 40 (4): 854 – 884.

Alba, Richard and Victor Nee, 2003, *Remaking the American Mainstream: Assimilation and Contemporary Immigration*, Harvard University Press.

Anderson, Bendict, 2004, *Imagined Communities*, Verso.

Arbeit, Caren A. and Warren, John Robert, 2012, "Labor Market Penalties for Foreign Degrees among College Educated Immigrants," Mimeo.

Borjas, George J., 2006, "Making It in America: Social Mobility in the Immigrant Population," *The Future of Children*, 16 (2): 55 – 71.

Chiswick, Barry R., 1978, "The Effect of Americanization on the Earnings of Foreign Born Men," *Journal of Political Economy*, 86: 897 – 922.

Chiswick, Barry R., 1979, "The Economic Progress of Immigrants: Some Apparently Universal Patterns," William Fellner eds., *Contemporary Economic Problems*, American Enterprise Institute, 357 – 399.

Chiswick, Barry R. and W. Miller, 2011, "The 'Negative' Assimilation of Immigrants: A Special Case," *Industrial and Labor Relations Review*, 64: 502 – 525.

Esteban-Pretel, Julen, Ryo Nakajima and Ryuichi Tanaka, 2011, "Japan's Labor Market Cyclicality and the Volatility Puzzle," Discussion Papers 11040, Research Institute of Economy, Trade and Industry (RIETI).

Fong, Eric and Xingshan Cao, 2009, "Effects of Foreign Education on Immigrant Earnings," *Canadian Studies in Population*, 36: 87 – 110.

Haskins, Ron, 2008, "Immigration: Wages, Education and Mobility," Julia Isaacs, Isabel V. Sawhill and Ron Haskins eds., *Getting Ahead or Losing Ground: Economic Mobility in America*, The Brookings Institution, 81 – 90.

法務省，2009，「留学生等の日本の企業等への就職」財団法人入管協会『国際人流』9：40 – 47。

法務省，2012a，「高度人材に対するポイント制による優遇制度の導入について」（http://www.immi-moj.go.jp/info.120416_01.gtml, 2012. 8. 18）。

法務省，2012b，「登録外国人統計表」（http://www.immi-moj.go.jp/housei/toukei/toukei_ichiran_touroku.html, 2012. 8. 18）。

Institude of International Education, 2012, "Open Doors Data" (http://www.ie.org/en/Research-and-Publications/Open-Doors/Data/International-Students/By-Academic-Level-and-Place-of-Origin/2010 – 11，August 20，2012).

JASSO（Japan Student Services Organization），2005，「私費外国人留学生生活実態調査」（http：//www. jasso. go. jp/scholarship/ryujchosait，Aug. 31，2012).

JASSO（Japan Student Services Organization），2012，"International Students in Japan"（http：//www. jasso. go. jp/statistics/intl _ student/data11 _ e. html，Aug. 31，2012).

Kanas, Agnieszka, Barry R. Chiswick, Tanja Van der Lippe, and Frank Van Tubergen, 2011, "Social Contacts and the Economic Performance of Immigrants: A Panel Study of Immigrants in Germany," *IZA Discussion Paper* No. 5775.

経済産業省、文部科学省，2007，「アジア人財資金構想」（http：//www. ajinzai-sc. jp/index. html)。

国税庁，2012，「民間給与の実態調査結果」（http：//www. nta. go. jp/Kohyo/tokei/Kokuzeicho/minkan2011/minkan. html，August 31，2012)。

駒井洋，2006，『グローバル化時代の日本型多文化共生社会』明石書店。

Li, Peter S., 2001, "The Market Worth of Immigrants' Educational Credentials," *Canadian Public Policy*, 27 (1): 23 – 38.

Liu-Farrer, Gracia, 2009, "Educationally Channeled International Labor Mobility: Contemporary Student Migration from China to Japan," *International Migration Review*, 43: 178 – 204.

文部科学省，2008，「『留学生30万人計画』骨子」（http：//www. kantei. go. jp/jp/tyuokanpress/rireki/2008/07/29kossi. pdf，2012.8.22)。

日本学生支援機構，2012，「平成23年度 外国人留学生在籍状況」（http：//www. jasso. go. jp/statistics/index. html，2012.8.15)。

小塩隆士、妹尾渉，2003，「日本の教育経済学——実証分析の展望と課題」ESRIディスカッション・ペーパー no. 69，内閣府経済社会総合研究所。

Portes, Alejandro and Ruben G. Rumbaut, [1996] 2006, *Immigrant America:*

A Portrait, 3rd edition, University of California Press.

Portes, Alejandro and Min Zhou, 1993, "The New Second Generation: Segmented Assimilation and its Variants," *The Annals of the American Academy of Political and Social Science*, 530 (1): 74-96.

Reitz, Jeffrey G. ed. , 2003, *Host Societies and the Reception of Immigrants*, La Jolla: Center for Comparative Immigration Studies.

坂中英徳, 2011,『日本型移民国家への道』東信堂。

総務省, 2006,『多文化共生の推進に関する研究報告書』。

Suter, Brigitte and Michael Jandl, 2008, "Train and Retain: National and Regional Policies to Promote the Settlement of Foreign Graduates in Knowledge Economies," *Journal of International Migration and Integration*, 9: 401-418.

Takenaka, Ayumi, Makiko Nakamuro and Kenji Ishida, 2012, "Negative Assimilation: How Immigrants Achieve Economic Mobility in Japan," ESRI Discussion Paper Forthcoming.

寺倉憲一, 2009,「留学生受入れの意義――諸外国の政策の動向と我が国への示唆」『レファレンス』3月号: 51-72。

塚崎裕子, 2008,『外国人専門職・技術職の雇用問題――職業キャリアの観点から』明石書店。

Zeng, Zhen and Yu Xie, 2004, "Asian Americans' Earnings Disadvantage Reexamined: The Role of Place of Education," *American Journal of Sociology*, 109: 1075-1108.

Ziguras, Christopher and Siew-Fang Law, 2005, "Recruiting International Students As Skilled Migrants: The Global 'Skills Race' As Viewed from Australia and Malaysia," *Globalisation, Societies and Education*, 4: 59-76.

第6章

少数群体与不平等

——在困境中生存的方法

辻本昌弘

1. 在困境中生存

研究视角

本章的主题是少数群体与不平等,那么关于少数群体或者不平等,一般指的是怎样的人或状态呢?学者们关于这点虽然有许多见解,但普遍认为,这些名词一般指那些面临困难的人。

本章的关注点聚焦在人们如何直面困难这一问题。关于直面困难的人的定义,不仅局限于自己无能为力或者无法被救济的人,也包括创造独特的方法、突破困境的人。我们要学习的正是那些突破困境之人的方法。在本章中,我们主要关注与学习在困境中生存的人及其特点。

同时,我们当然也要小心以下陷阱:只是简单地描述和困难做斗争之人的姿态,自始至终只进行赞美,或者只是单纯描写被困境折磨之人的姿态,形成一个声泪俱下的感人故事。这些仅有赞美或者困境的描写只会让我们曲解现实,无法从中获得任何启示。

本章主要讲述突破困境的方法，有时也会言及具体所面对的困境。如果仔细思考的话，可以发现，能够克服困难的完美方法其实是不存在的。比如，为了让家人摆脱困境而左右逢源，用尽各种手段，有时候虽然会很顺利，但是也会有不幸的时候。而能够立于这样的困境，不畏曲折是一个人应有的姿态。我们要学习的正是这种姿态。

移民与互助会

本章为了说明在困境中生存的方法，将举例在阿根廷生活的日裔互助会（講集団）。日裔的定义是，从日本移民到国外的日本人以及他们的子孙（以下关于日裔的记述是指在阿根廷生活的日裔）。从日本到阿根廷的移民起初并没有大量的财富，也不通晓当地语言，更没有能够在阿根廷适用的学历和技术资格。而突破这种困境的方法，正是对互助会的灵活应用。

互助会中的参加者有分享金钱、相互帮助的习惯。在日本，互助会也被称作恳求会（頼母子講）、求助会（模合）以及支援会（無尽）等。在过去的日本，互助会随处可见，即使到现在也很盛行。但是互助会并不是日本独有的现象，在世界各地的移民之间都存在（例如，Ardener, 1964; Ardener and Burman, 1995; Geertz, 1962; Light, 1972）。

说明一下互助会的具体组成与结构。互助会的参加者会定期集会。在日裔的互助会中，比较常见的是固定每月举行一次集会。集会参加者都需要缴纳一笔费用，而收缴上来的资金会轮流地交付给特定的参加者。重复这种形式的集会，每个参加者最终都能轮流获得资金。以下的例子是 3 名参加者构成的互助会，A、B、C 分别是参加者，箭头表示资金的移动方向。

第一次集会　　B・C→A
第二次集会　　A・C→B
第三次集会　　A・B→C

在第一次集会中，B 和 C 支付会费，这笔钱会全部给 A。在后面的集会中，当 B 和 C 也同样都接收过这样一笔资金后，则代表着一轮集会的结束。从互助会的结构中可以明白，互助会就是将个人的资金向特定人物集中的组织。资金的受领顺序一般由竞标或抽签来决定。

但是，上述说明毕竟只是极度简化后的模型，现实中的互助会会有大量的参加者，组织内部的结构也会更加精细与复杂。并且在一轮集会结束后会继续开启新一轮集会，因此许多互助会也会长年持续存在。

本章的构成

互助会拥有许多特征。从组成上来看，互助会可以被认为是一种纯粹的金融组织。实际上许多互助会也是以资金调配为目的而组建的。但是并不是所有组织都如此，也有不是因为资金调配而组建的互助会。这样的互助会，是一种不因目的而因习俗所建立的组织。本章的目标是寻找各互助会的细微之处，探明这种由复杂结构组成的相互帮助的人际关系，从而探究互助会的特点。

图 6-1 展示的是互助会的构成。本章基于此进行展开论述。在第二节中，我们会讲述日裔通过互助会来克服困难；在第三节中，我们将会讨论参加者选拔如何克服互助会中资金交换的脆弱性（见图 6-1）；在第四节中会讨论，如何通过自我束缚克服熟人关系的脆弱性（见图 6-1）；在第五节会从实践的观点进行议论。

如果从更大的理论框架来把握本章的话，可以基于社会嵌入（Social Embeddedness）来解释互助会所蕴含的方法（Granovetter, 1985）。关于参加者选拔，在密集的人际关系中进行资金交换，可以防止破坏相互帮助的行动（不支付应支付的费用）。在这一章中，笔者会更进一步挖掘为什么应该存在密集的人际关系这一问题。而关于自我束缚的讨论，可以阐释复杂而密集人际关系的组成原理。

图 6-1　互助会的构成

本章是基于已发表论文的概要（辻本，2000；2004；2005；2006；2008；Tsujimoto，2002；2011；2012；辻本、國吉、興久田，2007），对不充分的考察进行根本性的修正，在此基础上试图进行理论上的总结。本章的主要关注点是理论上的总结，而不是展示已发表的论文资料。

笔者不仅关注日裔互助会，对冲绳互助会也进行了调查。阿根廷的日裔移民中，有相当一部分人来自冲绳，两者高度关联。所以本章的中心虽然是日裔互助会，也会适当地提及冲绳互助会。

2. 日裔互助会

日裔的简介

阿根廷是一个移民国家，从 19 世纪前半叶开始，为了从西班牙独立，在 19 世纪后半叶接收了大量意大利和西班牙移民。与大量的欧洲裔移民不同，日裔移民是从 20 世纪初到 20 世纪中叶进入阿根廷的。

日裔移民中有直接移居到阿根廷的，也有先移居到阿根廷邻近国家再进入阿根廷的；有第二次世界大战前从巴西和秘鲁中进入阿根廷的，也有许多战后从玻利维亚和巴拉圭移居过去的。现已经有 3 万以上日裔生活在阿根廷，而定居在阿根廷各地的日裔有各自独特的历史和特点。本章的记述主要关注阿根廷首都布宜诺斯艾利斯及其近郊的日裔生活。

近年来几乎所有的日裔都在自主创业。第二次世界大战前，大部分日裔在布宜诺斯艾利斯的市中心开设洗衣店或者咖啡店，而近郊的日裔大部分从事花卉或者果蔬栽培。到了战后，咖啡店逐渐减少，近几年几乎全是从事花卉栽培或者洗衣业的创业者。

日裔的创业过程是由互助会支撑的。我们接下来看看，日裔是如何在战前和战后活用互助会的。

战前日裔

1920 年前后，几乎所有的日裔移民都是被雇佣的劳动者。这个时期的移民，大部分寄居于布宜诺斯艾利斯周边的棚户区，从事工厂劳动、港口劳动、家佣服务（作为富裕阿根廷家庭的保姆）等体力劳动。从近年刊发的《阿根廷日裔移民史》中可以

看到，当时的移民在工厂或港口工作，或者从事家佣服务业，只能解决基本的温饱（アルゼンチン日本人移民史編纂委員会，2002）。

而这样的困境并不能让日裔屈服。从1920年到1930年，日裔开始创业，在布宜诺斯艾利斯的中心地区，由日裔经营的洗衣店与咖啡厅开始出现。在郊区也出现了日裔经营的花卉和果蔬栽培园。新来到阿根廷的日裔移民也在打工的同时准备着创业。

互助会为日裔创业起步提供了很大的帮助。创业需要大量资金，但是，战前的日裔并没有大量资金，也无法从本国获得资助。日裔早期创业的资金调配基本依赖于互助会。从日裔的记录中可以看出，互助会是唯一的资金调配手段。在1920年到1930年这段火热的创业时期，关于互助会的积极作用是有所记载的。

由于创业的日裔人数的增多，日裔组成的行业共同体也开始组建。在日裔的行业共同体中，基于原互助会而组织起来的共同体较多。在《阿根廷日裔移民史》中记载着战前进行花卉栽培创业的日裔回忆录。其中一部分讲述了日裔无法利用银行而只能求助互助会的困境，创业时，由于恶劣天气，温室大棚遭到破坏，从行业共同体获得的资金调配起了很大的作用。

战后日裔

在二战期间，日裔经营的咖啡厅逐渐减少，但经营洗衣店和花卉栽培的日裔直到近几年也在增加。

战后来到阿根廷的移民，也在创业时灵活运用互助会。比如1960年到1970年，从玻利维亚移居到阿根廷的日裔在其创业过程中就体现了这种灵活运用。战后有许多从冲绳去往玻利维亚的日裔，因为天灾或者是农业经济不景气而最终移居阿根廷。这些人几乎身无分文，但即使这样也有创业开设洗衣店的成功者。成功的原因主要是加入了多个互助会,并且灵活运用资金进行创业。这些成功者在接受笔者的采访时表示,如果没有互助会,他们将一事无成。

互助会的灵活运用还包括危机应对。举例来说,当家人得重病或是资金周转不灵时,通常是通过熟人介绍加入互助会。这种情况下,一般新加入者能够在第一次集会中就获得资金。有了这种互助会,就能在危机时刻快速调配资金。

从战后的20世纪60年代到70年代,互助会这一形式被认为达到了顶峰。在这一时期,因为涌现了许多创业或者是希望快速扩大事业的日裔,所以互助会被大量运用。讲述冲绳出身日裔历史的《阿根廷的冲绳人80年史》一书记录了这一时期日裔互助会大量存在,其中不乏加入了数十个互助会的人(アルゼンチンのうちなーんちゅ80年史編集委員会,1994)。

1980年后,由于阿根廷的经济不景气和日本经济的飞速发展,回到日本赚钱的日裔逐渐增多。现在的创业者数量和以前相比已经很少了。日裔的第二代、第三代中的相当一部分年轻人会进入企业工作。即使这样,互助会也没有消失。现在的互助会有大量的日裔第二代、第三代加入,其在应对危机、购买房产和汽车时仍然发挥着巨大的作用。

互助会的有效性

日裔移民因资金不富裕、语言不通,以及没有能够在阿根廷通用的学历和技术证书,从而选择创业谋求活路。这时,起到关键作用的是互助会。无论在二战前还是二战后,日裔的创业资金基本来源于互助会,在面对超出预期的危机时也依赖于互助会。

互助会能够发挥这种有效性,是因为互助会把每个人分散的资金集中于特定人物。只拥有少量资金的个人,依靠自己的能力要积蓄大笔资金需要非常长的时间。而结成互助会，即使每个人都只有微不足道的资金，而积聚在一起也能起到调配作用。互助会正是把一个人不可能完成的事情，让许多人一起来做从而使之成为可能。[1]

但是，互助会并不是在任何情况下都是有效的。从根本上来说互助会不过是在一个时间点向特定的个体提供资金的一种结构罢了。因此，如果全员同时面对危机（比如对社会整体造成破坏的大灾害）便会显得无能为力。另外，在宏观经济问题上，互助会的运营也会变得困难。20 世纪 80 年代，阿根廷遭遇了恶性通货膨胀，虽然在这里不做详细阐释，但当时的互助会因为货币贬值产生了各种各样的问题。

3. 参加者的选拔

资金交换的脆弱性

在前面一节我们提到了互助会的有效性，但是互助会的资金交换也有脆弱的一面。特别是有成员在领取资金后，不支付后续定期费用的情况，在这里将这种不履行债务的情况称为失效。

关于失效，具体举例来说，在第一节中我们提到了三名成员构成的互助会。在这个例子中，第一次集会受领资金的 A，如果在第二次和第三次集会选择失效的话，便可以纯粹增加自己的利益。这就诱使受领人有可能不支付债务，而且有时即使想支付也会出现无法负担债务金的情况。无论哪种情况，都会对其他成员造成损害。

这并不是随口而出的空论，无论在战前还是战后，日裔都被失效所困扰。在 1920 年到 1930 年，大部分日裔利用互助会进行创业，但是也有许多失效的记录，在其中也有因失效而逃亡的恶性事件。互助会即使在战后也有失效的记录，1960年到1970年虽然是互助会最活跃的时期，但记录中也提及了失效者。即使在战后也有因此而逃亡到近邻国家的人。

如果发生失效，受害者大部分只能默默地吞下苦果。由于经历过这种问题，部分日裔在叙述时伴有愤怒的情绪。互助会虽然有助于克服困难，但也有大量日裔因为失效而饱受困扰。如果失效频发，就会造成谁也不加入互助会的情况。为了克服这种情况，不得不制定制约失效的措施

参加者选拔制

为了遏止失效的情况，参加者选拔制被广泛提及（Hechter, 1987, 2003; Koike, Nakamaru and Tsujimoto, 2010）。[2] 在本章中，参加者选拔制被定义为组建互助会时，把将来可能发生失效以及过去有失效记录的参加者排除在外的措施。

由于存在参加者选拔制，并不是任何人都可以加入互助会。举例来讲，完全没有收入的人、日常生活存在问题的人、容易逃亡到远方的人、有失效潜在风险的人等都很难加入互助会。另外，有过失效记录者无法再次加入互助会。特别需要指出的是，二战前日裔关于资金调配的手段除了利用互助会别无他法，所以禁止加入是一种强力的惩罚手段。

笔者调查的日裔互助会，不仅禁止有失效记录者加入，新参加者也必须经过内部成员推荐介绍。即使是在由第二代、第三代移民构成的互助会中，新参加者也需要内部成员的推荐。另外，失效者的坏名声会在日裔之间广泛传播，逐渐地便会使其无法加入所有互助会，因此也提升了选拔制度的有效性。

缓冲性

以上介绍了失效的困难以及为了抑制失效而实施的参加者选拔制。或许读者会感到矛盾，如果已经严格地进行参加者选拔了，为什么还会存在失效的情况呢？

参加者选拔制无法完全杜绝失效有几点理由，最简单的理由是人的能力是有限的，即使想把将来可能失效者排除在外，谁也不能百分百准确地预测其将来不会违约。对在动荡不安的生活中挣扎的移民来说，预测会变得更加艰难。因此，参加者选拔制度不能完全防止失效。

不能完全杜绝失效还有其他理由。如果选拔制度排除正在直面困难的人的话，便无法构成互助会。因此，在一定程度上的失效是无法避免的，这与本章的主题——在困境中生存高度相关，下文将详细论述。

从1960年到1970年，日裔间的互助会范围不断扩大，同时失效的情况也大量发生。在这一时期，阿根廷的日文报刊也大量报道了失效现象：①互助会是建立在个人诚信之上的组织，所以必须精选参加者；②提供资金必须达到一定数量，所以参加者的选择也变得没有那么谨慎（『らぷらた報知』1970年4月30日）。①说明了参加者选拔的重要性，而②则阐释了因为每个人提供的资金需要达到一定数额，所以在参加者选择上又变得没有那么严格。如果提供资金过少，则无法满足创业需要的资本以及提供应对危机的能力。为了使整体提供的资金达到一定数额，就必须增加参加者的人数。过去的日裔因为生活十分不稳定，每个人都或多或少有失效的风险。在这种情况下想增加互助会的人数，就必须降低参加者选拔的门槛。

不仅如此，还有其他限制松懈的地方。在以冲绳互助会为对象的调查中发现，有过失效的人，的确会在参加者选拔中被排除在外。因此如果参加者一时无法支付费用，会私下向其他参加者求助进行融资，使其看上去能够支付费用。生活不稳定的人在一起组建互助会时，的确会经常有暂时的失效，过于严格便会导致无人能够参加互助会，所以参加者选拔仅仅排除的是频繁发生失效的人。我们可以推测同样的事情也发生在其他日裔互助会。

从上述的情况来看，生活不稳定者组成互助会时，必须面对"抑制失效"和"确保参加者"两难的局面。参加者选拔的严格化可以有效遏止失效的发生，但也会导致无法聚集足够多的参加者。相反，参加者选拔的松懈度增加的话，虽然能够聚集更多的参加者，但发生失效的可能性就会增大。如果要在这种两难局面中寻找平衡点，就必须为参加者选拔提供一定的松懈度，但同时就无法完全杜绝失效的情况。当发生失效时，其他成员有时也可以从互助会的运营成本中进行补偿。无论在战前还是战后，日裔之间的失效发生之时，都有上述情况存在。

总而言之，组建互助会就必须进行参加者选拔。参加者选拔把一些特定的人从互助会内排除。仅有"帮助有困难的人"这一精神是无法维持互助会运行的。即使是十分富裕的人，如果对每一个需要帮助的人都伸出援手的话，最后当自己陷入困境时，也不是所有人都会反向伸出援手的。[3] 但是，如果参加者选拔过于严格便无法组建互助会。虽然富裕的人每次都能支付费用，但生活不稳定的人有时并不能支付费用。为了让生活不稳定的人加入互助会，有时就必须为参加者选拔提供一定的松懈度，也就是说有时必须忍耐失效的情况，困难之时才是我们必须温柔待人之时。

4. 熟人关系

互助会和熟人关系

熟人关系指的是互相之间在过去和现在都是十分熟悉的交际关系。也可以说是互相之间能够分享情报，对双方都足够了解的关系。

进行参加者选拔必须是熟人关系。因为如果不是熟人关系，就无法知道过去是否有失效的记录，也不知道将来是否有失效的可能性。而是否有十分恶劣的失效前科、现在的生活如何，以及日常行为是否有问题等，这些问题的答案如果不依靠熟人关系获得，参加者选拔的有效性就会变低。因此，互助会由熟人组建而成，互助会的内部成员会对不熟悉的人保持警戒之心。

组成互助会的日裔中，即使同样是日裔但没有熟人关系就不会被邀请加入互助会。支持日裔互助会的本质，不是"我们是日裔"这一抽象关系，而是大家是否十分熟悉，是不是熟人关系。熟人关系是组建互助会的必要条件。

熟人关系的脆弱性

在这一节，我们暂时放下对互助会的探讨，转而进一步深化对熟人关系的考察。虽然在前面的分析中已经明确了熟人关系的性质，但接下来的分析也是不可或缺的。

熟人关系有脆弱性，因为它很容易消失。举例来说，如果认识的人长期不接触的话，就不会了解其近况，并且会变得疏远。熟人关系如果放置不管的话，就会慢慢消失。也就是说，熟人关系必须时常花费精力进行维护。

为了避免熟人关系的消失，日裔有必要在没有要事的时候也经常定期碰面，互相了解近况，但是这不是轻易就能做到的，特别是在忙碌的时候，就会把和熟人见面之类的事情往后推迟，即使有空闲时间见面，有时也会优先自己的事而推后与熟人见面的事。而且大家即使想见面，也会因为闲暇时间的不一致而必须进行调整，这一调整如果只在两者之间进行的话并不艰难，但是如果是许多人的集会的话，就会变得十分困难，就算说"大家最近聚聚吧"，实际上也很难达成。因此，在这个过程中，熟人关系就会渐渐疏远。

熟人关系的消失并不会在所有方面都成为问题。举例来说，在过去的农村，同村的人整天都能碰面，即使不聚会也不会有很大的问题。但是到了现代，熟人关系就变得容易消失。以日裔的例子来说，经营洗衣店的日裔分布在都市的各个角落。当然，这种分布是基于经营方面的原因。从事花卉栽培或者果蔬栽培的日裔在居住地上虽然有集中倾向，但是也不是整天能够碰面的。

关于日裔，熟人关系并不是一种可以自证存在的关系。日裔之间如何强化这种熟人关系，将在接下来进行讨论。

自我束缚

在现实生活中，日裔会通过各种各样的方式来强化熟人关系。比如，日裔之间从事相同类型工作或者来自相同地方的人会结成互助会，这是以互助会外部已经存在的熟人关系为基础来组建的互助会。但是，就像上述熟人关系的脆弱性，如何在同伴或同乡之间防止熟人关系的消失是主要问题。其实，这里应关注的是在同伴或者同乡之间，为了能够定期聚集在一起，而组建了互助会。像这样的情况，可以说是通过互助会的组建来强化熟人关系。接下来会讨论互助会强化熟人关系的原理。

互助会通过三种原理来强化熟人关系。第一，通过长期的互助会活动，来甄别谁会出现失效的情况、谁不是这样的人等问题，由此积累相关的履历信息。在构建熟人关系时，这种信息是必不可少的。有了相关的履历信息，就能排除有过失效的人，从而使参加者选拔成为可能。另外，选择一起组建互助会的同伴时，迄今为止都在同一个互助会，并且没有恶性失效等类似信息情报也会成为重要的参考资料。

第二，互助会的集会是熟人关系的强化场所。大部分互助会的集会在缴纳费用的同时，也会成为让大家享受宴会的场所。举例来说，冲绳出身的日裔的互助会，会食用冲绳传统美食羊肉汤来度过欢乐时光。也有食用叫作"阿萨德"的阿根廷料理的集会。参加者可以在这样的聚会中互相碰头、了解近况、交换各种各样的信息。与之相关的，其实是参与者所强调的互助会的目的，即"聚在一起加深情感"。这一类的言语有助于在互助会聚会时强化熟人关系。

第三，互助会的参加者会有与同伴定期见面的自我束缚。如果组建了互助会，参加者就必须在规定的日期参加聚会（比如每个月的第三个星期日）。如果没有尽到参加聚会与支付费用的义务，就会被排除在外。也就是说，一旦组建了互助会，就形成了一种必须定期聚会的自我束缚。但是，这种自我束缚也会带来一些负面的影响，例如，时常能听到参加聚会很麻烦，或者不想参加聚会等来自参加者的抱怨。在忙碌的生活中，大家都会倾向于将没有特殊目的的聚会推后。但在互助会组建时，就必须空出时间来参加聚会。参加者通过这种自我束缚，限制自己的自由，来达到强化熟人关系的目的。

在上述内容中，最重要的理论部分就是自我束缚。第一点和第二点原理，不仅适用于互助会，在日常友情关系的维持上也适用。熟人关系出现脆弱性问题，是因为熟人之间聚会碰头十分困难。而正是自我束缚实现了这种熟人之间的定期聚会。

互助会的构成

我们终于讲解完了图6-1的全部流程。其实，图6-1告诉我们的不过是"越是循环，互助会越是容易组建和循环"这一道理。具体来说，正是因为有了熟人关系，参加者选拔以及失效才能得到抑制，最后才能实现资金交换。另外，在资金交换的过程中，参加者通过定期聚会进行自我束缚，强化熟人关系（见图6-1）。这里体现了熟人关系才能保证资金交换的顺利进行，以及通过资金交换来实现熟人关系的进一步强化的循环构造。[4]

再次回味"越是循环，互助会越是容易组建和流动"这一句话就能发现，其实即使没有紧迫资金调配需求的人也会加入互助会。在互助会中也有在时间上和金钱上负担很重的人，但即便如此他们也要加入互助会。就像传统习俗一样，互助会的循环过程本身就是一种价值。在这种背景下，万一有一天参加者需要从互助会调配资金，也会因为经常参加互助会而变得容易。如果因为没有紧迫的资金需求而不参加互助会，熟人关系就会消失。另外，熟人关系不仅在互助会中产生作用，对日常生活的问题解决也非常有用。参加者平日里通过参加互助会而强化熟人关系，当有问题发生时，能非常容易地从集体组织里获得帮助。因此，参加互助会能使自己在困境中生存的力量变得更强。

但是，互助会是一个封闭的组织。互助会构建的是有限范围内密切互助的人际关系。不存在和陌生人产生联系的开放性。虽然最近的趋势是"对外开放"，但是到底是开放集体有效还是封闭集体有效，还需根据具体情况判断。举个极端的例子来说，在面对国家权力的高压时，需要内部团结的封闭的组织，但是，对受到歧视和偏见而被排除在外的少数群体来说，和外部的人进行联系也会被其他主要群体阻止。当然，封闭的集体也有弊端。有研究分析过充满密集人际关系的封闭移民社区的优点与缺点（Portes，1998；Portes and Sensenbrenner，1993；佐藤，2008）。

拿日裔举例来说，毋庸置疑互助会在维持移居之后日裔的最低限度的生活水平中发挥着作用。另外，互助会虽然是封闭的集体，但这并不意味着参加互助会的人也是封闭的。现阶段虽然没有详细的讨论，但应该有人同时利用着像互助会一样的封闭集体和其他开放集体吧。[5]

5. 方法、创造、传递

精巧的方法

互助会的互相帮助有着许多不同的方法支撑，参加者选拔和自我束缚是互助会本质上的方法。互助会的方法不仅仅局限于此。在互助会中令人印象深刻的是，当事者在面对不同情况时，总能有许多充满创意的方法。在阿根廷或者冲绳互助会中，就有如下的方法。

第一，互助会中会设立"会长"（座元，也被称为发起人）这一特殊位置。会长是互助会运营时的中心人物，拥有在第一次集会时领取资金的权利以及在支付费用时获得优待等特权，但同时当失效发生时，也有代替偿还的义务。因此，参加者会考虑收益与风险的平衡性，而会长为了避免失效的发生，会仔细甄别。基于此，有考虑会长实力而决定是否参加互助会的人，也有对会长的经济实力感到担忧而尽早领取资金的参加者。

第二，在决定资金领取顺序的时候，利用类似于竞标或者抽签的方法。竞标的具体过程过于复杂不在本章详细叙述,基本原理是资金受领者向未受领者支付一定的金额(可以理解为利息)作为竞价,竞价额最高者会获得资金。利用竞价可以最终有效地选拔出资金的受领者。但是竞价额的升高,对于参加者也是一种巨大的负担,并会增加引发失效的风险。但抽签就能回避这一问题。[6]

第三,对待新参加者的措施。新参加者往往只能领取集会后半阶段的资金。原参加者会对不熟悉的新参加者抱有一定的警戒心理。如果限定新参加者只能在后期领取资金的话,就能阻止抱有失效意图者的加入(如果新参加者一开始就带着不良目的,往往必须在早期便领取资金)。另外,新参加者必须要原成员的介绍才可进入互助会,如果产生了失效纠纷,介绍者就要承担连带责任。在这种情况下,参加者会考虑风险与回报的平衡,而介绍者只会介绍值得信赖的人。通过上述一系列的限制手段,互助会才能够持续循环,同时强化熟人关系,让足够多的成员参加。前面讲到互助会是封闭性的,这是大结构的框架,其实如果从细微之处观察可以看出,互助会在回避失效的同时,在帮助其他陌生人这一方面也下了一番功夫。

第四,互助会为了使集会变成愉快的会谈或宴会场所,进行了许多方面的努力。互助会在强化熟人关系的同时,为了使集会的气氛轻松活跃,在食物和饮料上苦下功夫。另外,也有一些座元为了防止失效者的存在会使所有参加者担心,会对其他成员保密暂时性失效的人。

方法的创造

到这里笔者已经介绍了各式各样的方法。也许读者会抱有这样的印象,认为这只是针对极特殊团体的研究。但就像开头阐述的那样，互助会是一种在全世界都存在的组织，从这一点看，这并不是特殊现象，而是普遍现象。但是，从下面的特征来讲，互助会也可以说是一种极为特殊的现象。

首先，互助会并不是谁都能够举办的。想要掌握各种不同的方法，并且在应对不同的情况时，能够区分使用这些方法，这需要相当大程度的练习。如果不是出生于互助会活跃的地区，或者是不是在熟悉互助会的环境中成长的人是无法举办互助会的。另外，互助会能够起作用的条件也有许多限制。互助会在全社会性灾害发生时是无力的，在出现宏观经济问题时也不能很好地运营。互助会的集会需要消耗时间，因此互助会的运行会妨碍其他活动。

也许有人会想，如果并不是任何人都能够举办互助会，并且互助会的作用也有限的情况下，那么关于互助会的研究还有必要吗？简明扼要地说，如果是现在正遭受困难的人，即使读了本章，也不能组建互助会，那么读者就会有疑问，研究互助会难道没用吗？为了回答这个疑问，就必须明确研究的实际意义。

关于研究互助会的实际意义，并不是为了普及互助会，而是通过向大家介绍互助会，帮助大家找出克服困难的方法。一般来说，我们的行动都是由一些前提所引导的，比如定向思维或者固定观念。当然这不是在否定定向思维或者固定观念，没有这些经验论我们便无法采取有信念的行动。但是如果我们被这些观念所束缚，就无法创造出新的行动。而防止自己陷入这种束缚的方法便是了解和自己完全不同的他人的方法。通过对这些从未想过的新奇行动的了解，我们会感叹、会困惑、会对自己的经验论产生动摇。没有接触过互助会的人在了解互助会的智慧后，会产生"自己能否这样做""是否还有改善的空间"等尝试性的想法，或者理解到了互助会的缺陷，在避免自己经历同样的失败时能够起作用。即使不组建或参加互助会,也能因为了解互助会在面对苦难时的方法,从而对制定自己的方法有所帮助。[7]

本章的开头提示了向困境中生存的人们学习。这种情况下的学习,是无法通过单纯的口头而进行照本宣科的模仿的。应该从本章中学习到的是,将他人的做法作为自己的参考,在自己面对困难时创造自己独特的克服方法。

方法的传递

本章结尾之处,更进一步向大家提供在困境中生存的方法,也就是,互相传授经验和互相学习。在全世界各地都有着形形色色少数群体,这些人在面对困难时,总能创造出各式各样的方法生存下去。互相传递方法互相学习,便能在此基础上创造出更多的方法。每个人所面对的困难各不相同,因此学习苦难的经验并不是毫无意义的。正是因为每个人的苦难各不相同,我们才应该从他人身上进行学习。

注

(1) 与个人独自储蓄相比,参加互助会能够更加快速地调配资金。但能够利用这一点的是在集会早期就领取资金的人。如果是在集会周期的最后才领取资金的话,与一个人独自储蓄的区别不大。现实中的互助会对于这个问题有着各种各样详细的应对办法,但关于这个问题在本章中不做过多描述。

(2) 小池等(Koike, Nakamaru, and Tsujimoto, 2010)指出,为了阻止失效的发生,除了参加者选拔,互助会还应该增加一条规则,即在领取资金前,如有不支付相应费用的情况,应禁止其领取资金。

(3) 关于这件事,并不意味着同是日裔但不救助病倒于他乡的同胞。这种情形下,互助会会通过其他形式伸出援手。
(4) 图6-1,仅仅是为了方便说明而做的并不严谨的简略图。例如,在图6-1中仿佛参加者选拔与自我束缚是不同的原理在其中运作,实质上正如本章所解说的,参加者选拔与自我束缚是同一个机制的表里两面。
(5) 关于熟人关系的议论中,有与Coleman和Putnam的社会资本相关的部分 (Coleman, 1990; Putnam, 1993; 2001)。此外,社会资本可以分为封闭型与开放型,而从社会资本角度也有关于互助会的研究(吉田,2001)。
(6) 也有用数理模型来探索互助会的抽签的研究(Besley, Coate, and Loury, 1993)。
(7) 本章所叙述的研究成果由JSPS科研费24530782赞助。

参考文献

Ardener, Shirley, 1964, "The Comparative Study of Rotating Credit Associations," *The Journal of the Royal Anthropological Institute of Great Britain and Ireland*, 94: 201–229.

Ardener, Shirley and Sandra Burman, 1995, *Money-Go-Rounds: The Importance of Rotating Savings and Credit Associations for Women*, Berg.

アルゼンチン日本人移民史編纂委員会編,2002,『アルゼンチン日本人移民史 第一巻 戦前編』在亜日系団体連合会。

アルゼンチンのうちなーんちゅ80年史編集委員会編,1994,『アルゼンチンのうちなーんちゅ80年史』在亜沖縄県人連合会。

Besley, Timithy, Stephen Coate, and Glenn Loury, 1993, "The Economics of Rotating Savings and Credit Associations," *The American Economic Review*, 83 (4): 792–810.

Coleman, James S., 1990, *Foundations of Social Theory*, Belknap Press of Harvard University Press.

Coleman, James S., 1990, *Foundations of Social Theory*, Belknap Press of

Harvard University Press.

Geertz, Clifford, 1962, "The Rotating Credit Association: A 'Middle Rung' in Development," *Economic Development and Cultural Change*, 10 (3): 241 – 263.

Granovetter, Mark, 1985, "Economic Action and Social Structure: The Problem of Embeddedness," *American Journal of Sociology*, 91 (3): 481 – 510.

Hechter, Michael, 1987, *Principles of Group Solidarity*, University of California Press. (= 2003, 小林淳一、木村邦博、平田暢訳『連帯の条件——合理的選択理論によるアプローチ』ミネルヴァ書房。)

Koike, Shimpei, Mayuko Nakamaru, and Masahiro Tsujimoto, 2010, "Evolution of Cooperation in Rotating Indivisible Goods Game," *Journal of Theoretical Biology*, 264: 143 – 153.

『らぶらた報知』, 1970 年 4 月 30 日,「最近の不景気反映"頼母子講"が動揺」。

Light, Ivan H., 1972, *Ethnic Enterprise in America: Business and Welfare Among Chinese, Japanese, and Blacks*, University of California Press.

Portes, Alejandro, 1998, "Social Capital: Its Origins and Applications in Modern Sociology," *Annual Review of Sociology*, 24: 1 – 24.

Portes, Alejandro, and Julia Sensenbrenner, 1993, "Embeddedness and Immigration: Notes on the Social Determinants of Economic Action," *American Journal of Sociology*, 98 (6): 1320 – 1350.

Putnam, Robert D., 1993, *Making Democracy Work: Civic Traditions in Modern Italy*, Princeton University Press. (= 2001, 河田潤一訳『哲学する民主主義—伝統と改革の市民的構造』NTT 出版。)

佐藤嘉倫, 2008,「社会関係資本の光と影——社会的ジレンマと社会関係資本」土場学、篠木幹子編『個人と社会の相克——社会的ジレンマ・アプローチの可能性』ミネルヴァ書房, 157 – 173。

辻本昌弘, 2000,「移民の経済的適応戦略と一般交換による協力行動——ブエノスアイレスにおける日系人の経済的講集団」『社会心理学研究』16（1）：50-63。

Tsujimoto, Masahiro, 2002, "Rotating Credit Association: Traditional Organization for Cooperation Behavior," *Tohoku Psychologica Folia*, 61: 74-82.

辻本昌弘，2004，「アルゼンチン移民の頼母子講と金融機関」『いわき明星大学人文学部研究紀要』17：118-129。

辻本昌弘，2005，「資源交換と共同体——講集団の社会心理学的研究」『東北大学文学研究科研究年報』55：64-76。

辻本昌弘，2006，「アルゼンチンにおける日系人の頼母子講——一般交換による経済的適応戦略」『質的心理学研究』5：165-179。

辻本昌弘，2008，「社会的交換的生成と維持——沖縄の講集団の追跡調査」『東北大学文学研究科研究年報』58：113-129。

Tsujimoto, Masahiro, 2011, "Status, Selection, and Exchange in an Okinawan Mutual Aid System," Kunihiro Kimura ed., *Minorities and Diversity*, Trans Pacific Press, 100-112.

Tsujimoto, Masahiro, 2012, "Migration, Economic Adaptation and Mutual Cooperation: Japanese Rotating Savings and Credit Associations in Argentina," Naoki Yoshihara ed., *Global Migration and Ethnic Communities: Studies of Asia and South America*, Trans Pacific Press, 163-175.

辻本昌弘、國吉美也子、與久田巌，2007，「沖縄の講集団にみる交換の生成」『社会心理学研究』23（2）：162-172。

吉田秀美，2001，「社会関係資本とマイクロファイナンス——ベトナムを事例に」佐藤寛編『援助と社会関係資本—ソーシャルキャピタル論の可能性』アジア経済研究所，149-171。

第二部分
理论构建与政策建议
——努力阐明并缩小差异

第7章

制度与社会不平等

——从雇佣关系理论视角出发

今井顺

1. 不平等研究的课题

在过去的二十年里,伴随着全球化的进展和产业结构的转化,日本被雇佣者的不平等结构也发生了巨大的变化。在泡沫经济破裂后,日本企业苦苦挣扎于经济下行的困境中,为了应对知识和服务经济化的变革及日益激烈的国际竞争,它们加快了各种各样劳务管理制度改革的步伐,其中不仅包括必要的法律制度改革,在雇佣劳动方面也实现了许多制度上的变革(Imai,2011a)。经历了改革之后的企业强化了在劳动力和技能调配上对于外部资源的依赖性,被雇佣者中非正规雇佣者的比例达到了35%。日本的非正规雇佣形式对于努力建立全面社会保障产生了极大挑战(小仓,2008),并且由于转正成为正规雇佣者十分困难(太郎丸,2009;Lee and Shin,2009),非正规雇佣者规模的扩大也被认为是"不平等社会"形成的主要机制。以往不平等结构主要表现为大企业与中小企业之间的差距,在此基础上,正规雇佣与非正规雇佣之间的差异可以说进一步加剧了不平等的程度（Imai and Sato，2011）。

非正规雇佣规模的扩大对于社会学不平等研究具有怎样的指导意义？这一问题引起了广泛的关注。到目前为止，作为不平等研究主流的阶级和阶层研究，都针对的是发达产业化国家的不平等现状，以同样的模型为前提，从其固化角度出发，通过关注代际内和代际间流动来考察阶级和阶层间人们的流动性。对于在此基础上所观察到的各个社会之间的区别，则会进一步根据产业结构的不同代表各自社会特征的相关变量，如日本主要是通过企业规模与雇佣形态，来进行说明和解释（DiPrete，2005；2007；佐藤，2008）。换句话说，虽然阶级和阶层的研究积累了许多针对不平等现状或者"谁处于有利地位"这些问题的解释说明，但是并没有给予诸如"劳动力市场中的地位是什么"、"不同的地位是否意味着不同的机会和资源"以及"这一机制如何形成并如何变化"等问题充分的关注（Morris and Western，1999；Kenworthy，2007）。

本章将通过关注雇佣关系来尝试对上述问题进行回答。雇佣关系是伴随着产业化——工厂劳动以及企业组织、劳动力市场的出现而形成的社会关系。人们为了缓解尖锐的劳资对立或者社会不安，制定相关规则，并在此基础上制定与之相关的规范和认知范式（文化）。如后文所述，雇佣关系在社会层面的形成和控制，不仅意味着在雇佣这一领域构建稳定的社会关系，还意味着对于其中发生的不平等现象所达成的共同意见。本章首先在新制度理论和经济社会学的基础上，将制度定义为在历史变动过程中由社会塑造的产物。在此基础上，进一步整理围绕作为制度而形成的雇佣关系进行相关讨论，提出各个社会所共有的基于用人方、劳动者、国家（以下称为政劳使）的多重社会或政治交涉过程最终形成的社会不平等结构（阶级构造、阶层构造以及各自社会特有的"地位"之间的关系）这一理论逻辑，并通过例子来说明。

2. 社会制度及其场域

首先，对于本章中所提到的"制度"进行简单的定义。与组织社会学中的新制度理论相关论述相同，制度的狭义定义是在社会层面上被广泛认同并标准化的交往行为模式，主要指的是正式和非正式的规范以及精神世界（认知范式和文化）等相对稳定的社会关系（Jepperson, 1991; Giddens, 1984; Scott, 2008）。这一定义强调了制度对于社会稳定所发挥的重要作用，但它是一种静态描述，无法捕捉制度形成（制度化）及其变化相关的动态因素。在这里本章想要指出的是，制度在具备精神意义的同时还拥有功能性效果（Jepperson, 1991; Maurice and Sorge, 2000; Voss, 2001; Scott, 2008）。[1] 制度不仅是"解决社会问题的机制"，也是"人们针对社会问题进行政治文化动员"的结果，因此其稳定和动态变化可以通过这两个角度来解读（Walby, 2009）。换句话说，制度拥有被功能和精神所决定的场域，是不同利益关系的人在交涉和妥协的动态过程中被不断构建、维持及重塑的产物（DiMaggio and Powell, 1991; Fligstein, 2001; Bourdieu and Wacquant, 1992; Fligstein and McAdam, 2012）。

在近代工业化社会中，人们为了维系社会生活，针对各式各样的问题创建了群体性以及社会性的解决方法。虽然围绕某一问题，个人和组织之间往往会有不同的利益关系，但是制度能够通过正式或者非正式的规范来构建特定的社会关系模式，从而发挥解决问题的功能。我们日常生活中所看到的各种各样的"制度"

(教育或雇佣),实际上也是特定的社会关系模式在促进社会目标达成过程中形成的逐渐稳定的结果。它们规定了机会结构和资源分配的状况,让生活于其中的人们明确其所构筑的规范和精神,并通过促进特定的态度和行动来实现其功能。例如,战后日本在劳资双方妥协的过程中建立起了终身雇佣制度,而其中的长期雇佣和年功序列等结构创造了以年龄为晋升基础的履历结构以及形成了根据人生阶段来分配资源的现状。大部分被雇佣者在此现状中相互竞争成长,他们掌握顺从企业要求的态度和行为,维持了终身雇佣制的秩序,也满足了长期生产生活的需要。

这种制度的稳定建立,既是人们为了目标进行社会和文化动员的结果,也意味着人们对于这一制度所引起的不平等统治、管理和调整达成了相对一致的意见。特定社会领域中稳定的社会关系可以被理解为,针对解决社会问题过程中出现的争论,与之相关联或者主张自己与之相关联的主体为了使制度的规范和思想习惯能够反映自身利益而参与其中,并最终在妥协中形成的秩序(Negotiated Order)(Bourdieu and Wacquant, 1992:103)。只要制度的功能与其背后的权力关系没有出现问题,其模式的合法性就不会受到质疑,在特定情况下会无形地产生持续的影响。例如,只要用人方没有明显地看到由终身雇佣制度所引起的雇佣僵化问题,那么被雇佣者就能一直维持稳定劳动。只要没有人举报无偿加班和过劳死,甚至只要没有人对"男主外"这种由终身雇佣制度所形成的劳动分工格局持异议的话,无条件服从的职场文化以及性别秩序的权力关系就不会发生改变。相反,如果有人对这样的惯习和思维习惯提出异议并形成争论的话,就可以激活场域并颠覆该惯习和规范,产生让社会关系模式也就是制度发生变化的力量。

本章将基于对这种动态的理解,围绕雇佣关系的制度构建与其产生的社会不平等之间的关系展开讨论。

3. 雇佣关系场域

雇佣关系的成立

雇佣关系指的是劳动者和用人方之间的关系，是两者通过契约以及晋升模式交涉，对不平等构造产生巨大影响的关系。从历史上来看，雇佣关系是资本主义工业化和近代国家形成过程中伴随市民权兴起和交叉[2]而形成的较新的制度。所谓市民权的兴起，是相对于封建时期由出生时的社会地位来决定个人权利义务的封建权威关系而言产生的新的以个人主义权威关系、契约关系为主的社会关系的建立和普及（Bendix，[1964] 1996）。"契约关系"的核心在于约定给予每个个体所有权，即给予在他或者她的社会生活领域中，能够按照自己的意愿随意支配事物的权利。"雇佣"这一领域是在工业化时期产生的新型社会领域，"雇佣关系"是用人方和劳动者通过缔结"劳动契约"所结成的社会关系。契约关系的"核心约定"，也就是关于个人支配权的约定，在雇佣领域中表现为"契约自由"和"移动自由"这两个相互重叠的具体争论点。这两点在近代国家发展过程中，促成了劳动契约和劳动力市场的制度化，至少在意识形态层面上可以说发挥了极其重要的作用。

与这些争论点相对应而实际形成的制度，其结构不仅极为复杂，还会根据社会和历史语境的不同呈现多样化的特征。制度结构复杂性的支撑点源于对劳动力市场和劳动契约中特有问题点的抑制性需求。一方面是劳动力市场中买方和卖方固有的不平等，另一方面则是劳动契约的不确定性。关于前者，为了达到推迟

"市民权兴起"的目的，解决方法可以被概括成以下两种，其中不包括容易如实表现出不平等力量关系的"买方卖方自主调整"这一方法。一种解决方法是建立劳动者群体与用人方能够就劳动条件进行交涉的渠道，即包括集体协商在内的劳资关系制度化。工会组织在"结社自由"的基础上得以建立，对追求社会权利的人们而言，工会作为拥有合法性的交涉渠道已经越来越被人们所接受。这对近代国家的形成而言具有重要意义（Marshall,［1950］1992：88-89）。另一种解决方法是将市民权利中的平等融入劳动力市场的结构和规范，具体而言，就是要构筑起调整政府、劳动者和用人方之间利益关系的机制（Fligstein, 2001）。

第二个问题是劳动契约的不确定性。对于劳动契约的不确定性，马克思在区分"劳动"与"劳动力"之间关系的相关论述中也有所提及。在马克思看来，"劳动力"是劳动力市场中被贩卖的商品，但是"劳动力"并不等同于"劳动"。他认为"劳动"是在已组织好的劳动过程中，投入"劳动力"后才能实现的，而还在劳动契约阶段的"劳动"并不能成为既定的事实（Marx,［1867］1976）。即使是在现代社会，这一论述同样对于理解雇佣关系的特征具有重要意义。波兰尼认为劳动力无法与人的能力完全分割开，并且它是一种无法完全让渡的商品，因此其本身具有必然的不确定性（Polanyi,［1994］2001）。所以，劳动契约的履行，即劳动的实现，是在组织和职场层面，用人方和劳动者通过交涉，而实现工作的结果（Rubery and Grimshaw, 2003; Goldthorpe, 2007）。由于劳动契约存在不确定性，其具体实施将取决于劳动过程的组织以及劳动者的赞同情况。

这些围绕"契约自由"和"移动自由"而展开争论的交涉为劳动者建立了机会结构和资源分配的机制，也形成了所谓的产业市民权，即让契约成立的权利与义务（Marshall,［1950］1992;

Streeck，1992；Jackson，2001)。此外，由于作为构建基础的政治交涉具有多元性和重叠性的特征，制度性解决方法的复杂性会根据社会和历史背景的不同呈现多样化特征。针对某个特定社会的雇佣关系的分析与解读必须充分考虑其历史背景。接下来本章将围绕"买方与卖方间固有的不平等"和"劳动的不确定性"两个问题的相关论述进一步详细介绍，并整理说明协调这些论点的规则、规范以及认知范式的交涉和由"契约"（以及努力）以及"移动"两个方面构成的雇佣关系之间存在怎样的关系。

买方与卖方间固有的不平等

如前文所述，劳动力市场中"买方与卖方间固有的不平等"主要围绕两个领域进行交涉，其中，主要的争论点在于用人方和劳动者之间缔结的契约关系。就像之前所提到的，契约关系是伴随着工业化和近代国家的形成而产生的，是雇佣关系中最为重要的社会关系。它通常包含了契约时长、工作内容、薪资福利、劳动时间以及其他劳动条件等要素（Tilly and Tilly，1994；Boyer and Julliard，1998）。这些要素的变化才是由劳资间的集体协商和劳动力市场的结构以及规则制定这两个领域的交涉所决定的。

第一，劳资关系决定契约条件的主要部分这一点应该是没有异议的。个体的交涉难以消除用人方和劳动者之间的不平等，而市场变化往往容易直接反映在劳动契约中，因此劳动者的生活稳定性难以得到保障，通过工会进行集体协商是消解这种不平等的有效交涉手段。[3] 在交涉过程中，劳动者手中的资源就是他们所能提供的劳动力，更为准确地说是他们对于劳动量和质的所有权。如果劳动者以某种形式被组织起来，并对劳动供给量和技能进行统筹管理，这就成为与用人方进行交涉时十分重要的筹码。这些筹码，既有关于劳动力价格方面的，也有关于人事移动方面的。举例来说，在英美的熟练劳动者行业工会中，劳动者通过徒弟制度形成同一行业中的职工联合，并保持技能垄断，同时，通过集中管理供给量来使熟练劳动者的价格能够维持在较高水准。而且，其影响力不仅体现在薪资水平上还体现在对职务的定义中，甚至劳动过程中的组织编制也会受到影响，这使劳动者可以在不同企业之间移动（Streeck，2011）。[4]

第二，劳动力市场的结构、商品交换的法则等围绕劳动基准的法则会对能够缔结契约内容的大致范围造成影响（氏原，1989）。劳动力市场是社会性产物，政府、劳动者和用人方之间的交涉需要对该市场中的"商品进行定义"，设定交换的基本原则，并构建允许买卖双方对契约内容进行平等协商的环境（Campbell and Lindberg，1990；Fligstein，2001）。[5]这些结构通过相关主体的交涉，以《劳动力市场法》和《劳动基准法》的形式展现出来。构成近代劳动力市场这些法则的根本前提在于是否将"市民权"的基准设定为宪法以及ILO中的国际标准（中山等，1999；浜村等，2002）。但是，也可以理解为在增强"市民权"价值观这一抽象过程中，相关主体追求利益，将其体现在实际的法律制度之中。对用人方和劳动者而言，这样的交涉是把自身利益反映在法律之中的机会。

这样政治交涉的结果会直接反映在契约关系的各个方面。劳动基准将规定契约双方的权利和义务，尤其是买方和卖方的资格（年龄、健康状态、能力以及禁止歧视）。在市场交易中被规定的还包括契约的种类、契约的时长、全职和非全职的区分、不同月份和日期的劳动力市场等要素。商品交换的原则也同样在劳动力市场中根据招聘和解雇的过程逐渐形成。当然，最低薪资受到契约关系的影响，也是如此交涉的结果。

劳动的不确定性

通过交涉缔结的劳动契约并不意味着劳动的实现。为了使劳动契约作为契约成立，劳动者必须认同行使经营权的合法性，并同意在劳动过程中投入一定的"努力"，即把对于践行劳动契约的"期待""道德""义务"等非正式规范以及"理所当然"（taken-for-granted）的认知范式，作为杜尔凯姆所提出的"契约的非契约性基础"而成立（Thompson, 1966; 1993; Gutman, 1977; Durkheim, [1893] 1964; 森, 1988）。这些劳动契约中的非正式规范经常和劳动过程的组织或劳动管理制度因素，例如对薪资（契约）或升职（移动）等人事评价的影响力相呼应来进行交涉（Behrend, 1957）。经营权是否成立（劳动者是否认同用人方命令的合理性）以及对被要求努力程度是否合适的认知，都是契约关系完全成立和践行所不可或缺的影响因素。

因此，我们需要格外关注劳动组织。[6] 为了让购买到的"劳动力"转化成"劳动"，需要规范劳动过程，完善劳务管理制度来动员劳动者努力工作。也就是说，需要获得劳动者对经营权合法性的认同，并对他们或她们实行合理的控制。因此从构建雇佣关系的角度上来说，企业组织是在组织或职场层面展开政治性交涉的场所，与在社会层面的集体协商和法律制度有着同等地位。在这一层面，用人方需要在适应市场竞争和技术变化的同时，合理地设计生产过程并组织劳动。另外对劳动者来说，实际的契约、努力的质和量、技能习得和上升空间等劳动生活中多种多样的因素都会在这一层面受到影响。因此，我们需要认识到企业组织是用人方和劳动者围绕他们之间的关系展开交涉的极为重要的场所。

对于组织层面的交涉，除了团体交涉，劳务管理制度是主要的争论点，它被认为是关乎"劳动者参与"的重要问题（小池，1977）。劳务管理制度涵盖了各种各样职场管理因素，其中包括雇佣与解雇、职能范围的定义、分配和分配变化、薪资制度、技能习得和职业发展、晋升制度以及劳动时间制度等。这些项目的定义、设计和实行所反映的利益在极大程度上决定了雇佣关系。劳务管理制度中所蕴含的逻辑和认知方式，最终会在职场层面通过劳动者的反应而得到检验。在职场层面针对某个特定的劳务管理制度所展开的政治性交涉（见表7-1），具体地说，其实就是制度设计中所包含的关于地位、努力、职业发展逻辑和认知范式的政治性交涉。例如，反映用人方利益的劳务管理制度，在哪种程度上被劳动者认为是"理所当然"的，这是检验职场权威和管理稳定性重要的试金石。

表7-1 雇佣关系的结构、政治性交涉的重叠性与多元性

交涉层面/雇佣关系的各个侧面	社会层面	组织层面 集体协商 劳务管理制度	职场层面 权威关系、职场管理，市民权在个人层面的意义
契约	集体协商 劳动力市场法、劳动基准法	劳动契约的种类 基于不同劳动契约的期望薪资及福利 职务分配	对于社会地位的了解
努力	劳动基准法（劳动时间法）	指挥命令 劳动时间管理 人事评价	履行工作职责
移动	集体协商 劳动力市场法、劳动基准法	分配、调职 升职、职业发展 内部劳动力市场、外部劳动力市场	职业概念

资料来源：Imai（2011a：15）。

雇佣关系的两个侧面和交涉的重叠性

到这里，我们已经说明了雇佣关系是在雇佣这一新型社会领域中形成的新型社会关系，并进一步论述了在满足生产生活必要条件的同时，雇佣关系制度化的政治过程可以对与契约以及移动的相关机会结构、资源状况及其规范和精神世界的构建产生重要的影响。表7-1将雇佣关系分为契约（以及努力）和移动两个方面，并把各种各样的争论点按照交涉层面进行了分类。围绕这些协商内容，政府、劳动者以及用人方，尤其是劳动者和用人方，在相互权衡的过程中构建起了正式以及非正式的规范和精神结构。

接下来，我们将基于目前的研究和具体的实例，进一步讨论雇佣关系的结构以及其政治性交涉与不平等变动之间的联系。第一，虽然政劳使的团体交涉是形成雇佣关系的最重要的动力，但是，在这里我们也将基于历史事件，说明劳动运动的历史起源、组织基础以及策略等对雇佣空间（机会结构、资源分配和规范）形成的重要性。在此基础上，关注雇佣形成这一工业社会共通的过程进行比较分析。第二，本章除了关注劳资之间的集体协商，还整理了劳动力市场和基准法对雇佣关系的影响。而关于其对不平等的影响，则以从前和现在的日本为例展开讨论。

4. 雇佣关系发展与不平等结构

劳动关系的重要性——从劳动运动到国际比较

围绕雇佣关系的政劳使（政府机构、劳动工会以及使用者团队）之间的交涉，在产业化时期，与资本的形成相关联（Jackson，2001）。[7]另外，工会的组织结构与运动方针特点也成为劳动者分层化与阶层化的重要原因（Western，1998）。[8]例如西欧的几个国家，从职业工会传统中诞生的职业类工会在社会以及组织层面的政治性交涉上发挥了巨大的影响力，将工资以及雇佣保障模式、社会保障以及福利资源获得等劳动条件作为各个职业缔结的契约而确定下来（Crouch，1993；二村，1987）。也就是说，关注劳动组织是按照什么原则建立的、对于什么样的争论点拥有怎样的交涉可能性、把什么作为自身的权利和义务等方面，可以更有效地理解机会结构以及资源分配的机制。另外在这里，被构筑的权利与义务的组合，即产业市民权，是确认劳动者社会地位的重要内容。与上述西欧的例子相同，作为单一职业交涉结果，工资与社会保障中的不平等在该社会中被认为是合法的。正是对于权利与义务关系的理解，该社会成员才形成了理所当然的"对于社会地位的了解"这一思想，其结果则是把劳动者之间的不平等作为职业分层而合法化和结构化（Marshall，[1950]1992）。

日本的劳动运动也发挥着同样的作用（Smith，1988；二村，1987）。明治时代的劳动运动，在颠覆已有身份制度且地位秩序混乱的产业化初期，以帮助劳动者脱离歧视性待遇为目的而组织起来。劳动者以工厂或者职场共同体为基础，活用过去农民运动的战略与思路，对地位结构本身、不同人所处的位置以及人们在地位移动时的规范进行了交涉。虽然教育和职业逐渐固化了当时职场内的阶层结构，但是劳动者与这一潮流进行了对抗，要求建立以经验与贡献度为评价标准的组织内部晋升结构。像这样对结构的要求，与西欧的劳动运动不同，并不是对与职业阶层的建立并行的基于普适性原理的权利的要求（举例来说，同样的劳动同样的工资），而是分别在各个组织内建立称为"尊重权利"（the Right to Benevolence）的独立晋升规范过程中所产生的要求。

在这里我们通过简短的概括性实例,来说明在劳动交涉时,关于雇佣空间以及地位秩序形成的几个重要的点。首先,岗位类、职业类工会的逐渐兴起以及他们的运动方针会根据特定企业所属,形成不同的劳动条件水平,这些所属会将劳动者分离化、分层化。[9] 在组织内部,创立移动开放式的阶层结构,同时,这个阶层结构也依据劳动者的"组织会员权利"来规定允许评价的职场权威与管理关系,并通过接受基于评价的不平等而形成(Smith,1988;二村,1987)。劳动者寻求组织内部的尊严、名誉,会接受相关人事评价系统以及相应的排序结果。因此,这一系列的劳动关系交涉,不仅创造了特定机会结构与资源分配机制,也创造了"对社会地位的理解",甚至可以说是"对不平等的理解"。

另外,关注使契约成立的产业市民权,让我们了解到不平等构建创造出路径依存性的整个过程,虽然这个构建是一个动态的过程。在日本,基于组织成员权利的尊严与名誉而产生的对地位阶层结构的认知,通过劳动运动逐渐改变了自身形态,也通过对于企业与劳动力市场中的权威关系、阶层以及不平等结构的理解而被伦理性翻译以及再次利用(Smith,1988)。也就是说,为了让近代契约关系成立的必要契约的非契约基础规范,通过劳动运动,在人们认识崭新的社会地位结构时(再次)形成。这一规范形成的内在动力,或是日本式的进程,或是更功利主义且掺杂着个人主义意识形态的样式,在这里我们想确认,根据其不同而产生的对于阶层结构以及不平等模式理解的多样性(Streeck,1992)。

保持着对这种多样性的敏感度,弗利格斯坦(Fligstein,2001)提出了对雇佣关系与不平等之间的相关性进行国际比较的类型论雏形。他把政劳使之间的权力关系作为雇佣关系社会学理论的中心（Fligstein, 2001：101），着眼于讨论能够实现政劳使之间权力关系的职业模式，并尝试对其进行分类。关于雇佣，各雇佣主体主要关注点之一就是劳动力和技能的形成、利用、转移是否能够在自我控制下完成（也就是说劳动者能否自己决定自己的移动）（Fligstein and Fernandez, 1988; Streeck, 2005）。劳动者也可以通过交涉确立主体的优势性，形成以及维持对自己有利的职业概念。另外，各个社会特有的职业结构也可以基于此而实现。弗利格斯坦针对这样的交涉与职业概念的关系提出了三种理想型。如果职业类工会组织拥有影响力的话，职业概念被称为"Vocationalism"，在特定的职业或者产业内的职业移动被认为是理所应当的。拥有专业技能的职业团体，虽然技能的培养依赖于高等教育机构，但在同时拥有巨大影响力的情况下被称为"Professionalism"，（在这一体系中）职业内的移动被规范化。用人单位具有影响力，劳动者被封闭在企业内部工会，并且企业通过特殊的技能训练来培养劳动者的情况被称为"Managerialism"，在企业内部的劳动力市场进行移动被认为是理所应当的。

弗利格斯坦的理论框架强调的是劳动交涉与社会中被认为理所应当的职业概念之间的关系。但是，特定的职业概念在机会结构以及资源分配状况中正被逐渐地合法化，如果对这一理论画一条辅助线的话，就能明白该类型论也能够扩展到不平等的类型论中。表7-2是弗利格斯坦指出的存在于日美德之间的劳动交涉权力关系中的实际类型和移动模式，以及在其之上添加的相应的不平等类型。

依据弗利格斯坦的讨论，如果没有终身雇佣性的雇佣制度的话，那么日本就是一个几乎完全接近于理想型 Managerialism 的国家，移动模式完全由企业所支配。对于相应的不平等，如果除去隐含在终身雇佣制中的性别歧视，企业规模则具有很大的影响力。[10] 德国的职业类、产业类劳动工会具有很大的影响力，移动模式也仅限于职业或产业内部，不平等的影响力取决于职业类型。美国基本上 Managerialism 的传统很强，一般来说职业移动也被认为由个人主义的外部劳动力市场所支配。但是，在瓦格纳法案之后，新的工会组织在高学历的影响下，也有间歇性的强势期，因此在这种历史发展潮流下逐渐形成了一种混合关系。在这里重要的是，可以发现政劳使的权力关系与移动、不平等的关联性，从而也将其他社会类型化。

表7-2 雇佣关系的种类与不平等的类型

	日本	美国	德国
支配主体（依据弗利格斯坦的分类）	使用者	使用者、专业职业团体	各职业、各产业的劳动工会
职业晋升道路	企业内部	外部劳动力市场、企业内部，或者是专业职业领域内	职业内部，或者产业内部
不平等的单位和类型	企业（规模）	个人、职业	职业

资料来源：笔者根据 Fligstein（2001）制作。

关注劳动力市场基准法制的有效性——以现代日本为例

劳动力市场基准法制中的政劳使交涉，原本将劳动契约定义为可能的"劳动力商品"，其与团体交涉相同，在考虑"劳动力市场位置"构建问题时最为重要。无论在哪个先进的工业国家，正规雇佣都在战后经济规模的扩大中以"无限期契约"为中心被制度化。正如前一小节所述，各式各样的正规雇佣反映了其劳使关系模式，并基于不同单位形成了不同的产业市民权。在近20年间，非正规雇佣（临时雇佣）虽然在世界各地扩张，但是，这种变化也反映了正规雇佣关系的变化，这才是最重要的（Shire and Jaarsveld，2008)。在这里，我们特别聚焦于日本的非正规雇佣问题，来明确以上特征。

战后日本正规雇佣的产业市民权以企业以及正规雇佣为中心而形成。这种权利兴起于一定的社会背景之中，即战后根据职场以及企业类别而组建起来的劳动工会运动大规模出现，他们期望雇佣关系以及薪资稳定，并要求废除体现不平等的职业差别。从结论来看，这些要求最终形成了以年功薪金和企业福利为主的终身雇佣习惯。另外，员工间不问职种统称为"职工"的现象随着经济的快速发展在更广的范围内得以实现，这也对日本强大的中产阶级的形成起了推波助澜的作用。从经济高速成长到石油危机的这一段时期内，春斗成为分配高度经济成长果实的有效机制。同时，对于正规雇佣的保护成为社会规范，反映在了《滥用解雇权法》或《失业规避保险法》中。另外，国家福利和保障政策与企业福利相辅相成，有时也起到促进作用。其义务内容，特别是在石油危机以后劳动运动衰退的时期里，基于接受企业的"灵活多变的能力"以及"正常的生活态度"等相关要求而被确定（熊沢，1997)。虽然权利与义务在量上面并不总是相等的，但是在泡沫经济破灭前，其形成了分配、转职、人事评价（晋升）相关的经营权与企业优先，免费加班等独特的产业市民权。[11]

在泡沫经济破灭后的经济下行期，雇佣方逐渐显现了对现行僵硬雇佣制度的不满（1995年的《新时代的"日本式经营"》)。由于劳动者力量的衰退，以雇主为主导的劳动力市场法案改革的政治过程被迅速推进。仅主张保护正规雇佣者的劳动方，在管制放松委员会的出现等政治过程平台的变化中逐渐消失，并无力阻止有期限契约使用的扩大以及劳动者派遣等新"劳动力商品"的出现。此外，通过这样的雇佣形态，劳动方对所提供的技能和劳动力失去了原有的影响力，现在也不能组织劳动者并代表其利益。基于这种情况，管制改革对企业而言便成为资源。雇佣方为了追求数量和功能两方面的灵活多变性而采用非正规雇佣，迄今为止以女性和年轻人为中心的非正规雇佣者已占到整体的 35%。

非正规雇佣者被排除在组织内部晋升移动的机会之外，也无法加入原本作为劳动者或市民就应该享有的雇佣或健康保险以及退休金等福利（厚生労働省，2011）。正规雇佣与非正规雇佣之间这样的差距与"企业规模"有着不一样的特征（Imai and Sato, 2011）。企业规模的差距是连续性的金字塔形，而对于非正规雇佣的社会排斥，则是离心力在起作用。例如，在 2008 年修订的临时工法律中，添加了作为禁止歧视性待遇条件的职务变更及移动的有无和范围这一条。但是，这一条却显示了另一个现象，其印刻着回应雇佣者要求正规雇佣要有灵活多变性的相关义务。换句话说，这一条显示了对于不履行该义务的非正规雇佣者当然也不必赋予他们相应权利这一论调，以及这种论调已经被大多数人所接受的事实（Imai, 2011b）。但同时，近几年"差异"问题社会化是对于新雇佣关系没有满足生活所需的外显，从政治以及文化动员角度来看的话，这意味着现下处于需要明确对该问题进行调整的局面之中。

5. 雇佣－福利制度论

本章在关注制度与不平等关系，特别是雇佣关系的同时，指出劳动者、雇佣者（以及国家）对雇佣关系成立进行争论并做出妥协的这种原动力造就了日本社会所独有的不平等结构这一现象。所谓雇佣关系，就是围绕实现生产生活相关要求的各种机制，以及对于这种机制从政治和文化动员角度来进行交涉所形成的历史的或正在进行的过程。横跨于社会、组织以及职场层面的争论点在各个层面被重叠交涉，创造出形成并维持雇佣关系的规则、规范以及精神。反映这些内容的各种机制决定了"契约"（与努力）和"移动"的机会结构以及资源分配，也定位了生活在工业市民权责任与义务组合中的劳动者的志向。如此构建起来的雇佣关系如果能够对生产生活的要求发挥充分作用的话，对于规则、规范以及精神的动员就会有强有力的推进；反之，则会招致抵抗以及失范。在上述两个例子中，我们基于产业社会中普遍存在的原动力指出了考察劳使关系，特别是从劳动方考察劳使关系的重要性以及比较研究的可能性，指出了不仅针对团队交涉，针对劳动力市场以及基准法的关注也同样拥有有效性。

然而，如果要进一步理解不平等以及劳动力市场中位置结构及其变化的话，在以雇佣关系为中心的同时，也需要考虑与其相关联的福利以及技能形成教育等相近领域的情况（Rubery, 2010：498-499），特别是福利领域。本章中使用的"产业市民权"一词，从战后日本的例子中就可以明晰，它是在理解雇佣与福利联系状况的基础上，即对雇佣-福利制度（或桥梁）考察的基础上，更正确地把握现实的一个概念（Ebbinghaus and Manow, 2001；Manow, 2001；Swenson, 2002；宮本, 2008）。[12] 以雇佣关系为中心，并关注产业市民权的形成，在此基础上，我们欲构建起一个系统性理解雇佣与福利联系状况的机制。此外，本章框架所涵盖的范围虽然仅限于被雇佣者这一方，但是雇佣与福利制度论也涵盖了自营业者，可以被认为是对迄今为止的阶级与阶层论（比如日本的地位非一致性）的整合。支撑起战后社会的各种机制如今都面临调整的压力，必须要更多地关注制度与不平等之间的关系。

注

(1) 虽然制度是为了实现特定功能而建立的，但也可能因双方意见一致而无法实现其功能。因此存在与其他制度相互作用而无法达到预期效果的情况，这里使用（功能性的）效果这一表达。

(2) 当然"交叉"的时间点在不同社会中存在明显的差异。Jackson 指出这一时间点是说明不同社会中雇佣关系多样性的一个重要因素（Jackson，2001）。

(3) 在围绕新统合主义的论述中，工会运动的资源动员结构和政治参加的形态划分为多元主义和统合主义模式，所关注的核心问题在于它们能在多大程度上代表劳动者的利益（Schmitter，1974；稻上等，1994）。

(4) 当然，这种劳动者的影响会使经营变得不灵活。即使到了生产过程机械化的时代，他们仍表现出十分坚决的对抗态度，导致美国的雇佣者采取"去技能化"的策略（Streeck，2011）。

(5) 针对市场的这一看法，是建立在强调"市场的社会性构建"的经济社会学相关论述基础上的。无论是商品市场还是金融市场，市场都是政治性、文化性的产物，劳动力市场也是一样。这一论述的特征在于强调国家的影响力。经济学的市场理论往往将国家作为外生变量，在特定情况下还会将其当作阻碍功能实现的因素。但是从经济社会学的角度来说，国家能够维持构成市场交易的诸项制度，并为其正常功能提供合法性的主体。劳动力市场方面也认为仅仅是用人方和劳动者的接触并不会自发地形成劳动力市场，而作为实现统治、调整职责的国家才会设立作为现代制度的劳动力市场。市场交易被定义为相关主体之间的"所有权"以及"交换规则"，这些只有被运用于国家权威之下，才能保障其持续运行（Campbell and Lindberg，1990；Fligstein，1996；2001）。

(6) 针对劳动契约的不确定性，Streeck 认为"'劳动'和'劳动力'的区分打开了劳动组织社会学的大门"（Streeck，1992：42）。

(7) 各个社会中资本的组织化以及企业管理的多样性被认为是雇佣者与劳

动者之间的关系和相互规定。在这个意义上，日本的一系列横纵关系在构筑劳使关系与制度相辅性的基础上得以发展，其重要性仅次于"企业规模"变量对不平等的影响（关于系列关系的详细发展过程请参考 Lincoln and Gerlach, 2004）。

（8）不仅是分层化、阶层化，即使直接关注报酬，也会发现比起技能偏向性、技术变化假设等劳动经济学的理论，劳动工会的组织率或者薪金交涉时的集权程度等变量更加能够解释美国社会不断扩大的不平等问题（DiPrete, 2005；Western, 1998；Morris and Western, 1999；Kenworthy, 2010）。

（9）战后日本社会的情况不能用这个单一理论来解释。正如 Jackson（2001）在批判财阀与系列问题时所说的那样，这只不过是诸多实践中的一种而已。

（10）年功薪金制度以及以此为基础的企业福利的发展使得原本就有强烈男女分工劳动习惯的日本社会呈现更大的龟裂态势（大沢，1993）。在此基础之上，横纵系列以及分包关系的再制度化（Lincoln and Gerlach, 2004；稲上，2003）使得劳动条件根据企业之间位置而呈现出金字塔化，并强化了代表不平等的"企业规模"这一变量。20 世纪 80 年代左右，劳动工会经常会围绕稳定的雇佣与薪金而展开激烈的斗争，但从未对以企业为单位的阶层结构表达过不满，因此可以认为大家都默认了"企业规模"的地位秩序。

（11）像这样基于企业成员权的产业市民权，也可以叫作"企业市民权"（Imai, 2011a；2011b；Gordon, 1985）。

（12）关注雇佣－福利制度，有助于我们对不平等研究中因变量的思考。例如表 7－2 中的美国和德国，同时指出因为"职业"形成了不平等的理论。但是，如果从雇佣－福利制度的角度来关注"生活保障风险"的话，就能发现在低福利程度的美国社会中工作的劳动者比在德国从事相同工作的劳动者需要面对更大的风险，在两个社会中其含义是大相径庭的。即使都是地位较低的劳动者，因为应对变化以及自我欲求的不同，可以预测社会整体变化的含义也会不同。

参考文献

Behrend, Hilde, 1957, "The Effort Bargain," *Industrial and Labor Relations Review*, 10 (4): 503 – 515.

Bendix, Reinhard, [1964] 1996, *Nation-Building & Citizenship: Studies of Our Changing Social Order*, Enlarged edition, Transaction Pubilishes.

Bourdieu, Pierre and Löic J. D. Wacquant, 1992, *An Invitation to Reflexive Sociology*, University of Chicago Press.

Boyer, Robert and Michel Julliard, 1998, *The Contemporary Japanese Crisis and the Transformations of the Wage Labor Nexus*, CEPREMAP Working Paper series, No. 9822.

Campbell, John L., and Leon N. Lindberg, 1990, "Property Rights and the Organization of Economic Activity by the State," *American Sociological Review*, 55 (5): 634 – 647.

Crouch, Colin, 1993, *Industrial Relations and European State Traditions*, Clarendon Press.

DiMaggio, Paul J., mand Walter W. Powell, 1991, "The Iron Cage Revisited: Institutional Isomorphism and Collective Rationality in Organizational Fields," Walter W. Powell and Paul J. DiMaggio eds., *The New Institutionalism in Organizational Analysis*, University of Chicago Press, 63 – 82.

DiPrete, Thomas A., 2005, "Labor Markets, Inequality, and Change: A European Perspective," *Work and Occupations*, 32 (2): 119 – 139.

DiPrete, Thomas A., 2007, "What has Sociology to Contribute to the Study of Inequality Trends? A Historical and Comparative Perspectives," *American Behavioral Scientist*, 50 (5): 603 – 618.

Durkheim, Emile, [1893] 1964, *The Division of Labor in Society*, The Free Press.

Ebbinghaus, Bernard and Philip Manow, 2001, "Introduction: Studying Varieties of Welfare Capitalism," Bernard Ebbinghaus and Philip Mano eds.,

Comparing Welfare Capitalism：Social Policy and Political Economy in Europe，Japan and the USA，Routledge，1 - 24.

Fligstein，Neil，2001，*The Architecture of Markets：An Economic Sociology of Twenty-First-Century Capitalist Societies*，Princeton University Press.

Fligstein，Neil and Roberto M. Fernandez，1988，"Worker Power，Firm Power，and the Structure of Labor Markets，" *The Sociological Quarterly*，29（1）：5 - 28

Fligstein，Neil and Doug McAdam，2012，*A Theory of Fields*，Oxford University Press.

Giddens，Anthony，1984，*The Constitution of Society：Outline of the Theory of Structuration*，Policy Press.

Goldthorpe，John H.，2007，*On Sociology*，Second Edition，Volume Two：Illustration and Retrospect，Stanford University Press.

Gordon，Andrew，1985，*The Evolution of Labor Relations in Japan：Heavy Industry*，1853 - 1955，Harvard University Press.

Gutman，Herbert，1977，*Work，Culture and Society*，Vintage Books.

浜村彰、唐津博、青野覚、奥田香子，2002，『ベーシック労働法』有斐閣。

Imai，Jun，2011a，*The Transformation of Japanese Employment Relations：Reform without Labor*，Palgrave Macmillan.

Imai，Jun，2011b，"The Limit of Equality by 'Company Citizenship'：Politics of Labor Market Segmentation in the Case of Regular and Non-Regular Employment in Japan，" Yoshimichi Sato and Jun Imai eds.，*Japan's New Inequality：Intersection of Employment Reforms and Welfare Arrangements*，Trans Pacific Press，32 - 53.

Imai，Jun and Yoshimichi Sato，2011，"Regular and Non-Regular Employment as an Additional Duality in Japanese Labor Market：Institutional Perspectives on the Career Mobility，" Yoshimichi Sato and Jun Imai eds.，*Japan's New Inequality：Intersection of Employment Reforms and Welfare Arrangements*，

Trans Pacific Press, 1 – 31.

稲上毅，2003,『企業グループ経営と出向転籍慣行』東京大学出版会。

稲上毅、D.ウィッタカー、逢見直人、篠田徹、下平好博、辻中豊，1994,『ネオ・コーポラティズムの国際比較—新しい政治経済モデルの探求』日本労働研究機構。

Jepperson, Ronald L., 1991, "Institutions, Institutional Effects, and Institutionalism," Walter W. Powell and Paul J, DiMaggio eds., *The New Institutionalism in Organizational Analysis*, University of Chicago Press, 143 – 163.

Jackson, Gregory, 2001, "The Origins of Nonliberal Corporate Governance in Germany and Japan," Wolfgang Streeck and Kozo Yamamura eds., *The Origins of Nonliberal Capitalism: Germany and Japan in Comparison*, Cornell University Press, 121 – 170.

Kenworthy, Lane, 2007, "Inequality and Sociology," *American Behavioral Scientist*, 50 (5): 584 – 602

Kenworthy, Lane, 2010, "Institutions, Wealth and Inequality," Glenn Morgan, John I., Campbell, Colin Crouch, Ove Kaj Pedersen, and Richard Whitley eds., *The Oxford Handbook of Comparative Institutional Analysis*, Oxford University Press, 399 – 420.

小池和男，1977,『職場の労働組合と参加—労資関係の日米比較』東洋経済新報社。

厚生労働省，2011,『就業形態の多様化に関する総合実態調査』（http://www.mhlw.go.jp/touei/itiran/roudou/koyou/keitai/10/index.html，2012年12月7日アクセス）。

熊沢誠，1997,『能力主義と企業社会』岩波書店。

Lee, Byoung-Hoon and Kwang-Yeong Shin, 2009, "Job Mobility of Non-regular Workers in the Segmented Labor Markets: Cross-national Comparison of South Korea and Japan," Paper presented at the International Symposium in Globalization and East Asian Societies, Jinan University, China, April.

Lincoln, James R. and Michael L. Gerlach, 2004, *Japan's Network Economy*: *Structure, Persistence and Change*, Cambridge University Press.

Manow, Philip, 2001, "Business Coordination, Wage Bargaining and the Welfare State: Germany and Japan in Comparative Historical Perspective," Benard Ebbinghaus and Philip Manow eds., *Comparing Welfare Capitalism*: *Social Policy and Political Economy in Europe, Japan and the USA*, Routledge, 27-51.

Marshall, Thomas H., [1950] 1992, "Citizenship and Social Class," Thomas H. Marshall and Tom Bottomore eds., *Citizenship and Social Class*, Pluto Press, 1-51.

Marx, Karl, [1867] 1976, *Capital, Volume 1*, translated by B. Fowkes, Penguin Books in association with New Left Review.

Maurice, Marc and Arndt Sorge eds., 2010, *Embedding Organizations*: *Societal Analysis of Actors, Organzations and Socio-economic Context*, John Benjamin Publisling.

宮本太郎, 2008, 『福祉政治――日本の生活保障とデモクラシー』有斐閣.

森建資, 1988, 『雇用関係の生成』木沢社.

Morris, Martina and Bruce Western, 1999, "Inequality in Earnings at the Close of the Twentieth Century," *Annual Review of Sociology*, 25: 623-657.

中山和久、林和彦、毛塚勝利、金子征史、清水敏、山本吉人, 1999, 『入門労働法』有斐閣.

二村一夫, 1987, 「日本の労使関係の歴史的特色」『日本の労使関係の歴史的特色(社会政策学会年報第31集)』お茶の水書房, 77-95.

小倉一哉, 2008, 「非正規労働者の雇用・労働条件と公平公正」『雇用における公平・公正――「雇用に公平・公正に関する研究委員会」報告』連合総合生活開発研究所, 79-105.

大沢真理, 1993, 『企業中心社会を超えて―現代日本を「ジェンダー」で読む』時事通信社.

Polanyi, Karl, [1944] 2001, *The Great Transformation: The Political and Economic Origins of Our Times*, Beacon Press.

Rubery, Jill, 2010, "Institutionalizing the Employment Relationship," Glenn Morgan, John I., Campbell, Colin Crouch, Ove Kaj Pedersen, and Richard Whitley eds., *The Oxford Handbook of Comparative Institutional Analysis*, Oxford University Press, 497 - 525.

Rubery, Jill and Damian Grimshaw, 2003, *The Organization of Employment: An International Perspective*, Palgrave Macmillan.

佐藤嘉倫, 2008, 「分野別研究動向（階級・階層）——研究の展開とプロンティアの拡張」『社会学評論』59 (2): 388 - 404。

Schmitter, Philippe C., 1974, "Still the Century of Corporatism?" *Review of Politics*, 36 (1): 85 - 131.

Scott, W. Richard, 2008, *Institutions and Organizations: Ideas and Interests*, Third Edition, Sage Publications.

Shire, Karen and Danielle D. van Jaarsveld, 2008, "The Temporary Staffing Industry in Protected Employment Economics: Germany, Japan and the Netherlands," paper presented at the Sloan Industry Studies 2008 Annual Conference, MIT, Boston, MA.

Smith, Thomas C., 1988, *Native Sources of Japanese Industrialization, 1750 - 1920*, University of California Press.

Streeck, Wolfgang, 1992, *Social Institutions and Economic Performance: Studies of Industrial Relations in Advanced Economies*, Sage Publications.

Streeck, Wolfgang, 2005, "The Sociology of Labor Markets and Trade Unions," Neil J. Smelser and Richard Swedberg eds., *The Handbook of Economic Sociology*, Russell Sage Foundation and Princeton University Press, 254 - 283.

Streeck, Wolfgang, 2011, "Skills and Politics: General and Specific," MPIfG Discussion Paper 11/1, Max Planck Institute for the Study of Societies, 32.

Swenson, Peter A., 2002, *Capitalists against Markets: The Making of Labor Markets and Welfare States in the United States and Sweden*, Oxford University Press.

太郎丸博，2009，『若年非正規雇用の社会学―階層・ジェンダー・グローバル化』大阪大学出版会。

Thompson, Edward P., 1966, *The Making of the English Working Class*, Vintage.

Thompson, Edward P., 1993, *Customs in Common: Studies in Traditional Popular Culture*, The New Press.

Tilly, Chris and Charles Tilly, 1994, "Capitalist Work and Labor Markets," Neil J. Smelser and Richard Swedberg eds., *The Handbook of Economic Sociology*, Russell Sage Foundation and Princeton University Press, 283-312.

氏原正治郎，1989，『日本の労使関係と労働政策』東京大学出版会。

Voss, Thomas R., 2001, "Institutions," Neil Smelser and Paul Baltes eds., *International Encyclopedia of the Social and Behavioral Sciences*, Elsevier, 7561-7566.

Walby, Sylvia, 2009, *Globalization and Inequalities: Complexity and Contested Modernities*, Sage Publications.

Western, Bruce, 1998, "Institutions and the Labor Market," Mary Brinton and Victor Nee eds., *The New Institutionalism in Sociology*, Russell Sage Foundation, 224-244.

Yamamura, Kozo and Wolfgang Streeeck eds., 2001, *The Origins of Nonliberal Capitalism: Germany and Japan in Comparison*, Cornell University Press.

第8章

基于数理模型分析不平等与主观幸福感

滨田宏

1. 地区的不平等会降低个人幸福感吗?

欧洲、美国以及日本的情况

Alesina 等（2004）基于 Euro-barometer Survey（1975~1992）和 United States General Social Survey（1981~1996）针对社会不平等程度和个人幸福感之间的关系进行了分析,并指出在欧洲各国和美国,居住于社会不平等程度（基尼系数）越高的地区,其居民的主观幸福感普遍越低。小盐和小林（Oshio and Kobayashi,2011）通过 JGSS（Japanese General Social Surveys）和国民生活基础调查数据分析指出,在日本地区不平等（日本都道府县等级基尼系数）与主观幸福感之间也存在同样的倾向。此外,社会学、经济学和公共卫生学等众多领域研究都指出地区不平等程度与个人健康主观评价呈现负相关（Subramanian and Kawachi,2004；Wilkinson and Pickett,2006；Ichida et al.,2009；小林,2009）。尽管幸福感与个人健康主观评价是两个不同的概念,但在广义上它们都可以被看作衡量个人福祉（Individual Well-being）的指标。

上述研究均指出不平等的扩大会造成个人幸福感的降低，这一现象引起了研究者的广泛关注。但是，迄今为止，这两者之间关系的理论范式仍然缺乏清晰定义。[1]

在考量不平等和个人幸福感之间关系的范式时，我们必须明确以下两个问题。

1. 某个特定区域（例如县域）的基尼系数，为什么会与该区域主观幸福感的平均呈现负相关（宏观层面的相关问题）？

2. 某个特定区域（例如县域）的基尼系数，为什么会与在该区域中每个居民的个人幸福感呈现负相关（宏观层面变量和微观层面变量的相关问题）？

实证分析的假设

虽然在实证分析时所采用的模型存在一定区别，但其基本形式可以被写作

$$y_{is} = \alpha G_s + \beta X_{is} + \gamma Z_s + \varepsilon_{is}$$

y_{is} 代表在地区 s 中第 i 个人的主观幸福感，G 为地区 s 的基尼系数，X_s 为地区 s 中第 i 个人的属性变量，Z_s 为地区层面的相关变量，ε_{is} 则为误差项。其中 X、Z 为控制变量，因此本质上两者的关系可以被表现为

$$y_{is} = \alpha G_s + \varepsilon_{is}$$

这样的线性模型。迄今为止的研究主要是通过证明 α 在统计上呈现显著负相关来说明地区的不平等与个人幸福感的关系。

将个人幸福感看作微观层面的变量的话，相对而言，地区的不平等程度就是宏观层面的变量。需要注意的是，明确说明两者间关系的理论范式并不等同于通过多层线性模型来解释变量间的潜在关联。多层线性模型可以通过在计算微观层面的线性模型的截距和斜率时考虑宏观层面变量的影响，从而说明微观层面自变量的影响效果在不同的宏观情境中是否会产生差异以及存在何种差异，但是它并没有说明造成差异的具体机制。

平冈（2010）对健康不平等的研究进行了总结，指出该问题的相关研究仅仅局限于社会医学领域而缺乏坚实的社会学理论基础，因此他呼吁包括社会学者在内的社会科学研究者更加广泛地参与到相关问题的讨论中，在建立收入不平等或者社会分层与健康之间关联的理论范式基础之上，更多地开展学科融合的研究。本章节将尝试构建社会学－经济学的理论模型来说明地区的不平等为何会造成个人幸福感的降低。

2. 需要解决什么问题？

不平等规避与风险规避

在不平等和个人主观健康两者关系的实证研究中，基本上都会将地区的基尼系数设定为自变量，把个人的主观幸福感设定为因变量。但是从直观感受来讲，很难想象地区或者说社会层面的宏观变量能对个人的主观意识造成直接的影响，特别是由于基尼系数是通过特定公式计算得出的，所以很难将两者直接联系起来。举例来说，更为合理的说明方式应为不平等容易造成该地区治安状况的恶化，导致了幸福感的降低。但是，这种情况下的不平等和幸福感只是伪相关。我们所关注的是，在控制其他变量的情况下依然能够观测到地区不平等和幸福感之间直接的负相关关系。

小盐和小林（Oshio and Kobayahsi, 2011）介绍了将不平等规避和风险规避联系起来的方法，其基本内容如下：假设所有人都具有风险规避的倾向，收入不平等的增加在"无知之幕"的作用下会增大该经济体中个人所面临的风险（对于规避风险的个人而言其效用降低）。直观来说，我们可以推测，社会不平等的加剧对具有规避风险意识的个人而言会导致其预期效用的减少，最终造成主观福祉低下的状态。这一推测也迎合了古典经济学的观念。但是从理论上来说，社会层面的不平等规避与个人层面的风险规避应当是相互独立的（Fehr and Schmidt, 1999；武藤, 2006）。

另外，基于 Alesina 等（2004）的分析结果可以提出以下两个假设。

1. 每个人都对于收入的分配状况具有一个特定的认知。当现实状况与认知产生偏差，尤其是当不平等或者贫困加剧时，会导致幸福感降低，而对于收入分配理想状态的认知则会因社会经济地位的不同而产生差异（因此，在社会经济地位方面处于劣势的个人会有更强的规避不平等的意愿）。

2. 个人会将自身所感知到的不平等状况作为衡量未来不确定程度的尺标。因此，规避风险的意识越强，往往对于收入不平等也就更加敏感。

已有研究的不足

如上所述，地区不平等导致主观幸福感降低的具体机制仍需要更为仔细的推敲。假设 1 的说明尽管很好地契合了低收入群体渴望收入分配平等的状况，但是可以预测，对高收入群体而言，不平等所造成效用降低的程度会降低。正如心理学和行为经济学研究所揭示的一样，相较于由自身收入超过他人而引发的罪恶感，高收入群体自身收入低于他人而产生的被剥夺感对于效用的影响往往会更大。

假设 2 的论述尽管适用于任何社会阶层，但是其对于个人能够清楚认识到自身所处阶层这一假设过于强烈。众所周知，针对收入向量 $x = (x_1, x_2, \cdots, x_n)$，用于计算不平等程度的基尼系数可以用以下公式进行表达：

$$G = \frac{1}{2\mu n^2} \sum_{i=1}^{n} \sum_{j=1}^{n} |x_i - x_j|$$

其中 μ 为数组 x 的平均值。[2] 这里我们假定社会中存在 n 个人，同时为了标准化，将每个个体的收入都设置为大于 0，$\mu > 0$。当基尼系数为 0 时代表分配的绝对平等，而当值为 $1 - \frac{1}{n}$ 时则代表分配的绝对不平均（收入集中于一个人手中）。[3]

虽然通过分析我们可知都道府县的基尼系数和个人的主观幸福感呈现负相关，但是在现实中很难想象居民能够完全了解自身所居住地区的基尼系数的大小。从基尼系数的定义也可以看出，它并不是一个可以直观计算的数值。就连社会学家和经济学家也通常不会手算而是会通过电脑来计算基尼系数。

即使人们有机会通过政府的公开数据了解到所处地区的基尼系数，普通人也很难判断其数值是大还是小。例如基于 2000 年度、2003 年度和 2006 年度的国民生活基础调查所计算得出的各个都道府县的基尼系数的平均值为 0.370，最小值为 0.308，最大值为 0.436。了解自身所处地区不平等程度的高低要在这个约为0.130的区间中充分把握某个基尼系数值的相对大小，这对普通人来说是十分困难的。因此，在论证地区的不平等程度对个人幸福感的影响时，很多时候都是在假定人们清楚了解所处地区的不平等程度的基础之上得出它会造成主观幸福感降低的结论。但是，对大部分普通人来说他们并不会把握相关信息。因此，在表达地区不平等程度对个人主观感造成影响这一论述时，总是想当然地认为个人了解所居住地区不平等程度的高低，因此它才会造成主观幸福感的降低。但是实际上这样的解释把问题在逻辑上前置了。是什么原因令感知到的不平等和个人层面的主观幸福感看上去具有联系的呢？

因果关系的逆转

基于这一问题我们提出了以下考察方法。我们摒弃了宏观层面不平等影响个体意识的思路，转而认为地区的不平等程度应该通过个体意识的累加来定义。换言之，我们的考察思路与已有研究中定量分析所假定的因果关系恰恰相反。

当然在采取上述考察方法时，我们必须解决以下问题：如何通过个人意识的累加来定义基于客观收入计算得出的基尼系数？解决这一问题的关键在于被社会学广泛使用的相对剥夺（Relative Deprivation）这一概念，以及将其数值化的伊萨基定理。

3. 个体的剥夺与社会不平等之间的关系

个体的相对剥夺感

在讨论个体层面的主观幸福感和社会层面不平等程度之间关系的许多已有研究中，有计算相对剥夺指数的伊萨基定理。在伊萨基定理之后，关于相对剥夺度指数的数学理论分析也有进一步的发展（Hey and Lambert，1980；Chakravarty and Chakraborty，1984；Berrebi and Silber，1985；Ebert and Moyes，2000；Bossert et al.，2007）。这一发展并不局限在理论层面。如果从相对剥夺和经济不平等（基尼系数）的观点出发，尝试经验性的悖论说明，就会发现结合实证分析和理论模型的方法也得到了广泛应用（Yitzhaki and Wodon，2009；Kosaka et al.，2013；Ishida et al.，2012）。本章参照这些方法来考察社会不平等和主观幸福感的关系。

相对剥夺感指的是基于人们的期望水准和现实状况之间的差距所产生的不满情绪，这也是社会中人们所追求的地位和财富在不平等分配时所产生的一种意识。伊萨基定理（Yitzhaki，1979）说明了相对剥夺感这一个人意识和基尼系数这一社会整体不平等程度之间的关联。该模型将收入分布函数的积分定义为个人剥夺度，并说明了个人剥夺度的平均值和未标准化的基尼系数是一致的。下面将会参照 Hey 和 Lambert 的定义来进行说明。

将某个社会的收入向量定义为 $y = (y_1, y_2, \cdots, y_n)$。通过比较收入为 y_i 的个体 i 和收入为 y_j 的个体 j 来定义相对剥夺感（Yitzhaki，1979；Hey and Lambert，1980）。

定义 1：个体 i 相对于个体 j 的相对剥夺感（degree of individual deprivation of i against j）。

个体 i 对于个体 j 的相对剥夺感为（Yitzhaki，1979；Hey and Lambert，1980）：

$$d(y_i, y_j) = \begin{cases} y_j - y_i, & y_i \leq y_j \\ 0, & y_i > y_j \end{cases} \tag{1}$$

公式（1）区分了 $y_i \leq y_j$ 与收入高于自身的人比较的情形和 $y_i > y_j$

与收入低于自身的人比较的情形。在前者的情形下会感受到与他人差距 $y_i - y_j$ 部分的不满,而在后者的情形下则不会感受到不满(因此数值为 0)。例如,收入为 300 万日元的人与收入为 500 万日元的人比较时,会产生 500 - 300 = 200 的剥夺感,而收入为 300 万日元的人与收入低于自身的人比较时则不会产生剥夺感。

某个社会中个体所感受到的收入相对剥夺感取决于周围人的收入水平。与特定他人的剥夺感不同,个体针对广义上社会中的他人所产生的剥夺感可以通过以下方式进行定义:对社会中存在的他人与自身收入比较时所产生的剥夺感取平均值,即可计算出针对广义上社会中的他人所产生的剥夺感。在社会学里将作为比较基础的"他人"称为参照群体。

在考虑地区整体的不平等程度对于个人的幸福感所产生的影响时,可以自然而然地将居住在同一地区的居民设定为参照群体。[4]

个体相对剥夺感的平均

定义 2:个体相对剥夺感(Degree of Individual Deprivation)。将某个地区的个体收入表示为向量:

$$y = (y_1, y_2, \cdots, y_n)$$

个体 i 在以该地区的全体居民为参照群体时所感受到的相对剥夺度即为自身与参照群体两两配对进行比较所产生的剥夺感的平均。

$$\forall i, \quad \bar{d}(y_i) = \frac{1}{n} \sum_{j=1}^{n} d(y_i, y_j) \tag{2}$$

其中 $\bar{d}(y_i)$ 表示"某一群体中的个体 i 将群体内的其他人作为参

照群体时所产生的剥夺感的平均值"。$\bar{d}$用于强调这一数值是通过与多个他人比较后的平均值。定义公式右边的 $d(y_i, y_j)$ 即为公式（1）中所定义的个人剥夺度。$\bar{d}(y_i)$ 中的 y_i 则说明这是在以个人 i 为基准所定义的函数。

此外，当收入的分布为连续变量时，根据连续概率分布的期望值的定义，收入为 y 的个人的剥夺度为 $d(y, z)$ 的平均值：

$$\bar{d}(y) = \int_0^{y^*} d(y,z) f(z) dz \tag{3}$$

这里 $f(z)$ 表示收入分布的密度概率函数，y^* 为该社会中收入的最大值。$\bar{d}(y)$ 和离散时的情况一样，用于强调该数值为 $d(y, z)$ 的平均值。

一般而言，在比较自身和所属于群体内的个体时不会存在自身比较。但是这里为了简便计算，我们假设存在自身比较。而且根据定义，实际上自身比较所产生的剥夺感为 0，计算平均时需要考虑到用 n 和 $n-1$ 作为除数所产生的差别。随着群体人数的增加，其中的差别也会相应减少。为了方便计算，我们假定某个地区内居民的剥夺感是基于与居住于该区域内所有人的比较而产生的。

根据定义，如果某个地区（社会）的收入向量为（100, 200, 300, 400），尝试计算其中的个体的剥夺感。个体的剥夺感可分为 $\bar{d}(100)$、$\bar{d}(200)$、$\bar{d}(300)$、$\bar{d}(400)$。根据公式可以计算出收入为 100 的个体所感受到的剥夺感：[5]

$$\bar{d}(100) = \frac{1}{4}\{(100-100) + (200-100) + (300-100) + (400-100)\} = 150$$

同样，收入为 200、300、400 的个体所感受到的剥夺感也可以依次计算：

$$\bar{d}(200) = \frac{1}{4}\{0 + 0 + (300-200) + (400-200)\} = \frac{300}{4} = 75$$

$$\bar{d}(300) = \frac{1}{4}\{0 + 0 + 0 + (400-300)\} = \frac{100}{4} = 25$$

$$\bar{d}(400) = \frac{1}{4}\{0 + 0 + 0 + 0\} = 0$$

将每个体的相对剥夺感取平均值，即可计算出社会整体相对剥夺感 D。

$$D = \frac{\bar{d}(100) + \bar{d}(200) + \bar{d}(300) + \bar{d}(400)}{4} = \frac{150 + 75 + 25 + 0}{4} = 62.5$$

社会整体相对剥夺感 D 是个体相对剥夺感 $\bar{d}(y_i)$ 的平均。个体的相对剥夺感是通过均值计算得出的，换句话说社会整体相对剥夺感是平均的平均。一般如下一节所述。

基于个体相对剥夺感平均而计算出的社会整体相对剥夺感

定义 3：社会整体相对剥夺感（Degree of Societal Deprivation）将个体相对剥夺感的平均定义为社会整体相对剥夺感。可以表示为：

$$D = \frac{1}{n}\sum_{i=1}^{n}\bar{d}(y_i) = \frac{1}{n}\sum_{i=1}^{n}\left\{\frac{1}{n}\sum_{j=1}^{n}d(y_i,y_j)\right\}$$

当其为连续变量时，社会整体相对剥夺感 D 即为个体相对剥夺感 $\bar{d}(y_i)$ 的平均，因此可以用密度概率函数表示为：

$$D = \int_0^{y^*}\bar{d}(y)f(y)dy \tag{4}$$

由于社会整体相对剥夺感 D 基于全部的个体 i 计算得出,所以不需要像个体相对剥夺感 $d(y_i)$ 一样添加下标 i 来进行区分。

相对剥夺与基尼系数的关系

以上所定义的社会整体相对剥夺感 D(个体相对剥夺感的平均)和表示社会不平等程度的基尼系数之间存在以下关系。

公式(相对剥夺感与基尼系数)表示收入不平等程度的基尼系数 G 和社会整体相对剥夺感 D 之间的关系满足:

$$D = \mu G$$

其中 μ 代表收入分布的平均。

证明:参照附录。[6]

通过简单的例子来确认命题的内容。收入向量(100,200,300,400)的平均值 μ 为 250,收入向量的不平等程度可以通过基尼系数的定义

$$G = \frac{1}{2\mu n^2} \sum_{i=1}^{n} \sum_{j=1}^{n} |x_i - x_j|$$

计算得出 $G = 0.25$。收入平均值与基尼系数的乘积为

$$\mu G = 250 \cdot 0.25 = 62.5$$

这一数值和之前计算的社会整体相对剥夺感 $D = 62.5$ 是相等的。命题正是在说明这一相等的情形并非偶然而是因为社会整体相对剥夺感 D 和"收入平均值、基尼系数"之间存在恒等关系。基尼系数实质上是将社会整体成员两两组合计算得出的差值相加之后标准化的过程。另外,社会整体相对剥夺感 D 是将个体在与比自身富裕的人比较时所产生的不满取平均之后用社会整体平均值所得出的指标。有趣的是,两个乍看起来针对不同测定目标的

指标之间却存在 $D = \mu G$ 这样简洁的关系。

这一命题指出了社会整体不平等程度的基尼系数与个体感受到的相对剥夺感均值标准化之后的数值之间的等值关系。换个角度来说，基于微观层面的个人剥夺度 $d(y_i, y_j)$ 进行计算

$$\frac{1}{n}\sum_{i=1}^{n}\left\{\frac{1}{n}\sum_{j=1}^{n}d(y_i, y_j)\right\} = \mu G$$

即可得出表示不平等程度的基尼系数。也就是说，通过与他人比较所形成的相对不满感 $d(y_i, y_j)$ 这样的个体意识，与表现宏观层面不平等程度的基尼系数之间存在相互联系。

4. 理论模型与实证研究

假定社会整体可以被分为 m 个区域。各个区域内群体的人数为 $n_1, n_2, \cdots, n_m$ 并满足 $n_1 + n_2 + \cdots + n_m = n$。现在，计算各部分群体中个体的相对剥夺感，同时根据各群体人数取等量的基尼系数数值，建立起多组互相对应的向量。

$$d = \{[\bar{d}(y_{11}), \bar{d}(y_{12}), \cdots, \bar{d}(y_{1n_1})]\}, \{[\bar{d}(y_{21}), \bar{d}(y_{22}), \cdots, \bar{d}(y_{2n_2})]\}, \cdots, \{[\bar{d}(y_{m1}), \bar{d}(y_{m2}), \cdots, \bar{d}(y_{mn_m})]\}$$

$$G = [(G_1, G_1, \cdots, G_1)], [(G_2, G_2, \cdots, G_2)], \cdots, [(G_m, G_m, \cdots, G_m)]$$

假定对于个体相对剥夺感的向量 d 进行以下线性变换可得个人主观幸福感。

$$y^* = ad + b, \quad a < 0$$

固定值 a 为负数时代表幸福感会伴随着剥夺感的增加而降低。由此可得

$$y^* = [(y_{11}^*, y_{12}^*, \cdots, y_{1n_1}^*), (y_{21}^*, y_{22}^*, \cdots, y_{2n_2}^*), \cdots,$$
$$(y_{m1}^*, y_{m2}^*, \cdots, y_{mn_m}^*)]$$
$$= [a\bar{d}(y_{11}) + b, a\bar{d}(y_{12}) + b, \cdots, a\bar{d}(y_{1n_1}) + b], [a\bar{d}(y_{21}) + b, a\bar{d}(y_{22}) +$$
$$b, \cdots, a\bar{d}(y_{2n_2}) + b], \cdots, [a\bar{d}(y_{m1}) + b, a\bar{d}(y_{m2}) + b, \cdots, a\bar{d}(y_{mn_m}) + b)]$$

群体 j 的主观幸福感的平均值 y_j^* 可以表示为

$$y_j^* = \frac{1}{n_j}\sum_{i=1}^{n_j} y_{ji}^* = \frac{1}{n_j}\sum_{i=1}^{n_j} [a\bar{d}(y_{ji}) + b] = aD_j + b$$

根据不同群体可以进一步整理成向量 G, y^*

$$y^* = (y_1^*, y_2^*, \cdots, y_m^*) = (aD_1 + b, aD_2 + b, \cdots, aD_m + b)$$
$$G = (G_1, G_2, \cdots, G_m)$$

命题：向量 G, y^* 的相关系数为 -1。

证明：根据伊萨基定理，$y_j^* = aD_j + b = a\mu_j G_j + b$。因此，$G$ 和 y^* 完全相关。因为已假定 $a<0$，所以相关系数为 -1。

以上的命题所对应的是将一个地区主观幸福感的平均值作为因变量的回归模型，并没有考虑地区内个人幸福感的差别。一般来说，这样的模型很容易造成统计学上被称为区群谬误的问题。的确，在表现幸福感和地区层面基尼系数关联时，使用单纯的定量模型 $y_{is}^* = \beta_0 + \beta_1 G_s + \varepsilon_{is}$ 的话，宏观层面的回归没有充分考虑微观个体间的差别很容易导致结果上呈现过强的相关性。但是，根据之前的推论我们已经证明了回归模型 $y_j^* = a\mu_j G_j + b$ 所展现的关系具备理论和数学推论的支持而非区群谬误，这正是一种典型的联系宏观和微观的考虑方法。为了更加直观地理解这一联系，图 8 - 1 展示了导出命题的流程以及与之对应的实证分析。

我们一起来确认根据数理模型分析所得出的结论与基于数据分析的实证研究的对应关系。在数理模型的世界里，主观幸福感

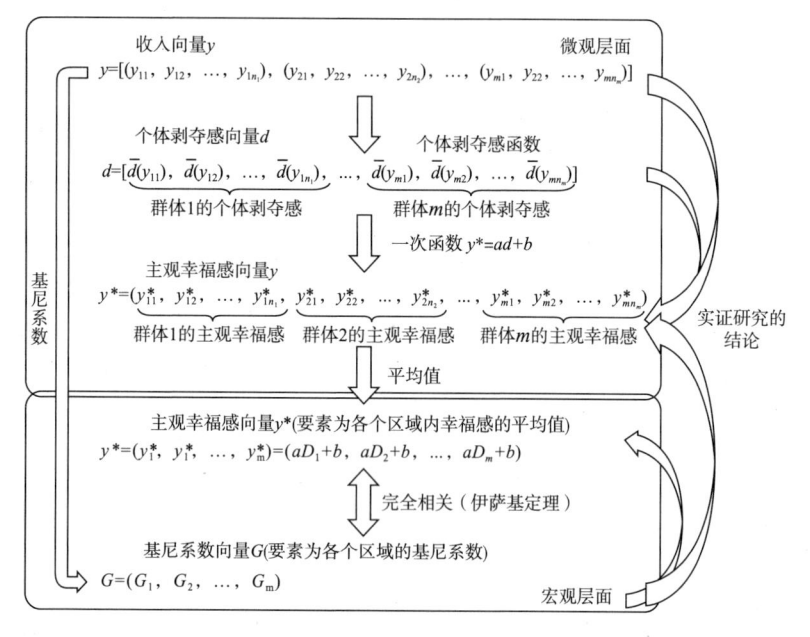

```
┌─────────────────────────────────────────────────────────┐
│              收入向量y                      微观层面      │
│    y=[(y_{11}, y_{12}, ..., y_{1n_1}), (y_{21}, y_{22}, ..., y_{2n_2}), ..., (y_{m1}, y_{m2}, ..., y_{mn_m})] │
│                        ⇓                                 │
│       个体剥夺感向量d           个体剥夺感函数             │
│   d=[d̄(y_{11}), d̄(y_{12}), ..., d̄(y_{1n_1})], ..., d̄(y_{m1}), d̄(y_{m2}), ..., d̄(y_{mn_m})] │
│      群体1的个体剥夺感        群体m的个体剥夺感           │
│                        ⇓   一次函数 y*=ad+b              │
│       主观幸福感向量y*                                    │
│   y*=(y*_{11}, y*_{12}, ..., y*_{1n_1}, y*_{21}, y*_{22}, ..., y*_{2n_2}, ..., y*_{m1}, y*_{m2}, ..., y*_{mn_m}) │
│     群体1的主观幸福感  群体2的主观幸福感  群体m的主观幸福感 │
│                        ⇓ 平均值                          │
│     主观幸福感向量y*（要素为各个区域内幸福感的平均值）      │
│     y*=(y*_1, y*_1, ..., y*_m)=(aD_1+b, aD_2+b, ..., aD_m+b) │
│                        ⇕ 完全相关（伊萨基定理）          │
│     基尼系数向量G（要素为各个区域的基尼系数）              │
│     G=(G_1, G_2, ..., G_m)                宏观层面       │
└─────────────────────────────────────────────────────────┘
```

**图 8-1 基于主观幸福感的相对剥夺感和基尼系数
之间的数学关系**

注：黑色箭头表示数学关系，右侧的点线箭头表示与之相应的实证分析确认。

和地区层面的基尼系数，在理论上可以通过个体的剥夺感计算得出。图 8-1 中用黑色箭头所联结的向量之间的关系展现了其推导过程。这些概念之间的逻辑关系通过数学推导得到了充分的证明。而且十分重要的是，这些逻辑关系不仅在数理模型中成立，同时它们还得到了许多定量研究的验证。图 8-1 右侧的箭头表示由实证研究（大多为线性组合模型）所证明的概念间的关系。

本章并没有考虑将所属群体以外的他人作为参照对象时产生相对剥夺感的情形，因此推论的基础是建立在只考虑最简单情况下的假设上而展开的。今后需要进一步对模型进行推广，例如关于从某一群体移动至另一群体（伴随着城市化以及全球化的人口移动）将会对幸福感和剥夺感产生怎样的影响进行理论与实证的讨论将会成为重要的话题之一。

附录

命题（相对剥夺度与基尼系数）的证明。这一证明在最初是针对连续函数的（Yitzhaki, 1979）。下文对高坂等（Kosaka et al., 2013）的说明进行简略化，给出对离散函数的证明。此处将收入向量按照升序排序，令 $y = (y_1, y_2, \cdots, y_n)$ 且 $y_1 \leqslant y_2 \leqslant \cdots \leqslant y_n$（并不妨碍模型的普适性）。首先对社会整体相对剥夺感 D 进行变形。

$$D = \frac{1}{n}\sum_{i=1}^{n} \bar{d}(y_i) = \frac{1}{n}\sum_{i=1}^{n}\left\{\frac{1}{n}\sum_{j=1}^{n}d(y_i,y_j)\right\} = \frac{1}{n^2}\sum_{i=1}^{n}\left\{\sum_{j=1}^{n}d(y_i,y_j)\right\}$$

此处将累和部分提出并展开可得

$$\sum_{i=1}^{n}\left\{\sum_{j=1}^{n}d(y_i,y_j)\right\} = \sum_{i=1}^{n}\{d(y_i,y_1) + d(y_i,y_2) + \cdots + d(y_i,y_n)\}$$

$$= d(y_1,y_1) + d(y_1,y_2) + \cdots + d(y_1,y_n)$$
$$+ d(y_2,y_1) + d(y_2,y_2) + \cdots + d(y_2,y_n)$$
$$\vdots$$
$$+ d(y_n,y_1) + d(y_n,y_2) + \cdots + d(y_n,y_n)$$

将和的各项进行转置后以矩阵形式表达

$$\begin{pmatrix} d(y_1,y_1) & d(y_2,y_1) & d(y_3,y_1) & \cdots & d(y_{n-2},y_1) & d(y_{n-1},y_1) & d(y_n,y_1) \\ d(y_1,y_2) & d(y_2,y_2) & d(y_3,y_2) & \cdots & d(y_{n-2},y_2) & d(y_{n-1},y_2) & d(y_n,y_2) \\ d(y_1,y_3) & d(y_2,y_3) & d(y_3,y_3) & \cdots & d(y_{n-2},y_3) & d(y_{n-1},y_3) & d(y_n,y_3) \\ d(y_1,y_4) & d(y_2,y_4) & d(y_3,y_4) & \cdots & d(y_{n-2},y_4) & d(y_{n-1},y_4) & d(y_n,y_4) \\ \vdots & \vdots & \vdots & & \vdots & \vdots & \vdots \\ d(y_1,y_{n-1}) & d(y_2,y_{n-1}) & d(y_3,y_{n-1}) & \cdots & d(y_{n-2},y_{n-1}) & d(y_{n-1},y_{n-1}) & d(y_n,y_{n-1}) \\ d(y_1,y_n) & d(y_2,y_n) & d(y_3,y_n) & \cdots & d(y_{n-2},y_n) & d(y_{n-1},y_n) & d(y_n,y_n) \end{pmatrix}$$

此处根据函数 $d(y_i, y_j)$ 的定义和收入向量以升序排序的假设，所有的要素都可以被表示为 $y_j - y_i$ 或者是 0。例如在 $y_1 \leqslant y_2$ 的情况下

$$d(y_1, y_2) = y_2 - y_1, d(y_2, y_1) = 0$$

将矩阵内所有的要素都写成这一形式的话就是以下矩阵

$$\begin{pmatrix} 0 & 0 & 0 & \cdots & 0 & 0 & 0 \\ y_2-y_1 & 0 & 0 & \cdots & 0 & 0 & 0 \\ y_3-y_1 & y_3-y_2 & 0 & \cdots & 0 & 0 & 0 \\ y_4-y_1 & y_4-y_2 & y_4-y_3 & & 0 & 0 & 0 \\ \vdots & \vdots & \vdots & \cdots & \vdots & \vdots & \vdots \\ y_{n-1}-y_1 & y_{n-1}-y_2 & y_{n-1}-y_3 & \cdots & y_{n-1}-y_{n-2} & 0 & 0 \\ y_n-y_1 & y_n-y_2 & y_n-y_3 & \cdots & y_n-y_{n-2} & y_n-y_{n-1} & 0 \end{pmatrix} \quad (5)$$

矩阵（5）是一个主对角线以及主对角线以上均为 0 的矩阵。即上三角的部分全部为 0。同时剥夺感的累和 $\sum_{i=1}^{n} \{\sum_{j=1}^{n} d(y_i, y_j)\}$ 和矩阵（5）内所有要素的累和相等。通过矩阵的表达只是为了更加清晰地反映各个要素。

现在同样利用矩阵来表达基尼系数公式 $G = \dfrac{1}{2\mu n^2} \sum_{i=1}^{n} \sum_{j=1}^{n} |y_i - y_j|$ 中的累和部分 $\sum_{i=1}^{n} \sum_{j=1}^{n} |y_i - y_j|$。$\sum_{i=1}^{n} \sum_{j=1}^{n} |y_i - y_j|$ 等于下示的矩阵里所有要素的和。

$$\begin{pmatrix} 0 & |y_1-y_2| & |y_1-y_3| & \cdots & |y_1-y_{n-2}| & |y_1-y_{n-1}| & |y_1-y_n| \\ |y_2-y_1| & 0 & |y_2-y_3| & \cdots & |y_2-y_{n-2}| & |y_2-y_{n-1}| & |y_2-y_n| \\ |y_3-y_1| & |y_3-y_2| & 0 & \cdots & |y_3-y_{n-2}| & |y_3-y_{n-1}| & |y_3-y_n| \\ |y_4-y_1| & |y_4-y_2| & |y_4-y_3| & \cdots & |y_4-y_{n-2}| & |y_4-y_{n-1}| & |y_4-y_n| \\ \vdots & \vdots & \vdots & \cdots & \vdots & \vdots & \vdots \\ |y_{n-1}-y_1| & |y_{n-1}-y_2| & |y_{n-1}-y_3| & \cdots & |y_{n-1}-y_{n-2}| & 0 & |y_{n-1}-y_n| \\ |y_n-y_1| & |y_n-y_2| & |y_n-y_3| & \cdots & |y_n-y_{n-2}| & |y_n-y_{n-1}| & 0 \end{pmatrix} \quad (6)$$

该矩阵以主对角线为对称轴对应相等的矩阵。主对角线下方的元素即使去掉绝对值也不会发生变化，实质上等同于矩阵（5）。因此矩阵（6）中所有元素的累和的二分之一，即等同于矩阵（5）内所有元素的累和。因此

$$\sum_{i=1}^{n}\{\sum_{j=1}^{n}d(y_i,y_j)\} = \frac{1}{2}\sum_{i=1}^{n}\sum_{j=1}^{n}|y_i - y_j|$$

成立。最后

$$D = \frac{1}{n^2}\sum_{i=1}^{n}\{\sum_{j=1}^{n}d(y_i,y_j)\} = \frac{1}{2n^2}\sum_{i=1}^{n}\sum_{j=1}^{n}|y_i - y_j| = \mu G$$

注

（1）在基于数据的实证阶段，很难依据分析结果确立起具备普适意义的稳健法则。例如 Alesina 等（2004）的分析指出，相较于美国，欧洲各国的地区不平等程度对于主观幸福感造成的影响在统计的显著性上表现得更加明确。此外，小盐和小林（Oshio et al.，2011）以离散变量的形式定义主观幸福感并将其作为因变量投入 logistic 回归模型时，发现都道府县的基尼系数并没有产生在统计上显著的效果。Lynch 等总结了98篇相关论文，指出收入不平等是发达国家内部的健康不平等，或者国家间健康水平差异的主要原因这一论述并不可靠（Lynch et al.，2004）。

（2）收入向量通过社会整体成员收入的排序所得。例如一个由三个收入分别为100，200，300 的人组成的社会，其收入向量即为（100，200，300）。

（3）也有人将基尼系数定义为 $G = \frac{1}{2\mu n(n-1)}\sum_{i=1}^{n}\sum_{j=1}^{n}|x_i - x_j|$，但它们在本质上都是相同的，在这种情况下基尼系数的取值区间为 0～1。

（4）无论是从理论角度还是实证角度来说，明确参照群体是谁，或者分布

在怎样的范围内都是一项重要的课题。这一问题本身即是一项独立的研究,有机会会在其他文章中详细论述。

(5) 需要注意的是,根据定义,自己被包含在比较对象之内。

(6) 伊萨基定理中的核心部分源于 Alesina 的论文中的命题(Atkinson, 1970; Yitzhaki, 1979; Hey and Lambert, 1980)。伊萨基(Yitzhaki, 1979)对于"社会整体中的相对满足感 S"的定义为 $S = \mu (1 - G)$,但在将个人的满足感定义为

$$D(y,z) = \begin{cases} 0, & y \leq z \\ z - y, & y > z \end{cases}$$

的情况下,社会整体相对满足感的平均值不是 $S = \mu (1 - G)$,而是 μG (Hey and Lambert, 1980)。

参考文献

Alesina, Alberto, Rafael Di Tella, and Robert MacCulloch, 2004, "Inequality and Happiness: Are Europeans and Americans different?" *Journal of Public Economics*, 88 (9 - 10): 2009 - 2042.

Atkinson, Anthony B., 1970, "On the Measurement of Inequality," *Journal of Economic Theory*, 11: 244 - 263.

Berrebi, Z. Moshe and Jacque Silber, 1985, "Income Inequality Indices and Deprivation: A Generalization," *The Quarterly Journal of Economics*, 100 (3): 807 - 810.

Bossert, Walter, Conchita D'Ambrosio, and Vito Peragine, 2007, "Deprivation and Social Exclusion," *Economica*, 74: 777 - 803.

Chakravarty, S. R. and A. B. Chakraborty, 1984, "On Indices of Relative Deprivation," *Economics Letters*, 14: 283 - 287.

Ebert, Udo and Patrick Moyes, 2000, "An axiomatic Characterization of Yitzhaki's index of Individual Deprivation," *Economics Letters*, 68: 263 - 270.

Fehr, Ernst and Klaus M. Schmidt, 1999, "A Theory of Fainess, Competition, and Cooperation," *The Quarterly Journal of Economics*, 114 (3): 817 – 868.

Hey, John D. and Peter J. Lambert, 1980, "Relative Deprivation and the Gini Coefficient: Comment," *The Quarterly Journal of Economics*, 95 (3): 567 – 573.

平岡公一, 2010,「健康格差研究の動向と社会学・社会政策領域における研究の展開の方向」『お茶の水女子大学人文科学研究』6: 135 – 148。

Ichida, Yukinbu, Katsunori Kondo, and Hiroshi Hirai, 2009, "Social Capital, Income Inequality and Self-Rated Health in Chita Peninsula, Japan: A Multilevel Analysis of Older People in 25 Communities," *Social Science and Medicine*, 69: 489 – 499.

Ishida, Atsushi, Kenji Kosaka, and Hiroshi Hamada, 2012, "A Paradox of Economic Growth and Relative Deprivation," Mimeographed (under review).

小林美樹, 2009,「所得不平等が主観的健康に及ぼす影響」『生活経済学研究』29: 17 – 31。

Kosaka, Kenji, Atsushi Ishida, and Hiroshi Hamada, forthcoming, 2013, "A Formal theoretic Approach to China puzzles: An Application of Relative Deprivation Theory to 'Unhappy Growth' and Differential Migrant Workers' Subjective Well-being,"『中国都市研究』。

Lambert, Peter J., 2001, *The Distribution and Redistribution of Income*, third edition, Manchester University Press.

Lynch, John, George Davey Smith, and Sam Harper, 2004, "Is Income Inequality a Determinant of Population Health? Part I. A Systematic Review," *The Milbank Quarterly*, 82 (1): 5 – 99.

武藤正義, 2006,「多様な社会的動機の基礎理論 利他性と平等性の視点から」『理論と方法』21 (1): 63 – 76。

Oshio, Takeshi, Kayo Nozaki, and Miki Kobayashi, 2011, "Relative income and Happiness in Asia: Evidence from Nationwide Surveys in China, Japan and Korea," *Social Indicators Research*, 104 (3): 351 – 367.

Oshio, Takeshi and Miki Kobayashi, 2011, "Area-Level income Inequality and

Individual Happiness: Evidence from Japan," *Journal of Happiness Studies*, 12 (4): 633 - 649.

Subramanian, S. V. and Ichiro Kawachi, 2004, "Income Inequality and Health: What have we Learned so Far?" *Epidemiologic Reviews*, 26: 78 - 91.

Wilkinson, Richard G. and Kate E. Pickett, 2006, "Income Inequality and Population Health: A Review and Explanation of the Evidence," *Social Science and Medicine*, 62: 1768 - 1784.

Yitzhaki, Shlomo, 1979, "Relative Deprivation and the Gini Coefficient," *The Quarterly Journal of Economics*, 93 (2): 321 - 324.

Yitzhaki, Shlomo and Quentin Wodon, 2009, "May Growth Lead to Higher Deprivation Despite Higher Satisfaction?" *World Bank Policy Research Working Paper* No. 4921.

第9章

现代日本的收入不平等

——关注原因的多维度特征

泷川裕贵

1. 对于收入不平等的疑问

收入不平等研究的问题是什么

不言而喻,收入对于个人的生活机会有着举足轻重的作用。收入不仅决定了个人的消费和生活水平,还深刻地影响了人们的健康和社交行为(Wilkinson, 2005)。收入虽然不是影响个人幸福的唯一因素,但可以说是最重要的因素之一。因此,探索收入不平等是如何形成的将会是一个极为重要的课题。

但是,传统的社会学并没有对收入不平等问题给予充分的关注。相反,社会学家更多地在关心机会不平等,更具体地说,是在关注社会阶层的代际流动问题(Erikson and Goldthorpe, 1992; Wright, 1997; Breen, 2004; 石田、三轮, 2009)。究其本源,是因为传统社会学最关心的问题在于"近代化"会带来怎样的社会结构变迁(原、盛山, 1999)。

针对这一情形,近年来,先是美国,之后是日本的收入不平等问题开始引起广泛的关注。这种研究重心的转移也反映出了美国和日本收入不平等问题日趋严重。技术革新、移民、全球化、工会力量的衰退以及老龄化等后现代社会变迁共同构成了收入不平等扩大的背景。因此，就像社会流动理论通过关注机会不平等问题来探索近代化时期的社会一样，关注收入不平等问题也能帮助我们理解当前社会所面临的各种问题。

带着这样的问题意识，让我们一起来回顾关于现代日本收入不平等问题的各种讨论。该问题在20世纪90年代后期得到广泛关注，直到现在仍在激烈地讨论（橘木，1998；大竹，2005）。根据目前的讨论，可以认为在现代日本，从20世纪90年代至2012年，（基于基尼系数所测定的）收入不平等在不断扩大，对于这一看法，社会学家基本达成了一致。问题的关键在于，在确定收入不平广泛存在的基础上，需要进一步探索何种因素导致了这一现象。

本章的目的和构成

本章的内容在问题设定上与上述内容存在共通之处，但是由于篇幅和数据的限制，难以直接阐明造成现代日本社会收入不平等扩大的原因。因此，本章的主要目的在于提供当人们思考现代日本不平等扩大的原因时，其所需要的背景知识。换言之，本章的内容将会从各种各样的角度来探索20世纪90年代至21世纪初现代日本的收入不平等问题受到了哪些因素的影响，并且探讨各种影响因素发生了怎样的变化以及哪些因素应该引起关注。

本章在应对这些研究问题时，采取了和过往社会学研究不同的分析角度。如后文所述，本章不仅关注了不同社会群体之间的不平等，还尝试对群体内部的不平等进行探讨。本章旨在通过这样的分析涵盖在以往社会差异研究中没有得到充分关注的诸多方面。

接下来的第二节将通过对比群体间不平等和群体内不平等两个关键概念来阐述本章的理论基础。第三节则会说明如何使用对数分散来分解不平等。在第四节对数据和变量进行说明之后，第五节会使用1995年和2005年的调查数据，针对现代日本的不平等展开多角度的分析。最后，在此数据基础上通过方差函数回归分析进行多变量分析。

2. 群体间不平等和群体内不平等

关于收入不平等的现有研究

如上文所述，虽然收入不平等这一研究领域在以往的社会学中相对而言是一个小众的方向，但是随着近年来日本和美国收入不平等问题的凸显，社会学家对于这一领域的关注也在不断增加（Morris and Western, 1999；Morgan et al., 2006；佐藤，2008）。

那么针对收入不平等这一问题社会学的范式是什么呢？最正统的范式是按照学历、社会阶层或者性别划分不同的社会群体，并且考察不同群体之间的差异（Sato, 2008；長松，2008；鹿又，2008）。这样的范式在本质上体现了对不同社会群体的划分如何造成生活机会的割裂这一具有社会学特色问题的关注。

在这里，主要的分析对象是群体间不平等。群体间不平等指的是不同群体间某个变量X平均值的差。当变量为收入时，就是不同群体间平均收入的差。此时可以通过关注收入平均的线性回归模型进行分析。例如，以职业为自变量进行回归分析且结果中系数在统计上显著的话，就可以说不同职业之间收入平均存在差距。在此基础上进一步在回归模型中投入控制变量的话就可以测定解释变量的固有的效果。

关注群体内的不平等

另外，仅仅关注群体间不平等并不能完全理解造成社会不平等的原因及其变化机制。群体间不平等对于探索社会不平等的重要性毋庸置疑，但它仅仅是其中一个面向，因为群体差异中无法体现的不平等在社会中同样广泛存在。比如，人们有时会因为极为个人的原因而遭遇不利情况，或者受到一些难以观测因素的影响而遭受损失。况且，即便如同许多社会学家所设想的那样，群体或者某一分类对个人的状态有一定的"效果"，这种"效果"也未必直接反映在收入上，而是会以收入不稳定或风险的形式体现出来。在下文中，将会特别关注这最后的因素，并尝试展开分析。

在群体间比较层面无法体现的不平等虽然有诸多面向，但在形式上可以认为在群体间比较层面无法体现的不平等都是存在于特定群体内部的不平等，即群体内不平等。因此，我们可以将社会整体的不平等大致分为群体间不平等和群体内不平等两个部分。

由此我们可以知道社会不平等的变化并不全是由群体间不平等的变化所造成的。这一论述的合理性不言而喻，但是我们经常听到的社会分层理论或者在新闻媒体上的讨论往往没有很好地区分整体不平等的扩大和群体间不平等扩大的不同（例如"不平等的扩大是阶层间收入差距扩大的证据"之类的论述），在这一点上需要加以注意。

现在我们已经论证了关注群体间不平等的范式并没有充分分析残留在群体内部的不平等。在这里群体内不平等在更多情况下被理解为群体间不平等的补充。然而，群体内不平等不应该仅仅被摆在补充的地位。在理解社会整体不平等的原因和变化时，群体内不平等同样具有固有作用，因而需要加以分析。

群体内不平等的固有作用具体体现在哪些方面呢？[1]我们可以将其理解为由于从属于某个群体而带来的风险或者不稳定性。[2]例如，在选择职业时，部分人会为了追求稳定而选择公务员，也会有人希望过上一掷千金的生活而选择创业。在此过程中，我们不难发现，判断的基准并不仅是对公务员和创业者两种职业的平均收入的比较，同时还包括了两种职业选择各自的风险和不稳定性等固有因素。而且即便是同一种社会群体，其内部的不平等程度也有可能在不同时期发生变化。以日本的劳动者为例，随着薪资体系从"年功序列制"向"成果主义"变化，可以推测，群体内的不平等程度也在慢慢扩大，这可以被认为是一个基于制度原因而导致某个特定群体内不平等程度和稳定程度等固有属性发生变化的例子。因此在考察群体内不平等的历史变化时，需要联系特定社会在制度和规范的变化。

当然，上述逻辑并不能适用于所有群体内不平等的情况。这主要是因为群体的划分其实是一个相对的概念，群体划分越粗糙，在数值上群体内不平等的程度往往会越高。因此，从风险和不稳定性的角度理解群体内不平等时，需要注意群体划分的基准是应该基于普遍认可的社会认知而不是主观臆断，同时还要考虑被划分出来的各个群体间是否在普遍意义上存在关于风险和不稳定性的固有特性。

不平等的分解：群体间不平等和群体内不平等

现在我们已经说明了群体间不平等和群体内不平等的区别。实际上在围绕日本不平等扩大的讨论中，对于这种区分在一定程度上有所提及。如后文所述，在现代日本的社会不平等理论中，将不平等进行因式分解的方法已经得到了广泛应用。在某种意义上，提出群体内不平等的概念实际上也是将不平等的因素进行分解的过程中的一部分。但是，在对不平等进行分解时群体内不平等也只是分解过程中构成因素的一部分，分析中并不一定涵盖了群体内不平等其自身的固有属性。下面将针对这一点展开阐述。

一般来说，某一社会不平等程度发生变化时，其变化可以被分解为群体间不平等的变化、群体内不平等的变化和群体比例的变化这三个部分。针对不平等的分解最常规的方法是使用对数方差进行测量。这一方法是使用对数变化后的收入的方差来测定不平等的程度，在此基础上，将整体方差分解为组间方差和组内方差。经济学家大竹文雄（大竹，2005）通过这个方法，指出日本社会收入不平等扩大的原因不在于群体间不平等的扩大，而是不平等程度高的群体在社会整体中所占比例的上升。具体来说，该研究将日本社会整体的不平等分解为不同年龄组间的不平等、同一年龄组内的不平等，以及各个年龄组的比例，通过分析指出近年日本收入不平等的扩大是由于群体内不平等程度较高的高龄者群体在人口中所占的比例不断增加。[3]

运用对数方差可以将不平等分解为群体间和群体内不平等，对于理解社会整体不平等的原因和变动具有重要意义。本章也采取这一方法进行数据分析。另外，其实从本章关注群体内不平等固有效应的角度上来说，这一方法也存在一定不足，即基于对数方差的不平等因素分解只能一次性对单一类型或者群体进行分解。因此，针对某一特定社会类型进行分解所得到的群体内不平等，很难区别它是缘于这一类型的群体固有的效果，还是透过某些其他类型而产生的中介效果。

以某个年龄组内的不平等为例。造成年龄组内不平等的原因其自身存在复杂性。比如，我们可以推断高年龄组的不平等程度较高，一方面这有可能是到达一定年龄后随着工作年份的增加，

"成功者"和"失败者"之间的差距会愈加明显（固有的年龄效果）导致的；另一方面也可能是由某个年龄段的人更多地从事自营业等不稳定程度较高的工作所引起的。后者在回归分析中会表现为中介效果。

总的来说，对数方差虽然可以将整体的不平等分解为群体间不平等和群体内不平等，但是它无法像多元回归分析那样通过控制多个变量来影响特定某一变量的效果。通过分解所观察到的"群体内不平等"仍有可能包含了许多潜在因素所造成的中介效果，无法断定其为群体的固有效果。因此，单一维度的不平等分解仍只是在记叙性地对不平等进行分解，并不能明确引起不平等的社会性原因。[4]

本章的分析方法

理论上我们希望能够践行这样的分析设计。在测定各种各样的社会群体间不平等固有效果和群体内不平等固有效果的基础上，进一步比较和分析它们对于整体不平等的影响。这样我们就可以明确是什么样的因素在不平等形成过程中发挥最重要的作用，并可以以此为依据为缓和不平等现象的各项政策提供理论支持。

遗憾的是，目前为止还没有方法能够完全实现上述的分析目的。但是测定各个类型群体内部不平等的方法是存在的，这被称为方差函数回归模型（Western et al., 2008; Western and Bloome, 2009; Mouw and Kalleberg, 2010; Western and Rosenfeld, 2011）。就像平均值回归模型通过控制各种变量的影响来推测特定变量的效果一样，这一方法可以测定某一类型的群体内部不平等的固有效果。本章将使用这一方法来对群体内不平等的固有效果进行测定和分析。

在这里再次明确一下本章的目的。本章不仅关注 1995 年至 2005 年日本社会的不平等现象中群体间不平等的部分，还将对群体内不平等的情形和变化展开分析。其中，我们会尝试从多个维度来解构不平等。依据几个重要的社会类型，通过对数方差来完成不平等的因式分解。这一过程虽然只是最初的描述性统计，但是它可以帮助我们从多维度的角度来理解日本社会整体不平等的结构和原因。比如，除了解何种类型的群体间不平等程度在扩大之外，还可以了解何种类型的群体内不平等程度，或者说不稳定性和风险的增加。在此基础上，将我们所关注的多个类型的群体作为自变量投入模型，进行方差函数回归分析，在控制其他因素影响的基础上观察各群体间和群体内的不平等。应用方差函数回归分析的主要目的就在于探索现代日本不平等的形成原因和变化原因中最为重要的因素是什么。

3. 通过对数方差对不平等的因素进行分解的方法

作为不平等程度测量方法的对数方差

本节将介绍如何通过对数方差来对不平等的因素进行分解（Lemieux，2006；Western and Bloome，2009）。

本章会使用对数变换后的收入方差作为不平等的测量尺度。一般来说某个变量 X 的方差用来表示变量 X 的离散程度，在这里我们将它理解为变量 X 在分布上的不平等程度。但是，方差值的大小对于变量总数的变化相对敏感。比如，假设一个变量 X 的方差为 V（X）的话，当其数量增加 k 倍变为 kX 时，方差就会变为$k^2 VX$。因此，方差不太适合作为比较不同数量规模变量间不平等程度的指标。但是，通过对原始值进行对数变换之后，可以使方差的值不再受到数量规模的影响。这是因为，在一个变量 X 进行对数变化后其方差为 $V[\log(X)]$，在 X 的数量变为 k 倍之后 kX 取对数，得 $\log(X)+\log(k)$。再加上同样一个数值的话并不会改变方差的大小，因此可得 $V[\log(X)+\log(k)] = V[\log(X)]$。如此一来，对数变换之后的方差不会由于数据规模而变动，可以在数据规模不同的情况下比较不平等程度。

对于平均值的一元回归分析

在使用对数方差来分解不平等之前，首先让我们来回顾一下平均值一元回归分析。这是因为平均值的一元回归分析与分解不平等因素之间存在一定关联，能够帮助我们更好地理解基于对数方差的因素分解以及之后方差函数回归分析的逻辑。

在这里，假定我们要使用社会阶层和社会流动全国调查（以下简称 SSM 调查）中就业男性的收入数据来分析不同出生时期群体（年龄组）[5]间的不平等现象，在实际分析中将对数变换后的收入作为因变量，将年龄组变量作为自变量投入一元回归模型即可。我们根据表 9-1 中所区分的 10 个年龄组来进行分析，在这里省略了结果的呈现，需要理解的是通过回归分析可以知道作为自变量的变量在多大程度上"说明"了因变量。本次分析中年龄组是离散型的变量，根据各个虚拟变量的系数我们可以了解各个年龄组中人们的平均收入与作为参照的年龄组的平均收入之间的差异。因此，平均值的一元回归模型的结果说明的是群体间不平等的程度。

在这里我们想进一步关注的是目前的自变量无法说明的整体不平等程度之中残留的部分。关于这一点其实我们只要观察估计值和实际值之间的差就可以了。我们将基于回归模型的估计值

$\hat{y}$ 和实际值 y 之间的差 $y-\hat{y}$ 称为残差,将所有残差的平方值相加后可得残差平方和 $\sum(y-\hat{y})^2$。这一数值表示了在目前的回归模型中没有被说明的部分。实际上,残差平方和与群体内的不平等之间存在紧密的联系。具体来说,把残差平方和除以自由度 n 所得到的值 $\sum(y-\hat{y})^2/n$ 就是组内方差,即群体内部不平等的程度。[6] 在对于 SSM2005 年的数据的分析中,残差平方和除以自由度的值为 0.350。在之后我们会看到,这一数值和不平等因素分解之后所得到的各个年龄组不平等比重之和是相等的。

总的来说,在回归模型的框架下,一些特定的变量能够说明群体间不平等,而群体间不平等无法说明的部分,即残差则可以被理解为群体内不平等。从另一个角度来说,将某个变量进行对数变换后作为因变量投入一元回归模型这一过程,也可以被理解为在进行群体间不平等和群体内不平等的分解。

尽管如此,不平等的因素分解和一元回归模型之间仍存在本质上的差别。这是由于回归模型都是建立在各个变量的方差相同的假设之上的。在这里,其实回归模型已经假设了不同群体内的不平等程度并不存在差异,因此它无法解释不同群体内不平等是怎样呈现差异化的。在这个意义上,回归模型中的群体内不平等是模型无法说明的残留部分。而通过对数方差则能明确直接地对群体内不平等进行分析。因此,可以说因素分解是对直接分析群体内不平等所做出的最初尝试。

现在,在理解回归模型与对数方差所拥有差别的基础上,让我们进一步了解如何通过对数方差的因素分解来探索不平等。现在我们再次把对数变换后收入的方差当作 V,并且用 c 来表示我们在因素分解过程中想要关注的群体。按照刚才的例子来说的话一共有 10 个群组,此时 $c=1,\cdots,10$。整体中的各个群组的比

例我们设为 π_b。此外，收入在对数变换后的整体平均设为 $\bar{y}$，各个年龄组的平均设为 $\hat{y}_c$，整体平均和群体平均的残差则写作 $r_c = \hat{y}_c - \bar{y}$。然后，各个群体的方差写作 σ_c^2。于是群体间的方差 B 就是

$$B = \sum_{c=1}^{c} \pi_c r_c^2$$

群体内的方差 W 为

$$W = \sum_{c=1}^{c} \pi_c r_c^2$$

整体方差可以被分解为下面这样的形式

$$V = B + W$$
$$= \sum_{c=1}^{c} \pi_c r_c^2 + \sum_{c=1}^{c} \pi_c r_c^2$$

这样一来，我们就将整体方差分解成整体平均以及群体间平均差的平方加权总和与群体内方差的加权总和相加的形式。使用与之前的例子中相同的年龄组来进行划分，表 9-1 展示了一部分分解之后的结果。如同之前提到的，可以发现群体内的方差和与之前在回归模型中用残差平方和除以自由度所得出的数值是相同的。

通过对数方差来对不平等进行因素分解的话，可以将整体不平等分解成群体间不平等、群体内不平等、群体比例。此外，虽然在这里我们不会展开说明，但实际上在此基础上进行反事实思维分析的话，可以进一步探索这些因素的变化会对整体不平等变化造成怎样的影响（Lemieux，2006；白波瀬、竹内，2009）。

此外，本章会基于这里的分析通过方差函数回归来进一步理解群体内不平等的固有效果，这一点会在之后展开介绍。

4. 利用 SSM 数据进行不平等的分解

本节开始我们将基于实际的数据来分析日本社会不平等的形成原因。这里使用的是 SSM 调查中 1995 年和 2005 年的数据。[7]

在分析开始前有几个需要注意的地方。第一，尽管我们所关心的最为本质的问题在于理解日本社会不平等形成的原因，但是考虑到数据和分析方法上的限制，在实际分析中我们需要对母集团设定一些限制条件。具体来说，本章的分析对象被限定为在接受调查时正在从事某项职业且拥有收入的男性。因此，高龄退休者间的不平等、女性中的不平等以及失业和待业人员的贫困等在现代社会不平等现象中极为重要的面向并没有被涵盖在本次分析之中，这也是本章分析主要的不足之处。

第二，由于数据上的限制，本章的分析更多体现为一种探索性质的特征。例如，在 SSM 数据中收入并不是实际数值而是离散的变量。在理想情况下，当然还是使用实际数值的数据更有利于方差的计算。[8] 而且在之后的分析中所使用的方差函数回归在理想情况下也需要比本次分析数据更大的样本量。因此，本章的分析结果仍然需要更多其他实证研究的检验。

不平等的分解维度

接下来对分析中将要用到的各个变量进行说明。首先，因变量为对数变换之后的收入。[9] 收入的不平等程度会由对数变换之后收入的方差来测定。

其次是各种可能影响不平等的相关变量，我们也可以将其理解成不平等的分解维度。在本章，我们会从职业阶层、雇佣形态、工作地点的规模、学历以及年龄这五个维度依次通过对数方差来对不平等进行因素分解。在此基础上，用同样的变量作为自变量对收入进行方差函数回归分析。

接下来将会展开说明为什么在分析中关注这些变量。

职业阶层、雇佣形态、工作地点的规模和学历

如果像佐藤嘉伦（佐藤，2010；Sato，2010）所说的那样，现代日本的阶层构造处于流动化和稳定化的双重发展过程中的话，其原因有很大一部分可能是不平等的分配自身成为一种稳定的结构。我们可以将其称为"稳定的不平等"，理解这一不平等在各个社会类型中是如何体现的是一项极为重要的课题。

本章将会从职业阶层、雇佣形态、工作地点的规模以及学历四个变量来着重分析什么要素对稳定的不平等造成影响。

长期以来社会学家十分关注不同社会阶层中生活机会的不平等现象，但是主要分析的一般都是平均收入的差距，即群体间不平等的程度。另外，基于职业阶层的群体内不平等，即是否存在稳定的不平等这一问题的探讨仍然缺少足够的讨论。但是，我们要意识到稳定性及其风险等群体属性特征需要在针对基于职业阶层间的不平等的讨论中得到更多的关注。

而且除了职业阶层，包括以雇佣类型或者雇佣形态[10]（正规雇佣者和非正规雇佣者等区别）所区分的社会类型同样有可能造成稳定的不平等。实际上，我们在讨论现代社会不稳定性不断增强的趋势时，很多时候关注的是非正规雇佣的增加等雇佣形态上的变化而非职业阶层的变化。我们基于此建立了正规雇佣者和其他雇佣形态之间存在稳定的不平等的假说，并且通过实证分析展开验证。

在雇佣相关的变量中，工作地点的规模，即不论是在大型企业或者政府机关工作还是在中小企业工作，同样可能对于稳定性的不平等造成影响。一般来说，人们往往认为在大型企业或者政府机关工作的话意味着相对稳定和有较高的收入水平。但这个结论在近年来是否仍然适用本身存在一定疑问。因此，本章将通过对 SSM 数据的分析来探讨工作地点的规模如何对稳定的平等性造成影响。

最后需要注意的一点是，我们不仅需要意识到人力资本对于收入的影响，还应该考量其对于稳定性的增强是否同样具有促进作用。在这里人力资本主要把学历水平作为衡量尺度。人力资本理论（Beck，1993）的核心论述就在于教育能极大地影响收入水平，而这一点也在实证研究中不断得到验证。另外，人力资本是否有利于稳定性的增强，即是否受教育水平越高的人生活越稳定，这一问题还没有得到充分的讨论。但是这一问题无论在理论意义上还是实际意义上都应该得到更多的关注。例如，近年来关于大学生就业困难的事例不断增多。如果这是真实的普遍现象，那么我们可以认为（曾经存在的）人力资本对于稳定性的正面促进作用近年来正在不断减弱。如果大学毕业生的职业发展的确趋于不稳定的话，那么很有可能会以大学毕业生群体内部不平等程度增加的形式表现出来。本章会基于 SSM 数据对于这一点展开讨论。

年龄组

在上述变量的基础上，本章还增加了年龄组作为分解维度。年龄组也是 21 世纪初"不平等社会理论"的主要关注点，其基本论点聚焦于人口年龄结构的变化能否作为解释日本社会不平等扩大的真实原因这一问题之上（大竹，2005；白波瀬、竹内，2009）。该论点的前提在于高龄者群体收入的不平等程度较高这一既定事实，在此基础上得出日本社会中高龄者群体比例的增加是引起不平等程度扩大的主要原因。

SSM 数据的目标抽样人群限定年龄为 70 岁以下，因此无法对这一论点进行明确的验证，但该数据仍可以用于确认各个年龄组内不平等程度的差异。不仅如此，在1995~2005年，是否存在不平等程度扩大或者缩小的年龄组，这一问题也十分有探讨价值。特别是社会不平等理论需要更多地关注年轻群体间的不平等现象。实际上，即使是主张不平等扩大的主因在于人口年龄结构变化的大竹（2005），也指出年轻群体间不平等同样存在扩大的可能。在这里我们将确认SSM数据是否反映了这一现象，尤其在通过方差函数分析控制其他变量之后，年轻群体中不平等的扩大是否仍会产生影响。

5. 通过SSM数据考察收入不平等的形成要因和变化

现在我们终于要开始通过比较1995年和2005年的SSM调查结果，对在职男性收入不平等的因素分解和变化进行实证性分析。本章不会涉及时间序列等相对复杂的统计分析，更多的是通过简单的观察来进行确认。

首先，我们将确认整体不平等程度，即对数变换后收入的方差。非常巧合的是，该数值在1995年和2005年数据中的计算结果均为0.409，到小数点后三位为止完全一致。[11]也就是说，从本次数据的抽样结果来说，1995~2005年社会整体不平等的程度基本没有发生变化，但是这并不能说明不平等的各个因素也没有发生变化。我们将根据上文中所提出的五个分类维度展开讨论。

年龄组

在这里我们改变一下论证顺序，从年龄组的角度开始来对不平等进行因素分解（见表9-1）。首先，从总体倾向上来看，我们可以发现各个年龄组的不平等程度基本上随着年龄的增长而扩大。这在一定程度上验证了先前研究的结果,即高年龄组的不平等程度较高。

表 9 – 1 基于年龄组的分解

	B + W	66~70	61~65	56~60	51~55	46~50	41~45	36~40	31~35	26~30	16~25
1995	0.070 + 0.340	0.603	0.548	0.493	0.370	0.301	0.292	0.201	0.188	0.195	0.350
2005	0.061 + 0.350	0.641	0.412	0.431	0.352	0.314	0.263	0.256	0.295	0.292	0.328

注:这里只展示了组内方差(B)+组间方差(W)及各个群体的方差。

而在观察变化的分析中,我们首先可以注意到在整体不平等中群体内不平等呈现增长趋势(组内方差从 0.340 增长至 0.350)。这一结果说明从整体上来看,年龄组内的多样化程度在扩大。其次,我们可以注意到在 1995 年最为稳定(方差低)的 20~40 岁这一年龄组到了 2005 年不平等程度发生了扩大。就像前面所提到的,年轻群体的变化是社会不平等理论的重要论点之一,而基于 SSM 数据的分析也验证了这一观点。

那么为什么年轻群体内的不平等程度扩大了呢?这一现象有可能是年轻群体内非正规雇佣比例增加的缘故。也就是说,年龄组的影响有可能是由雇佣形态作为中介变量而形成的,但是,如果结合之后方差函数回归分析的结果的话,实际上我们会发现即使控制了雇佣形态的影响,年轻群体中的不平等程度也呈现上升趋势。这一结果反映了年轻群体这一变量不仅会造成中介效果,还有可能产生"固有的不稳定影响"。

职业阶层、雇佣形态、工作地点的规模和学历

接下来我们按照职业阶层、雇佣形态、工作地点的规模和

学历的顺序展开分析（见表9-2）。首先整体而言，相比于职业阶层，雇佣形态以及工作地点的规模等变量对于稳定性的不平等所产生的影响更加清楚明确。而在职业阶层中，除了农林业，其他结果都比较难以解释。农林业内部的不平等程度极高意味着该职业存在显著的不稳定性（但是从方差函数分析的结果上来看，这很可能是自营业这一职业形态的中介效果）。此外，从描述性统计的结果上来看，管理职位的稳定性普遍较高，但很大一部分原因也在于处于管理职位的人基本都属于正规雇佣者（尤其是基于2005年调查的方差函数分析支持了这一观点）。

表9-2 基于职业阶层、雇佣形态、工作地点的规模和学历的分解（从上至下）

	B + W	专业技术人员	管理职位	事务职位	销售职位	熟练	半熟练	非熟练	农林业
1995	0.064 + 0.347	0.372	0.205	0.331	0.445	0.283	0.286	0.309	0.771
2005	0.063 + 0.348	0.282	0.227	0.352	0.361	0.335	0.295	0.218	0.748

	B + W	正规雇佣	经营	非正规雇佣	自营业
1995	0.042 + 0.368	0.276	0.345	0.511	0.648
2005	0.044 + 0.367	0.272	0.418	0.412	0.557

	B + W	1~29人规模的公司	20~299人规模的公司	300人以上规模的公司或公务员
1995	0.015 + 0.395	0.508	0.349	0.281
2005	0.029 + 0.380	0.496	0.296	0.290

续表

	B + W	初中	高中	专科或短期大学	本科或研究生
1995	0.026 + 0.383	0.502	0.337	0.363	0.404
2005	0.030 + 0.380	0.497	0.307	0.313	0.409

注：这里只展示了组内方差（B）+组间方差（W）及各个群体的方差。

和职业阶层相比，雇佣形态对于稳定性的不平等所产生的影响更加明显。尤其引人注目的是正规雇佣者压倒性的稳定性。这一结果虽然不难预测，但通过数据和实证分析证实正规雇佣和其他雇佣形态之间的不平等同样具有一定意义。在各种雇佣形态中最不稳定的是自营业。此外，经营在取得高收入的同时也伴随着较高的风险（此处省略关于平均收入的数据）。从时间序列的变化上来看的话，2005年时经营的不稳定性呈现一定的增长趋势，而同时正规雇佣的稳定性特征也愈加明显。非正规雇佣则在整体数量增加的同时其群体内部的不平等程度出现了下降。

工作地点规模对于不平等的分解同样有着十分有趣的结果。从整体上来看，与其他类型不同，在2005年的调查中，相比群体内的不平等，群体间的不平等出现了更显著的增长（0.015增长至0.029）。也就是说从记述统计上来看不同规模的企业之间平均薪水的差距在1995~2005年出现了扩大的趋势。而在群体内的不平等中，和预想的一样，大公司和公务员表现出了在稳定性上显著的优势。与之相反，小规模的公司个体经营者则表现出最高的不稳定性。在2005年中等规模公司的稳定性出现了一定程度的上升，但是同时其平均薪水也出现了显著的下降（此处省略关于平均收入的数据）。此外从描述性统计的结果上来看，2005年时中等规模公司和大规模公司之间的稳定性的不平等似乎消失了，但从之后方差函数分析的结果上来看两者的差距依然存在。

从学历上来看的话，我们可以发现高中毕业群体内不平等程度最高。这一倾向无论是在1995年还是在2005年都没有发生改变。这在一定程度上支持了人力资本少会造成稳定性下降的论述。在分析学历的作用时我们需要特别考虑年龄作为干扰因素所造成的影响。从方差函数回归分析的结果上来看，虽然在1995年我们可以发现随着人力资源的增加群体内的不平等会降低（但是高中毕业与大学毕业和研究生毕业之间的差别并不明显），但是在2005年，原本最为稳定的大学毕业和研究生毕业群体的群体内不平等相较于其他群体出现了增长（方差函数分析的结果明确展现了这一现象）。一种可能的解释是，尽管在2005年大学毕业生的平均收入水平仍然高于其他群体，但是其构成相比之前更加多样化，而且他们停留在低收入水平的风险相比之前也出现了上升。

6. 方差函数回归分析

关于方差函数回归分析的介绍

前一小节通过对数方差，从多个维度对不平等因素进行了分解，并且基于描述性统计说明了在各种类型和群体中群体间不平等和群体内不平等的状况。但就像我们之前所提到的，通过这种方法所观察到的只是描述性统计层面的不平等，而不是在控制各种因素基础上固有的效果。固有的效果的测定要求我们进一步通过方差函数回归展开分析。

方差函数回归与一般的回归模型的不同之处在于它不仅将平

均值$\hat{y_i}$还将方差σ_i^2投入了模型。

$$\hat{y_i} = x_i'\beta$$
$$\log \sigma_i^2 = z_i'\lambda$$

其中x_i'是 K×1 维平均的共变量向量，z_i'是 J×1 维方差的共变量向量。

它可以被理解为一种阶层模型，可以通过贝叶斯推理来计算其系数。具体来说，对数变换后的收入会服从正态分布 N（$\hat{y_i}$，σ_i^2），而正态分布的参数$\hat{y_i}$，σ_i^2又会服从于上述的概率模型。[12]

那么要如何解读方差函数回归分析的结果呢？方差函数回归通过贝叶斯推理同时计算了平均回归模型中的系数β与对数方差回归模型中的系数λ。β和通常的回归模型一样表示对于平均值各个共变量的效果。另外，λ表示对于对数方差各个变量的效果。需要注意的是，这里的方差可以被理解为各个个体的属性。我们用下面的例子来详细说明这一点。

建立一个将职业阶层与雇佣形态作为自变量的方差函数回归分析的模型，根据这个模型所计算的λ值如表 9-3 所示。

表 9-3 职业阶层与雇佣形态变量对于收入对数的方差函数回归分析

	λ		λ		λ
截距	-0.938	熟练	-0.050	经营	0.189
专业技术人员	-0.043	半熟练	-0.021	非正规雇佣	-0.024
管理职位	-0.155	非熟练	0.035	自营业	0.413
事务职位	0.072	农林业	0.269		
销售职位	-0.107	正规雇佣	-0.578		

资料来源：SSM2005 年数据。

这些系数可以被理解为在控制其他变量之后该变量的直接效果。举例来说，根据这个模型我们可以计算专业技术人员且为正规雇佣者的个人 i 方差的预测值。即 $\sigma_i = \exp[-0.938 + (-0.043) + (-0.578)] = 0.210$。简单来说，在模型的解释上可以将其理解为具备专门职业且为正规雇佣这一属性的人们之中收入的离散程度。通过实际的数据来计算专门职业且为正规雇佣这一属性的群体的收入的方差的话，其结果为 0.193（这里的回归模型值考虑了主效应，因此数值不会完全相等）。由此我们可以发现方差函数回归中的系数 λ 代表了共变量的固定的效果。其数值越大，则说明该共变量越具有造成方差增大的效果。

方差函数回归的结果

接下来让我们解析方差函数回归的分析结果。图 9-1 展示了以 1995 年和 2005 年 SSM 数据中对数变换后的收入为因变量，年龄、职业阶层、雇佣形态、工作地点的规模和学历作为自变量的方差函数回归模型的分析结果。这里需要注意的是，模型中方差部分的误差明显较大（图中的误差条代表 50% 的信赖区间）。一般来说，相较于平均值，方差的推定更加趋于不稳定，信赖性较低。因此，依靠本次数据的样本量很难得到足够稳定的结果。在这里我们不纠结于针对各个系数细致的分析，而主要希望从结果中通过探索性的解读来发现某种倾向性。

首先从年龄组的角度来看，我们可以发现最为稳定的 26～40 岁这一年龄组所构成的"稳定性的山谷"，其凹陷程度在 2005 年出现了明显的下降。从职业阶层的角度上来看，事务和销售职位的变动较为不稳定，因此难以精确解读。但是不管怎么说，如果排除农林业的话，基本上各个职业阶层之间并不存在显著的差别。从雇佣形态来看，正规雇佣具有十分显著的稳定性。

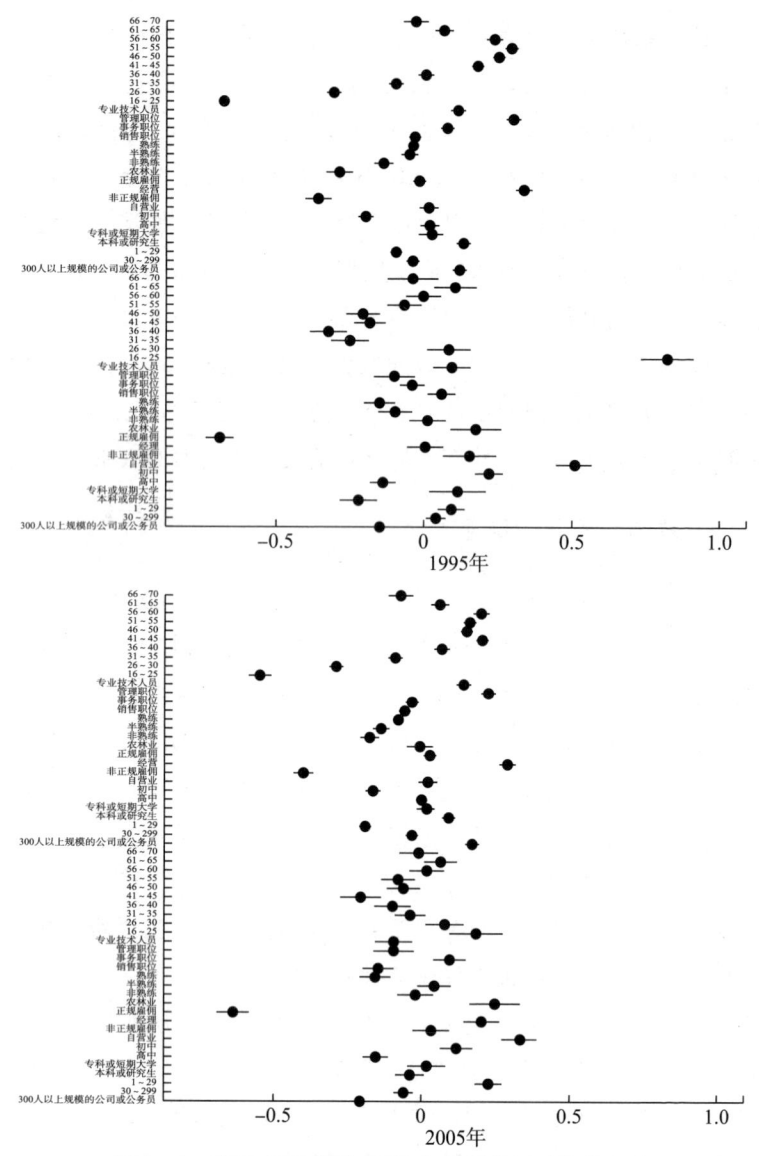

图 9-1 基于 1995 年和 2005 年数据关于对数收入的
方差函数回归分析的结果

注：上半部分展示关于平均量的回归分析，下半部分展示关于方差的回归分析。误差条表示 50% 的置信区间。

同时，在 2005 年管理职位的不稳定性似乎也出现了一定的上升。从工作地点的规模上来看，我们可以发现在 2005 年，小规模公司的不稳定性表现得更加显著。对于学历则像我们之前提到的，我们可以从结果中发现在 2005 年大学毕业群体的不稳定性相比以前出现了增长。

7. 收入不平等的走向

本章针对现代日本收入不平等的问题通过多个维度的因素分解和方差函数回归分析进行了探讨。虽然本次分析只考察了 1995 年和 2005 年的收入不平等程度，但是我们在分析各个影响因素的过程中也发现了许多值得注意的变化。尤其通过考察社会性因素对于生活的稳定性或不稳定性所造成的影响，我们可以发现除了正规雇佣，大公司员工和公务员以外的群体中"稳定性的不平等"都出现了扩大的倾向。这一结果需要在未来的研究中基于更具时效性和信赖性的数据进行进一步验证。此外，年轻群体和大学毕业群体内部构成的多样化也能够反映许多具有现代社会特征的社会变动，针对这一点也需要在未来的实证研究中得到更多的讨论。

注

（1）群体内不平等的解读以及方差函数回归的分析方法基本遵循 Western（Western and Bloome, 2009；Western et al., 2008）的研究设计。

（2）当然，就像之前提到的一样，不平等有可能源于与所属群体无关极为个人的因素，而这一部分的不平等在形式上被当作群体间不平等的残余，归于"群体内的不平等"。在这里我们假设可以简单地将其作为误差来处理。
(3) 白波濑佐和子通过《国民生活基础调查收入问卷》对这一倾向进行了严格的实证分析（白波濑、竹内，2009）。
(4) 当然，讨论什么因素造成不平等的问题时必然会遇到因果推断的问题，严格来说即使是之后用到的方差函数回归同样无法明确它们的因果关系。
(5) 严格来说本章的分析中使用的是"出生世代群体"，为了方便理解之后在后文中用"年龄组"代表同样的意思。
(6) 在 R 中使用 summary 函数得到的输出的是标准化之后的"残差标准偏差"。
(7) 东京大学社会科学研究所附属社会调查和数据库中心 SSJ 为本次分析提供了"1995 年 SSM 调查，1995"和"2005 年 SSM 调查，2005"的数据。
(8) 使用 SSM 数据进行收入不平等的分析是具有一定可行性的。详细可参考相泽和三轮（2008）。
(9) SSM 数据中收入是以区间的形式测定给的，这里通过取区间中间值的方式将其转化为连续变量。此外由于 1995 年和 2005 年的区间划分标准不同，这里统一采取 1995 年数据的划分标准。
(10) Sato（2008）指出，相比于职业阶层，雇佣形态对平均收入差距造成更为显著的影响。
(11) 此外，虽然本次分析在处理 1995 年和 2005 年的收入时并没有考虑物价上的变化，但是计算对数变换后收入的方差并不会受到尺度变化的影响。
(12) 关于贝叶斯推理和多层贝叶斯模型的基本理论和方法参照 Gelman and Hill（2007）。此外，本章中的方差函数回归分析受到了 Western 和 Bloome（2009）的启发，并采用 JAGS（Plummer，2003）实现了基于马尔可夫链蒙特卡洛方法的贝叶斯推理。关于基于 JAGS 或者 BUGS 语言的贝叶斯建模可参照 Kruschke（2010）。由于篇幅限制这里省略了关于模型的详细说明，仅对分析结果进行了展示。

参考文献

相澤真一、三輪哲, 2008,「2005 年 SSM データにおける経済的不平等指標の基礎的検討——世帯収入を中心に」三輪哲、小林大祐編『2005 年 SSM 日本調査の基礎分析——構造・趨勢・方法』2005 年 SSM 調査研究会, 95-109。

Beck, Gary, S., 1993, *Human Capital: A Theoretical and Empirical Analysis, with Special Reference to Education*, 3rd ed., The University of Chicago Press.

Breen, Richard ed., 2004, *Social Mobility in Europe*, Oxford University Press.

Erikson, Robert and John H. Goldthorpe, 1992, *The Constant Flux*, Clarendon.

Gelman, Andrew and Jennifer Hill, 2007, *Data Analysis Using Regression and Multilevel/Hierarchical Models*, Cambridge University Press.

原純輔、盛山和夫, 1999,『社会階層—豊さの中の不平等』東京大学出版会。

石田浩、三輪哲, 2009,『階層移動から見た日本社会——長期的趨勢と国際比較』「社会学評論」59（4）: 649-662。

鹿又伸夫, 2008,「バブル崩壊後の所得格差と社会階層」佐藤嘉倫編『2005 年 SSM 調査シリーズ 15 流動性と格差の階層論』（科学研究費補助金報告書）2005 年 SSM 調査会, 47-65。

Kruschke, John K., 2010, *Doing Bayesian Data Analysis: A Tutorial with R and BUGS*, Academic Press.

Lemieux, Thomas, 2006, "Increasing Residual Wage Inequality: Composition Effects, Noisy Data, or Rising Demand for Skill?" *American Economic Review*, 96: 461-498.

Morgan, Stephen L., Grusky, David B., and Gary S. Fields eds., 2006, *Mobility and Inequality: Frontiers of Research in Sociology and Economics*, Stanford University Press.

Morris, Martina and Bruce Western, 1999, "Inequality in Earnings at the Close of the Twentieth Century," *Annual Review of Sociology*, 25: 623 -657.

Mouw, Ted and Arne Kalleberg, 2010, "Occupations and the Structure of Wage Inequality in the United States, 1980s to 2000s," *American Sociological Review*, 75: 402 -431.

長松奈美江, 2008,「職業による所得構造の変化――競争的セクターにおける中間層の所得劣化」佐藤嘉倫編『2005年SSM調査シリーズ15 流動性と格差の階層論』(科学研究費補助金報告書) 2005年SSM調査会, 21 -46.

大竹文雄, 2005,『日本の不平等』日本経済新聞社。

Plummer Martyn, 2003, "JAGS: A Program for Analysis of Bayesian Graphical ModelsUsing Gibbs Sampling," http://citeseer. ist. psu. edu/plummer03jags. html.

佐藤嘉倫編, 2008, 『2005年SSM調査シリーズ15 流動性と格差の階層論』(科学研究費補助金報告書) 2005年SSM調査会, 133 -152。

佐藤嘉倫, 2010,「現代日本の階層構造の流動性と格差」『社会学評論』59 (4): 632 -647。

Sato, Yoshimichi, 2008, "Disparity Society Theory and Social Stratification Theory: An Attempt to Respond to Challenges by Disparity Society Theory," 佐藤嘉倫編『2005年SSM調査シリーズ15 流動性と格差の階層論』(科学研究費補助金報告書) 2005年SSM調査会, 1 -20。

Sato, Yoshimichi, 2010, "Inequality and Fluidization of the Social Stratification System in Contemporary Japan," *Contemporary Japan*, 22 (1): 7 -21.

白波瀬佐和子、竹内淳子, 2009, 「人口高齢化と経済格差拡大・再考」『社会学評論』60 (2): 259 -278。

橘木俊詔, 1998,『日本の経済格差』岩波書店。

Western, Bruce and Deirdre Bloome, 2009, "Variance Function Regressions for Studying Inequality," *Sociological Methodology*, 39: 293 -326.

Western, Bruce Bloome, Deirdre and Christine Percheski, 2008, "Inequality among American Families with Children, 1975 to 2005," *American Sociological Review*, 73: 903 -920.

Western, Bruce and Jake Rosenfeld, 2011, "Unions, Norms, and the Rise in U. S. Wage Inequality," *American Sociological Review*, 76: 513-537.

Wilkinson, Richard G., 2005, *The Impact of Inequality: How to Make Sick Societies Healthier*, The New Press. (＝2009, 池本幸生、片岡洋子、末原陸美訳『格差社会の衝撃――不健康な格差社会を健康にする法』書籍工房早山。)

Wright, Erik O., 1997, *Class Counts: Comparative Studies in Class Analysis*, Cambridge University Press.

第 10 章

学习能力与高校分层结构

——社会学视角下的教育不平等分析

松冈亮二

1. 社会分层与学习能力的关联

提高学习能力的重要性

伴随着后工业化社会的发展，在关于社会是否需要问题解决能力等非传统学习能力的争论中（Drucker, 1993；本田，2005），苅谷刚彦（2008）预测到了学习资本主义时代的到来。日本社会正转变成为富有变化的知识经济社会以及尊重学习者主体性的终身学习的社会，"比起过去学到的知识或技术，学习能力本身成为人力资本的核心"，学习被市场化，"学习能力以及作为其结果的人力资本形成了社会组成的重要部分"。这是一个"自主学习"能力成为"学习资本"的社会，学习资本的"形成、积累以及转换与人力资本培养之间的联系变得更为广泛而深远"。在这个"市场竞争型的终身学习社会"中，"聪明的人力资本家被认为是操纵人力资本自我繁殖机制的操盘手"。

苅谷在实证分析的基础上拓展了对这种现象的讨论。学习能力被定义为"学习欲望、良好的学习习惯、自主学习能力以及辨别学习对象的能力"（Kariya，2009：94），在向知识经济社会转变的过程中，学习能力的价值被不断扩大，作为人力资本形成和发展中心的学习能力成为学习"资本"，并可以转化为其他资本（人力资本、文化资本、社会资本以及金融资本）（Kariya，2009）。苅谷提出，"为了在社会中生存，学习能力显得日益重要，特别是对于人生规划来说，在青年时能否获得有效地适应市场环境的学习能力显得尤为重要"（Kariya，2009）。在此基础上，他对个人学习能力是否不受其家庭背景的影响提出了疑问，并利用2001年在16所公立小学和11所公立中学实施的调查数据进行了分析。苅谷通过研究学习态度间接测量了学生的学习能力，分析结果发现在小学五年级和初中二年级学生中，处于"高文化组"的学生学习能力得分更高，并且这个分数与语文和数学分数都有相关性。同时，以学习能力指标为因变量的回归分析结果表明，无论是小学五年级学生还是初中二年级学生，其通过学习态度展现的学习能力并不是均等分布的，家庭背景对该能力有着强烈的影响。苅谷（Kariya，2009）强调从小学五年级开始，学生的学习能力就会因家庭背景的不同而产生差异，如果学校不能帮助社会经济地位较低的学生获得学习能力，那么这些学生可能终身无法提高他们的学习能力。

苅谷（Kariya，2009）的研究主要有四点局限性。第一点，他虽然指出了学习能力就是学习资本积累的"核心引擎"，但实际上并没有从实证角度证明学习能力的多寡是否会影响学习资本积累的投资行为。第二点，研究使用的是有限地区的数据，因此其结果并不能普遍化。第三点，由于数据的限制，作为主要论点的社会分层的相关指标也只停留在三个文化群体。第四点，由于没有进行学校层面的分析，学校的特征与学习能力的联系并没有得到讨论。

在这里，本章致力于解决这四点问题，在此之上利用实证分析来讨论学习能力、社会分层与学校制度是如何相互作用来影响以"人力资本的自我增殖"为目的的投资行为。本研究所使用数据为 OECD 的国际学生评估项目（the Programme for International Student Assessment，简称 PISA）中 2009 年的学生调查数据。以数据中的全日本高中一年级学生为分析对象，剖析学习能力、学业成绩、社会分层，以及学习投资行为之间的关联，同时，探讨学校制度对投资行为的影响。在下一节，笔者将会从教育社会学角度对日本高中阶段的学校制度进行概括。

2. 日本的高中制度

分班（Tracking）制度研究

分班是指将不同能力的学生分配到不同的班级之中。在美国，分班制度产生了恶劣的影响，因此正在推行去分班化，几乎所有的高中都取消了学科分班，成为综合高中。然而，因为学校学生还是会选修不同等级的课程，所以分班制的效果仍然存在（Hallinan，1994；Oakes，2005）。笔者在近几年的研究中发现，虽然现在的中学已经没有类似于大学升学班和毕业就业班这样明确的划分，但是，还是会根据学生的选修模式（Course-taking Patterns）自动分班。出身于较高社会经济地位家庭的学生，会在高中时选择以进入大学为目的的相关班级（Heck，Price and Thomas，2004；Lucas，1999）。所属为高级班的学生会接受以升学为目的的课程教育（Oakes，Ormseth，Bell and Camp，1990），而基础班的学生能够学习与升学内容相关课程的机会十分有限，向高级班流动的可能性实际上也为零（Oakes，1985；2005）。另外，在高级班中，教学时间基本分配为教师上课与学生自主学习，而基础班则将时间更多地分配为强调纪律性以及刻板学习（Oakes，1985；2005）。

日本高中分层结构研究

日本的高中制度是一种以学校为单位的垂直排名系统，从19世纪70年代开始实行（Sorensen，1970；Rosenbaum，1976），它被指出与美国的分班制度相类似（Rohlen，1983；Kariya and Rosenbaum，1999；LeTendre et al.，2003），并有着相似的特性。同时，近几年的研究也发现这种垂直排名制度其实一直存在（Kariya，2011），日本国内也进行了大量关于分班制度的研究。一些研究指出，学生的社会阶层与高中排名存在关联（岩木、耳塚，1983；Roheln，1983；中西、中村、大内，1997；Ono，2001；Tsukada，2010；Yamamoto and Brinton，2010）；入学不同等级的高中会改变其对毕业后前途的看法（Kariya and Rosenbaum，1987）；高中排名与学生文化、纪律以及道德等都存在关联（Rohlen，1983）；高中排名也会影响学生大学升学欲望（秦，1977；武内，1981；吉本，1984；荒川（田中），2001；本田，2009；多喜，2011）；根据高中排名不同，即使是普通科目教学也存在内容上的差别（菊地，1986）；影响学生内在学习欲望形成的因素中，高中排名是其中重要因素之一（荒牧，2002）；学生高中毕业后选择升学还是就业有着巨大的差距（岩木、耳塚，1983）；低排名的高中生很难进入高排名的大学学习（中西，2000；Ono，2001）；等等。

虽然现有研究已经利用两个不同时点的调查验证了分班结构与效果是否产生变化，但结果发现并没有明显的变化（樋田、岩木、耳塚、苅谷，2000；尾嶋，2001）。另外，近几年，有研究采用 PISA 调查 2003 年与 2006 年的数据，并以高中一年级学生为母集团进行分析，结果表明高中排名的不同会导致师生关系以及道德等的不同（Knipprath，2010）。另外，单独使用 2003 年数据的研究表明，高中排名与升学目标存在关系（多喜，2011）。这些研究为之前的区域性研究提供了更强有力的证据。此外，苅谷基于全国数据，对三个分组分析发现，在调查平均年龄为 23.5 岁的年轻人分组中，升学到重点大学的学生大部分来自私立高中，就读于私立高中的学生大部分出身于较高的社会经济地位的家庭。他据此指出，与上一个世代相比，出身家庭的社会经济背景对于能否升到重点大学的影响变得更加重要。

3. 学习能力与学习活动的关联

谁在试着增加人力资本

美日分班研究基本聚焦于普通课程的分班差距，然而，在补习班等教育相关产业发达的日本，课外学习活动也不能轻视。如果考虑到不同分班的教师对学生的期待度以及班级本身群体压力的不同，那么在课外学习活动或者自习活动中就能看到分班制度的影响。[1]此外，进行课外学习活动的人应该就是"增加自身人力资本"拥有较高学习能力的"机智资本家"。那么，在经历过中考后入学仅三个月的时间内，个人的投资行为是否会根据其学习能力产生差异？被认为在普通课程中固定以及扩大差距的分班制是否会对学习这样的投资行为产生影响？

首先，利用相关分析确定学生的出身家庭的社会经济地位，学习能力以及学业成绩与四种学习投资行为的关联性；其次，在这一基础上，分析学生的学习能力与高中分班制度对于课外学习活动的影响。或者换句话说，就是为了探明谁在试图增加人力资本，学校制度在其中又起到了什么作用。

（假设）学生的学习能力和高校分班制度都对学生是否进行学习活动有影响。

苅谷（Kariya，2009）通过实证研究证明，"高文化群体"所属的学生对于学习具有较高的积极性，也就是说拥有学习能力。他们是"聪明的人力资本家"，可以自我增加学习机会。而且，在拥有大学升学的群体压力以及老师们的高度期待的重点高中里，学生通常会倾向于为了提高学业成绩而进行课外学习活动。

4. 多层 logistic 回归模型

PISA 调查

本研究数据来自 PISA2009 年在日本的调查。[2] PISA 调查使用分层二段抽样法进行全国规模的学习能力调查，这是非常珍贵的资料（Knipprath，2010；多喜，2011）。在日本，这项调查实施于学生高中入学后的第三个月，虽然在这期间学校对于学生学习能力的影响还不大，但该数据却是研究学校间学生学习活动差距最合适的数据。本调查选取了 185 所学校中的约 6000 名学生为样本，并在 2009 年 6 月中旬到 7 月实施了该调查（国立教育政策研究所，2010）。

因变量为正常课程外的四种学习活动,表 10-1 呈现了各个学习活动的二项变量。

学习活动

学习活动的四个变量基于学生问卷第 27 题和第 28 题的回答测得。"第 27 题:请问你现在除了一般的课程还参加以下哪些学习活动……这些课程的地点不限于学校、家里和补习班等。"(国立教育政策研究所,2010:264)对于该问题,将"(2)参加数学进阶班"里回答"是"的学生赋值为 1,而回答"否"的学生赋值为 0,并把这个二项变量作为"参加进阶班"变量。同样,把对"(6)数学补习班"的回答作为"参加补习班"变量,把对"(9)为了提高学业成绩的学习"的回答作为"提高成绩的学习"变量。"学习数学"变量来自"第 28 题:请问你除了一般的课程,每周花多长时间学习以下科目(在学校、家里或者其他地方)?这里请回答除一般的课程之外,在学校、家里或者其他地方花多少时间来学习你在学校里学到的科目"(国立教育政策研究所,2010:264)中的"(2)数学",并把选择"完全不学习"的学生赋值为 0,把选择"学习教学"选项的学生赋值为 1。该项变量表示的是苅谷(2004)定义的 No Study Kids(NSK)中"要学习的学生"的意思。NSK 是指"不上补习班,同时在家也从不学习的学生"。苅谷(2004)在研究中把完全不参加课外学习,"只依赖于学校上课"的学生作为 NSK,但是在本章中,我们将 NSK 限定为不仅不自习,也不参加学校补习班的高中一年级学生。如表 10-1 所示,高中入学三个月后,有 23.3%的学生除了学校的正常课程,不进行任何其他的数学学习活动。[3]

自变量在学生层面有学生家庭的社会经济地位、数学成绩[4]、学习能力以及女性（性别）[5]；而在学校层面，变量包括学校排名[6]、（与职业课程相对的）普通课程、（与公立相对的）私立、都市以及大都市[7]等。本章最重要的两个变量（学生家庭的社会经济地位与学习能力）将在下面的章节中进行详细说明。

表10-1　被说明变数（二项）描述性统计

	N	%		N	%
参加进阶班（1）	1783	29.6	学习数学（1）	4629	76.7
不参加（0）	4239	70.4	完全不学习（0）	1405	23.3
缺失值	55		缺失值	43	
合计	6077		合计	6077	
参加补习班（1）	2057	34.2	提高成绩的学习（1）	2824	46.9
不参加（0）	3966	65.8	不学习（0）	3198	53.1
缺失值	54		缺失值	55	
合计	6077		合计	6077	

学生家庭的社会经济地位

本章中使用的学生家庭的社会经济地位，也被称为经济、社会、文化地位指标（Index of Economic, Social and Cultural Status），由父母的较高职业地位与学历成就，家庭所提供的教育环境，以及家庭书籍数量等指标所构成（OECD，2012）。[8]

学习能力

学习能力变量依据学生问卷中的第23题"你在学习时，下列活动分别花费多少时间"的回答所测得（国立教育政策研究所，2010：263）。对于每个活动，学生可以从"基本上不进行"

"偶尔进行""经常进行""几乎任何时间都在进行"中进行选择并回答。学习能力可以依据学生的学习态度（自我学习欲望的强弱）进行测量（Kariya, 2009），在所有的13个项目中，本章选择了合适的9个项目作为量化学生学习能力的指标。这9项中的5项被认为是表现学习中控制战略的项目（OECD, 2012）。从这些回答中可以了解到学生对自主学习进行控制的意欲的强弱。具体的项目如下（OECD, 2012：263），"（2）学习时在理解应该学习的内容之后再开始""（6）在完成阅读后确认自己是否真正理解""（9）确认自己还没有理解到的内容在哪里""（11）一定熟记教科书中的重点""（13）如有不懂的地方，查阅资料后弄清问题"。剩下的4项测量的是精细化（Elaboration）战略（OECD, 2012），具体项目如下，"（4）将新获得的信息与其他科目的知识联系起来""（8）考虑这些信息对于学校以外的情境有何帮助""（10）结合自身经验来强化教科书中所学到的知识""（12）考虑如何将教科书中的知识与日常生活相结合"。基于学生对于这9个项目的回答，使用主成分分析[9]合成"学习能力"变量。

分析中使用的自变量的描述性统计表为表10-2[10]、表10-3与表10-4。

表10-2 学生层面相关变数的描述性统计

	N	最小值	最大值	平均	标准偏差	偏度	峰度
学生家庭的社会经济地位	5974	-3.586	3.38	0	1	0.00	-0.38
数学成绩	6077	-4.730	2.93	0	1	-0.24	0.06
学习能力	5990	-1.980	3.25	0	1	0.25	-0.11

表 10-3 学校层面二项变数的描述性统计

		N	%
课程分班	普通课程 (1)	139	75.1
	职业课程 (0)	46	24.9
学校分类	私立 (1)	51	27.6
	公立 (0)	134	72.4
都市	都市 (1)	87	47.0
	其他 (0)	98	53.0
大都市	大都市 (1)	40	21.6
	其他 (0)	145	78.4

表 10-4 学校层面变数的描述性统计

	N	最小值	最大值	平均	标准偏差	偏度	峰度
学校排名	185	-3.21	2.28	0	1	0.01	-0.67

为了验证前面的假设，本研究分别对四个因变量使用了多层模型中的 logistic 回归。根据以下三个步骤逐次检验：不加入自变量的模型 1；只加入学生层面自变量的模型 2；加入学生与学校层面自变量的模型 3。作为完全模型的模型 3，其具体分析模型如下。[11]

$$\text{Level} - 1 \text{ Model}$$
$$\text{Probability}(\text{自变量}_{ij} = 1) = \phi_{ij}$$
$$\log[\phi_{ij}/(1 - \phi_{ij})] = \eta_{ij}$$
$$\eta_{ij} = \beta_{0j} + \beta_{1j}(\text{学生家庭的社会经济地位}_{ij}) + \beta_{2j}(\text{数学成绩}_{ij})$$
$$+ \beta_{3j}(\text{学习能力}_{ij}) + \beta_{4j}(\text{女性}_{ij})$$
$$\text{Level} - 2 \text{ Model}$$
$$\beta_{0j} = \gamma_{00} + \gamma_{01}(\text{学校排名}_j) + \gamma_{02}(\text{普通课程}_j) + \gamma_{03}(\text{私立}_j) + \gamma_{04}(\text{都市}_j)$$
$$+ \gamma_{05}(\text{大都市}_j) + \mu_{0j}$$

$$\beta_{1j} = \gamma_{10}, \beta_{2j} = \gamma_{20}, \beta_{3j} = \gamma_{30}, \beta_{4j} = \gamma_{40}$$

5. 学习能力与高中分班决定的学习活动

变量之间的关联

在验证假设之前，先进行相关性分析来确认学生和学校层面各个变量之间的关联性。如表 10-5 所示，学生家庭的社会经济地位分别与数学成绩（系数 0.301）、学习能力（系数 0.233）、进阶班（系数 0.142）、补习班（系数 0.129）、数学学习（系数 0.216）以及提高成绩的学习（系数 0.143）在显著性水平为 1% 的情况下呈现关联性。[12] 从该结果可知，社会阶层与数学成绩，学习能力以及是否在正常课程外进行学习活动有关。另外，数学成绩和学习能力也与四种类型的学习活动呈现关联性。

表 10-5 学生层面变数间的相关系数

	学生家庭的社会经济地位	数学成绩	学习能力	女性	进阶班	补习班	数学学习	提高成绩的学习
学生家庭的社会经济地位	1	0.301**	0.233**	0.037*	0.142**	0.129**	0.216**	0.143**
数学成绩		1	0.316**	-0.047**	0.090**	0.073**	0.293**	0.174**
学习能力			1	-0.049**	0.209**	0.165**	0.304**	0.291**
女性 (1)				1	-0.026*	0.049**	0.101**	0.020
进阶班 (1)					1	0.297**	0.230**	0.307**
补习班 (1)						1	0.275**	0.238**
数学学习 (1)							1	0.304**
提高成绩的学习 (1)								1

注：* $p < 0.05$，** $p < 0.01$。

什么在影响是否参加学习活动？

上述结果是否依旧能够体现在控制了学生与学校层面变量的多层模型中呢？对此，我们使用多层 logistic 回归模型进行分析。

表 10-6 展示了自变量分别为是否参加"进阶班"与"补习班"的模型 3 的分析结果。[13] 结果显示，在学校层面的变量中，学校排名与（相对于职业课程）普通课程是通过选拔结果而产生学校分班的原因。这两个变量都对是否参加课外学习活动存在显著影响。从优势比（Odds Ratio）来看，在控制其他变量的前提下，参加"进阶班"的概率分别为：普通课程高中学生是职业课程学生的 1.35 倍、学校排名高出一个标准差的高中（也就是偏差值是 60 的高中）是 1.34 倍、私立学校是公立学校的 1.58 倍。从学生层面来看是否参加进阶班的概率是：家庭社会经济地位高出一个标准差为 1.14 倍、学习能力高出一个标准差为 1.46 倍、数学成绩高出一个标准差（相当于偏差值 60）为 0.86 倍（减少 14.4% 的参加率）。另外，女性参加率比男性低 15.6%。"进阶班"包括高中内部的补习、学校外的补习班以及家庭教师等课程，而入学三个月后所收集到的数据表明，出生于高社会经济地位家庭、拥有高学习能力、又就读于高排名学校以及普通课程的学生更有参加"进阶班"的倾向。但是，数学成绩变量的效果却表明，成绩越差的学生更容易参加进阶班。

那么，对于同样的数学"补习"，结果又会怎么样呢？分析结果显示，在学校层面，普通课程和学校排名存在显著效果；在学生层面，学习能力、数学成绩以及性别存在显著效果。在高中入学后第三个月这一时间点上，学校排名不仅影响是否学习"进阶"内容，也影响是否参加学校内外的补习班。学生家庭的社会经济地位无显著效果，由此可知，与学生家庭的社会经济地位相比，其学习能力对是否参加补习班等学习投资行为更加具有影响。

表 10-6　模型 3 结果　第一部分

	参加进阶班			参加补习班		
	系数	标准误差	优势比	系数	标准误差	优势比
学校层面						
截距	-1.003 ****	0.155	0.367	-1.262 ****	0.164	0.283
学校排名	0.292 ****	0.086	1.340	0.198 ****	0.064	1.218
普通课程（1）	0.302 ***	0.128	1.353	0.728 ****	0.161	2.071
私立（1）	0.458 ****	0.114	1.581	0.166	0.148	1.180
都市（1）	-0.289 **	0.155	0.749	-0.194	0.155	0.824
大都市（1）	-0.139	0.164	0.870	-0.229	0.167	0.796
学生层面						
学生家庭的社会经济地位	0.134 ****	0.040	1.143	0.076	0.055	1.079
数学成绩	-0.155 **	0.069	0.856	-0.130 **	0.056	0.878
学习能力	0.377 ****	0.040	1.458	0.324 ****	0.042	1.382
女性（1）	-0.170 ***	0.072	0.844	0.185 ***	0.072	1.203
随机效果						
学校层面的方差	0.248 ****			0.348 ****		
ICC 组内相关系数	0.070			0.096		

注：* $p<0.10$，** $p<0.05$，*** $p<0.01$，**** $p<0.001$。

在表 10-7 中，学校排名、普通课程、学生的学习能力都对是否进行数学学习和"提高成绩的学习"有促进作用。因此我们能够确认，在入学后第三个月这一时间点上，高学习能力的学生更加具有积极学习数学的倾向。

表 10-7 模型 3 结果 第二部分

	数学学习			提高成绩的学习		
	系数	标准误差	优势比	系数	标准误差	优势比
学校层面						
截距	0.981****	0.146	2.668	-0.339****	0.085	0.712
学校排名	0.985****	0.061	2.678	0.390****	0.039	1.477
普通课程（1）	0.855****	0.159	2.352	0.213***	0.084	1.238
私立（1）	0.211	0.134	1.236	0.022	0.082	1.022
都市（1）	-0.251	0.165	0.778	0.015	0.089	1.015
大都市（1）	-0.393**	0.185	0.675	-0.021	0.102	0.979
学生层面						
学生家庭的社会经济地位	0.092	0.057	1.096	0.075	0.051	1.078
数学成绩	0.041	0.064	1.043	0.012	0.056	1.012
学习能力	0.672****	0.052	1.958	0.524****	0.046	1.689
女性（1）	0.346****	0.090	1.414	0.078	0.065	1.081
随机效果						
学校层面的方差	0.334****			0.058****		
ICC 组内相关系数	0.092			0.017		

注：* $p<0.10$，** $p<0.05$，*** $p<0.01$，**** $p<0.001$。

从这四个分析结果可以看出，即使控制了学校和学生两个层面的变量，学生的学习能力与学校制度（排名、普通课程）也会促使学生参加普通课程外的课外学习活动。

6. 基于学习能力的教育不平等

制度导致的学习投资差距

从 2009 年 PISA 数据的描述性统计、相关分析以及多层 logistic 回归可以得出以下结论。

a）通过中考，学生们按学习能力分班，其结果就是，社会经济条件好的学生通常聚集在高排名高中，而与之相对的低排名高中大部分都是出身于低社会经济条件家庭的学生。[14]

b）由于篇幅关系只在注释中进行了简短说明，[15]根据学生问卷的回答，在高排名高中，相对来说会进行较长时间的数学授课，师生之间具有良好的关系，且纪律性也很强。这一点从学校问卷中也能看出，越是高排名的高中对于师生关系的评价越趋于正面。

c）三成的学生在入学三个月这一时间节点，会在追加课程中学习进阶以及补习内容，其中，有 76.7% 的学生会学习数学（也就是说 23.3% 的学生完全不学习数学），46.9% 的学生会为了提高学业成绩而学习。

d）从多层 logistic 回归模型的结果可以看出，"数学进阶班"、"数学补习班"、"数学学习（包括关于回家作业的自主学习、补习课程等一切超出学校规定课程的数学相关学习活动）"以及"提高成绩的学习"等分别都受到学校层面的学校排名和普通课程以及学生层面学习能力等变量的影响。"进阶班"的参与与否也受到学生家庭社会经济地位的影响。

从这些结论可以看出，从中考到高中入学后三个月的这一短暂时间内，与学生社会阶层相关联的学习能力以及就读高校的排名与课程（普通课程）会促进四种类型的学习活动，这一结果支持了前面的假设——具有较高学习能力、持积极学习态度、在学习中能够自我反省的学生在高中入学后三个月的这段时间，会为了取得优秀的学业成绩而进行学习活动。这些活动包括数学进阶班、补习班以及提高学业成绩的课外学习活动。不仅如此，这些学生一般就读于高排名的普通课程中学，这里面也有分班制的影响。[16]普通课程且排名较高的高中课程时间相对较长，学生与教师之间的人际关系融洽，并且学生们自己也具有良好的纪律性。课程的进度相对来说也比低排名高中快许多。出生于高社会经济地位家庭且具备高学习能力的学生除了受到普通课程分班效果的影响，也会增加自身学习机会，自己进行学习。当然，从本章所使用的"进阶班"以及"补习班"等一系列因变量中，我们并不知道类似这些增加学习机会的活动是学生本人自己的选择，还是教师以及家长所引导的，但这并不妨碍我们知道，高学习能力的学生在入学三个月后便会在正常课程外获得额外教育机会这一事实。此外，不仅是数学等这类学校科目学习机会的增加，在"提高成绩的学习"这一点上，学生的学习能力以及分班效果的影响也很明显。提高非学校教学科目的课程学习能力，这正是对苅谷（2008）所提出的积累"学习资本"的解释。当然，学生实际上是否真的有在积累"学习资本"，我们不得而知，但是可以明确的是，在高中入学后的早期阶段就已经有进行额外学习的投资行为，并且这一行为只存在于一些特定的学生之中。在这里最为重要的是，是否参加这类学习活动，不仅由学生学习能力差距而定，更有分班效果（普通课程、高排名高中）的影响。[17]

另外，更重要的是，对于参加有利于升学的"进阶"课程这一行为，也受到学生家庭的社会经济地位以及是不是"私立"学校的影响。苅谷（Kariya，2011）认为就读于私立而非公立的高升学率高中会提高学生进入名牌大学的可能性，其中的"私立"、"高排名"与"普通课程"等变量与本章促进课外学习行为的变量相一致。从升学率高的高中到名牌大学这一路径的一部分原因，或许可以通过就读私立学校从而获得正常课程以外的课外学习这一学习投资行为的促进效果来解释。就读于私立的高升学率高中且出身于高社会经济地位家庭的学生努力增加学习机会的这种姿态，到底是因为他们自己拥有学习资本而下意识或无意识所做出的行为，还是父母的选择所导致的，这些我们都不得而知。然而，我们可以知道的是，这种行为是积累资本的战略行为，并且现在的高中排名系统也对这一行为起到了推波助澜的作用。

普通课程或者高中排名的分班效果，以及控制这些变量后仍然显著的学生学习能力等研究结果，在制定教育政策时是需要被考虑到的。即使控制住分班效果（学校排名与普通课程），高学习能力的学生也会为了提高学习资本这一人力资本从而进行额外的学习活动。学生的自发性（可能家长也有一定的影响）资本积累战略加上分班效果，会进一步扩大学生之间已经存在的学业成绩与学习能力的差距，这一发现在我们制定类似于"超级英语高中"等提高学生学习能力政策时需要被探讨和考虑。在分配给高排名普通课程高中额外的预算，并给予学生发展进阶学习的机会时，也会导致他们学习能力以及学习资本差距的扩大，从而强化以及固定社会阶层的再生产。

学习投资行动的分化

总结本章内容可以知道，社会阶层会使学生扩大学业成绩以及学习能力的差距，拥有高学业成绩以及学习能力的学生会进入高排名的高中，并且参加正常课程外的课外学习活动；同时，学校制度也偏向于帮助条件好的学生，这会进一步扩大原本由于学生家庭环境不同所造成的差距。学生因出身于高社会经济地位家庭从而形成高学业成绩以及高学习能力，并有机会就读于高排名的普通课程高中，接受相对较长时间且有规律的普通课程授课，从而获得更多的学习机会提高自身学业成绩。拥有高学习能力的

"聪明的人力资本家"会在高中分班制度的影响下获得普通课程以外的课外学习机会，从而对"人力资本进行自我增值"，在高中入学三个月这一时间点便已经开始着手进行大学升学的准备。如果课外学习的效果在定期考试中得到检验的话，高学业成绩以及成功体验会促进学习欲望这一学习能力的积累，学习能力又会成为获得新的教育机会的动力引擎。在此之中，学业成绩的提高以及学习能力的积累成为闭环，而教育政策形成的高中排名制度在其中又起到了推波助澜的作用。高中排名制度会加速优势学生的资本积蓄循环，也会扩大包括普通课程、课外课程以及个人努力等一系列学习能力的差距。

相对于高效率运作学习循环的人力资本家，还有 23.3% 除普通课程之外完全不进行数学学习的学生。这些学生在高中入学三个月的这一时间节点"完全不进行自主学习"，是"仅基于校内课程学习"（苅谷，2004：144）的高中版"No Study Kids"。这些学生大多来自社会经济地位较低的家庭，学习能力在 15 岁时已经相对较低，唯一提高学业成绩的普通课程学习时间也相对较短，很难保持良好的师生关系，同时同班同学的纪律性也很差。在以社会阶层为基础而形成的学业成绩和学习能力以及分班制度的影响下，这些学生很难飞跃式地提高自身学习能力成为"聪明的人力资本家"。越是尊重学习者的主体性，其结果越是会成为自我责任（苅谷，2008），在此基础上，虽然出生家庭的社会阶层与学校分班制度有着一定的影响，但是否参加课外学习以及是否为了提高学习成绩而自己学习这些行为都只会被理解为个人选择的结果。特别需要指出的是，虽然参加"进阶班"与学生家庭的社会经济地位在统计学上显著，但是，参加"补习班"、"学习数学"以及"为了提高成绩而学习"等被学习能力所影响的变量更多地会被解释为个人"是否有干劲"的问题。

因此，无法进行人力资本自我增值的低学习能力学生通常被认为只能走上入学低排名学校这条固定道路。虽然通过政策改变个人的社会经济地位并不现实，但我们需要注意的是，原本通过教育政策就可以改变的分班制度，却正在扩大包括普通课程、课外课程以及学习时间这类"努力总量"（苅谷，2008：73）的整体学习程度的差距。

无论是进阶班还是补习班，又或是在学校里的补习、私塾、预备学校、家教课程以及自习，这些都是发展了几十年且广泛存在的学习活动。在此意义上，日本的教育长期以来都伴随着一部分教育市场化。今后，择校制度在小学以及初中也将扩展开，[18]因此"选择"的范围也会扩大。此外，苅谷（Kariya，2009）指出，通过内部推荐或教师推荐信等参加高中以及大学考试的这种形式，除了笔试，教师对于学生学习能力的主观判断也包含在其中。在不断增加选项与自我责任化的同时，主观的评价更加受到重视的现在，优势社会经济阶层出身的学生在15岁时已经获得了较高的学习能力，在高中分班制度的背景下获得学习的机会以及进行自主学习，也就是通过投资学习来积累人力资本的循环已经开启。这样"聪明的人力资本家"不仅能在传统学历竞争中脱颖而出，也能在大学升学甚至毕业后呈现自主学习的姿态，在后工业化社会中竞争社会经济地位时获得优势。苅谷（2008）所谈及的学习资本主义社会的到来，也许就在不远的未来吧。

附注

本章内容基于 Matsuoka, Ryoji, 2013, "Learning competencies in action: tenth grade students' investment in accumulating human capital under the influence of the upper secondary education system in Japan." *Educational studies in Japan: International yearbook*,

7 修改而来。

注

（1）关于普通课程的课程选择问题，荒牧（2003）已经证明与家长的学历相关。

（2）藤田英典（Fujita，2010）认为 The Trends in International Mathematics and Science Study（TIMSS）与 PISA 测量的是类似的学业成绩。文部科学省主持的 2007 年和 2009 年全国学业成绩考试数学 A 问题与 TIMSS 相接近，而 B 问题则与 PISA 相接近。而从结果可以看出，初中三年级学生的数学 A 问题与 B 问题的成绩在 2008 年和 2007 年分别是 0.830 和 0.827，其呈现高度相关性（Fujita，2010）。无论是 TMISS 还是 PISA 调查测量的学业成绩互相之间都具有高度关联性，因此基于 PISA 数据所得到的学业成绩与高校排名可以认为是稳妥的。另外，关于抽样方法以及学校分类方法都在国立教育政策研究所（2010：21-25）中有详细叙述。

（3）2006 年 PISA 数据中 21.4% 的学生是数学 NSK，语文、理科以及其他科目中 NSK 的比例在参加 2006 年 PISA 调查的所有教育制度（57 个国家和地区）中，日本是最高的（Matsuoka，2013）。

（4）本章中所使用的学业成绩指标为数学。这是因为数学不仅是高中一年级阶段的必修科目，其与语文以及理科相比更容易成为进阶班以及补习班课程的对象。事实上，PISA2009 年的调查结果显示，同时参加数学进阶和数学补习的学生是最多的。数学的学业成绩通过 5 个变量（Plausible Values）呈现（OECD，2009）。将 5 个变量分别放入模型，取它们的平均值，也使用了复制加权进行了确认。

（5）女性占比是 48.6% 用 1 表示，而男性是 51.4% 用 0 表示。

（6）学校排名是按照各个学校学生的平均数学成绩而排列的，其分布经过以平均为 0、标准差为 1 的正态分布转换。处理后的结果表明这个变量属于正态分布，因此本章中并未采取表示个数的虚拟变量，而使用的是该偏差值所显示的学校顺序。
(7) 基于学校问卷的回答而制成。都市是指10万～100万人的城市，而大都市是指100万人以上的城市。
(8) 对"经济、社会、文化地位指标"进行了以平均为0、标准差为1的正态分布转换。
(9) 并非使用全部的9个项目，而是把控制战略与精细化战略分别作为学习能力的指标，使用多层logistic回归模型进行分析，其主要结果并没有发生变化。
(10) 这里参照Westat（2007），OECD（2009）以及白川（2009）的数据，使用WesVar5.1计算得出。
(11) 在构建多层logistic回归模型时，笔者参考这一领域的代表性文献（Hox, 2010；Raudenbush and Bryk, 2002；Raudenbush, Bryk, Cheong, Congdon and Mathilda, 2011；Heck and Thomas, 2009），使用HLM7进行了分析。另外关于缺失值，最大的也只是学生家庭的社会经济地位的1.7%，其他变量都在1%以下，对分析不造成影响。
(12) 学校层面变量之间的相关性分析由于篇幅限制在这里省略。普通课程与学校排名（0.27）在1%水平上显著。
(13) 模型1和模型2由于篇幅限制在这里省略，只显示完整模型的结果。另外，学生层面变量的随机效果以及交互作用的有意性并不显著，因此所有的模型都使用随机截距模型。
(14) 由于篇幅上的限制进行了省略，高排名学校的学生家庭的社会经济地位都相对较高。学校排名和学生平均社会经济地位之间呈现高度相关性（0.78），在1%水平上显著。
(15) 虽然由分班制度所导致的普通课程差距已经被许多已有研究所证明，但是我们仍然使用辅助分析来确定PISA2009年的数据是否也有相同的倾向。从学生问卷中各个学科的"1课时的上课时间平均是多少分钟"（第24题）以及"一周之间平均接受多少小时的课时"（第25题）的回答里，可以得出各个学校的数学课平均上课时间。学校排名与一周内上课小时数的相关系数（0.69）在1%水平上显著。排名越高的学校越会进行长时间的数学授课。另外，普通课程的氛围也可以从教师与学生之间的关系进行推测（Teacher-student Relations）。学生问卷的第 30 题"你对学校的老师有什么看法"中有相关的 5 个项目，这些项目的学校平均值与学校排名有显著的相关关系（显著性水平为 1%，相关系数为 0.56）。此外，学校排名与纪律（Disciplinary Climate）之间的相关系数为 0.57（显著性水平为 1%）。由于篇幅有限，我们没有把图表示出来。实际上，无论哪一个指标都与学校排名成明显的正相关关系，也就是说越是高排名的学校，其数学的普通课程上课时间越长，老师与学生的关系也越好，同时上课时的纪律也越好。这些倾向在学校调查问卷所收集起来的数据中也可以得到确认。学校排名与由多个项目合成的"学生行为"（Student Behavior）指标之间的相关系数为 0.56（显著性水平为 1%）。教师行为（Teacher Behavior）和排名的相关性虽然并没有那么强，但是也在 5% 水平上显著（相关系数为 0.16）。从学校调查问卷的回答者（一般是校长）所了解到的评价来看，学生的举止在高排名学校中更加恰当，而老师的举止倾向虽然没有那么明显，但也是在高排名学校中表现更好。

（16）学习能力与学校排名以及普通课程之间的交互作用在统计学上的显著性并不明显，因此学校排名与普通课程的效果只是追加性的。换句话说，低社会经济地位家庭出身的学生如果也能升学到高排名或者是普通课程的高中的话，会因分班效果趋向于进行课外学习活动，在一定程度上可以说是具有平等化效果。但是，实际上具有升学到高排名、普通课程高中倾向的学生，大部分出身于高社会经济地位家庭，因此受到分班效果而进行额外学习的也会是这些家庭出身的学生。

（17）中西（2000）在研究中指出，虽然由于高考未能升学至顶级高中，但是在后来成功合格进入顶级大学的"重整旗鼓晋升组"学生中，父亲一般也具有较高的职业地位。本章的结果暗示到，即使高中入学考试失败也可以基于其高社会经济地位家庭在学校之外获得其他补习班、家庭教师等学习机会，从而能够合格进入顶级大学。另外，也有学生即使升学到职业课程也会向往四年制大学（中村，2011），但他们一般升入的大学都会是排名较低的私立大学，因此，可以认为职业课程这一分班效果从高一的学习活动开始就已经有了负面影响。

(18) 今后，在中小学校中，学校甄别制度也会加强，从而产生分班效果，学生们关于学校中的普通课程、学校外的补习班等额外课程以及自主学习量的差距会在高中入学考试前变得更为巨大。即使现在，藤田（Fujita, 2010）也认为，在东京首都圈中，出身于中层或者上层家庭的孩子前往私立学校、国立大学附属学校、公立初高中直升学校，以及利用学校选择制度将孩子送往具有更高人气的公立学校的"富人航班"（Rich Flight）现象普遍存在。这是与 Brown（1990）所提出的 Parentocracy 相类似的倾向。正如本章所展示的那样，中小学也因为学校类型的不同而扩大了学习行动的差距，从而导致学业成绩差距的扩大，在高校分班制度中，社会阶层与高校排名的关系或许会变得愈加紧密。

参考文献

荒川（田中）葉，2001，「高校の個性化・多様化政策と生徒の進路意識の変容——新たな選抜・配分メカニズムの誕生」『教育社会学研究』68：167 - 185。

荒牧草平，2002，「現代高校生の学習意欲と進路希望の形成——出身階層と価値志向の効果に注目して」『教育社会学研究』71：5 - 22。

荒牧草平，2003，「現代都市高校におけるカリキュラム・トラッキング」『教育社会学研究』73：25 - 42。

Brown, Phillip, 1990, "The 'Third Wave': Education and the Ideology of Partocracy," *British Journal of Sociology of Education*, 11 (1): 65 - 86.

Drucker, Peter Ferdinand, 1993, *Post-capitalist Society*, Harpercollins.

Fujita, Hidenori, 2010, "Whiter Japanese Schooling?: Educational Reforms and Their Impact on Ability Formation and Educational Opportunity," June A. Gordon, Hidenori Fujita, Takehiko Kariya, and Gerald K LeTendre eds. , *Challenges to Japanese Education*: *Economics*, *Reform*, *and Human Rights*, Teacher College Press, 17 – 53.

Hallinan, Maureen, 1994, "Tracking: From Theory to Practice," *Sociology of Education*, 67: 79 – 84.

秦政春, 1977, 「高等学校格差と教育機会の構造」『教育社会学研究』32: 67 – 79。

Heck, Ronald H. , Carol L. Price, and Scott L. Thomas, 2004, "Tracks as Emergent Structures: A Network Analysis of Student Differentiation in a High School," *American Journal of Education*, 67: 79 – 84.

Heck, Ronald and Scott L. Thomas, 2009, *An Introduction to Multilevel Modeling Techniques*, 2nd ed. , Routledge.

樋田大二郎、岩木秀夫、耳塚寛明、苅谷剛彦, 2000, 『高校生文化と進路形成の変容』学事出版。

本田由紀, 2005, 「多元化する「能力」と日本社会――ハイパー・メリトクラシー化のなかで」NTT 出版。

本田由紀, 2009, 「都立高校『垂直的多様化』の帰結」東京大学教育学部比較教育社会学コース・Benesse 教育研究開発センター編『都立高校生の生活・行動・意識に関する調査報告書』ベネッセコーポレーション, 22 – 33。

Hox, Joop, 2010, *Multilevel Analysis*: *Techniques and Applications*, 2nd ed. , Routledge.

岩木秀夫、耳塚寛明, 1983, 「現代のエスプリ 195 高校生 学校格差のなかで」至文堂。

苅谷剛彦, 2000, 「学習時間の研究――努力の不平等とメリトクラシー」『教育社会学研究』66: 213 – 230。

苅谷剛彦, 2004, 「『学力』の階層差は拡大したか」苅谷剛彦・志水広吉『学力の社会学』岩波書店, 127 – 151。

苅谷剛彦, 2008, 「学力と階層」朝日新聞出版。

Kariya, Takehiko, 2009, "From Credential Society to 'Learning Capital' Society: A Rearticulation of Class Formation in Japanese Education and Society," Hiroshi Ishida and David H. Slater eds., *Social Class in Contemporary Japan: Structures, Sorting and Strategies*, Routledge, 87–113.

Kariya, Takehiko, 2011, "Japanese Solutions to the Equity and Efficiency Dilemma? Secondary Schools, Inequity and the Arrival of 'Universal' Higher Education," *Oxford Review of Education*, 37（2）: 241–266.

Kariya, Takehiko and James E. Rosenbaum, 1987, "Self-selection in Japanese Junior High Schools: A Longitudinal Study of Students' Educational Plans," *Sociology of Education*, 60（3）: 168–180.

Kariya, Takehiko and James E. Rosenbaum, 1999, "Bright Flight: Unintended Consequences of Detracking Policy in Japan," *American Journal of Education*, 107（3）: 210–230.

菊地栄治, 1986, 「中等教育における『トラッキング』と生徒の分化過程――理論的検討と事例研究の展開」『教育社会学研究』41: 136–150。

Knipprath, Heidi, 2010, "What PISA Tells us about the Quality and Inequality of Japanese Education in Mathematics and Science," *International Journal of Science and Mathematics Education*, 8（3）: 389–408.

国立教育政策研究所, 2010, 『生きるための知識と技能 4 OECD 生徒の学習到達度調査（PISA）: 2009 年調査国際結果報告書』明石書店。

LeTendre, Gerald K., Barbara K. Hofer, and Hidetada Shimizu, 2003, "What is Tracking? Cultural Expectations in the United States, Germany and Japan," *American Educational Research Journal*, 40（1）: 43–89.

Lucas, Samuel R., 1999, *Tracking Inequality: Stratification and Mobility in American High Schools*, Teachers College Press.

Matsuoka, Ryoji, 2013, 「Comparative Analysis of Institutional Arrangements Between the United States and Japan: Effects of Socioeconomic Disparity on Students' Learning Habits」『比較教育学研究』46: 3–20。

中村高康, 2011, 『大衆化とメリトクラシー――教育選抜をめぐる試験と推薦のパラドクス』東京大学出版会。

中西祐子, 2000,「学校ランクと社会移動——トーナメント型社会移動規範が隠すもの」近藤博之編『戦後日本の教育社会』東京大学出版会.

中西祐子、中村高康、大内裕和, 1997,「戦後日本の高校間格差成立過程と社会階層——1985年SSM調査データの分析を通じて」『教育社会学研究』60: 61-82.

Oakes, Jeannie, 1985, *Keeping Track: How Schools Structure Inequality*, Yale University Press.

Oakes, Jeannie, 2005, *Keeping Track: How Schools Structure Inequality*, 2nd ed., Yale University Press.

Oakes, Jeannie, Tor Ormseth, Robert Bell, and Patricia Camp, 1990, *Multiplying Inequalities: The Effects of Race, Social Class, and Tracking on Opportunities to Learn Mathematics and Science*, RAND.

OECD, 2009, *PISA Data Analysis Manual: SPSS and SAS*, 2nd ed., OECD.

OECD, 2012, *PISA 2009 Technical Report*, OECD.

尾嶋史章, 2001,『現代高校生の計量社会学——進路・生活・世代』ミネルヴァ書房.

Ono, Hiroshi, 2001, "Who goes to college? Features of Institutional Tracking in Japanese Higher Education," *American Journal of Education*, 109(2): 161-195.

Raudenbush, Stephen and Anthony Bryk, 2002, *Hierarchical Linear Models: Applications and data Analysis Methods*, Sage.

Raudenbush, Stephen and Anthony Bryk, Yuk Fai, Cheong, Richard, Congdon, and Mathida, Du Toit, 2011, *HLM7: Hierarchical Linear and Nonlinear Modeling*, Scientific Software International.

Rohlen, Thomas P., 1983, *Japan's High Schools*, University of California Press.

Rosenbaum, James E., 1976, *Making Inequality: The Hidden Curriculum of High School Tracking*, Wiley.

白川俊之, 2009,「サンプル・ウェイトとレプリケート・ウェイト——二段階標本設計にもとづくデータの特徴と分析時の注意点」尾嶋史章編『学校教育と社会的不平等に関する国際比較研究（第1次報告書）』同志社大学社会学部尾嶋研究室, 61-88。

Sorensen, Aage Bottger, 1970, "Organizational Differentiation of Students and Educational Opportunity," *Sociology of Education*, 43 (4): 355-376.

Stevenson, David L. and Baker, David P., 1992, "Shadow Education and Allocation in Formal Schooling: Transition to University in Japan," *American Journal of Sociology*, 97 (6): 1639-1657.

武内清, 1981,「高校における学校格差文化」『教育社会学研究』36: 137-144。

多喜弘文, 2011,「日本の高校トラックと社会階層の関連構造——PISAデータを用いて」『ソシオロジ』170: 37-52。

Tsukada, Marmoru, 2010, "Educational stratification: Teacher Perspectives on School Culture and the College Entrance Examination," June A. Gordon, Hidenori Fujita, Takehiko Kariya, and Gerald K. LeTendre eds., *Challenges to Japanese Education: Economics, Reform, and Human Rights*, Teacher College Press, 67-85.

Westat, 2007, *WesVar 4.3 User's Guide*, Westat.

Willms, J. Douglas, 2010, "School Composition and Contextual Effects on Student Outcomes," *Teachers College Record*, 112 (4): 1008-1037.

Yamamoto, Yoko and Mary C. Brinton, 2010, "Culture Capital in East Asian Educational Systems: The Case of Japan," *Sociology of Education*, 83 (1): 67-83.

吉本圭一, 1984,「高校教育の階層構造と進路分化」『教育社会学研究』39: 172-186。

第 11 章

学龄前儿童健康差异对教育的影响

——用经济学方法分析

中室牧子

1. 学龄前儿童的健康为什么重要？

在全美畅销书《魔鬼经济学》（*Freakonomics*）（Levitt and Dubner, 2005; 2006）中，两位作者用相当长的篇幅讨论了影响孩子学习能力的决定因素，其中尤其介绍了一项研究成为热门话题，该研究表明学龄前儿童的健康状况与学习能力密切相关。从认知能力的发展和情操形成的观点来看，人们认为学龄前儿童的健康状况是很重要的，虽然这会对他们入学后的学习能力产生一定的影响，但是具体而言，关于怎样的健康状况会在何种程度影响学习能力的各种各样的研究正在进行之中，这是一个需要慎重探讨的学术课题。不仅是发达国家，发展中国家也十分关注从这一系列研究中得出的实证结果。

据世界银行的推算，发展中国家 5 岁以下学龄前儿童约有三分之一，即约有 1.8 亿人存在某些健康问题。幼儿期的营养不良会在发育过程中影响到大脑和免疫系统，使在校学习和在家学习变得困难，被认为是妨碍发展中国家初等教育普及的主要原因之一。洛佩斯等（Lopez et al., 1996）表示，如果某种健康问题出现在孩子 0～4 岁的婴幼儿期，与同样问题出现在 5～14 岁的学龄期相比，对身体和精神发育造成不利影响的时间会延长，这意味着婴幼儿时期的健康问题比学龄期对孩子之后的人生影响更为严重。

  本章有以下两个目的：第一，在关于学龄前儿童的健康差异对以后的教育有何影响的研究中，对使用各国数据进行实证分析的研究进行全面的文献调查，为使用日本数据的研究提供一些启发；第二，使用在日本收集的双胞胎数据，在控制遗传和家庭环境因素的基础上，明确孩子们入学前的健康差异对他们的学习能力和工资有什么影响。此类研究长期以来专属于医学和公共卫生的研究领域。近年来，使用经济学理论和方法的相关研究也有所进展。查阅现有文献可知，Currie（2009）、小原和大竹（2009）、中室和星野（2010）等已有与之相关的研究。这些研究或探究孩子教育成果的决定因素；或不仅分析孩子的健康状况，同时还对孩子父母的收入和学历等影响进行广泛讨论；或以发达国家的论文为中心进行讨论；或控制以及不控制选择性偏误，研究内容纷繁复杂。基于以上情况，本章将重点放在控制选择性偏误的研究上，并对其进行评价，尤其是聚焦学龄前儿童的健康状况和教育成果之间的关系，不仅使用发达国家的数据，还使用发展中国家的数据进行研究，并使用实验数据、兄弟和双胞胎数据等控制选择性偏误。此外，这样的研究在日本并不多见，从现有的研究积累中得出结论未免为时尚早，笔者除了介绍了前面提到的小原和大竹（2009）以及阿部（2010）等研究的实证结果，也会介绍笔者自行收集的双胞胎数据进行的实证研究，并尽力为日本今后的政策提供一定启示。

2. 实证研究中的因果推论问题

教育生产函数的框架

初期研究利用能够表示教育投入和成果关系的教育生产函数（Education Production Function）框架来分析学龄前儿童的健康状况和教育的关系。一般来说，经济学中使用的生产函数是指在一定的技术约束下，对应生产要素的投入量，看产量增加的多少。将这种隐喻应用于教育问题上，就是教育生产函数，即教育生产函数表示教育中生产要素的投入和产出的关系。教育中的产出大多是根据成绩和工资等来计算的。这些必要的投入，除了主要的父母的社会经济地位和学校资源，孩子的健康状况也是其中之一。因此，在某个地区居住经济状况为 h 的家庭，其养育的学龄前儿童 i 在 t 期的教育成果 T 是以父母的社会经济地位（P）、学校资源（S）、孩子的健康状况（H）、孩子与生俱来的能力等不可观测的因素（A）为函数，其表示如下。

$$T_{it} = f(H_{it}, P_{ht}, A_i, S_{ht})$$

该教育生产函数表明，在给定其他因素的情况下，t 期（根据情况，$t-1$ 期）的健康状况，是 t 期教育成果的重要决定因素。

迄今为止的大多数实证研究将表示孩子健康状况的代理变量看作生产函数中的投入之一填进推算公式，并且假设各自的投入是独立的。结果表明，学龄前儿童的健康状况对入学后的成绩有很大影响。例如，部分研究表明，使用出生时的体重作为学龄前儿童健康状况的代理变量，分析其与孩子入学后成绩的关系，结果显示，1958 年 3 月的第一周出生于英国的 17000 名新生儿中，出生体重为 2500 克以下的低体重孩子，无论父母的社会经济地位如何，上学时的数学成绩都很低（Currie and Hyson，1999）。除了出生时的体重，还有研究将母亲是否吸烟视为孩子健康状况的代理变量。同样使用英国数据的研究表明，怀孕中的母亲吸烟会对孩子学习成绩产生不好的影响（Case et al.，2005）。

潜在性偏误的存在

但是，这一系列的研究很难足够充分地讨论孩子的健康状况和教育成果的因果关系。父母对孩子的健康管理和教育所做出的行动和支出模式，很有可能是基于父母自己的生长环境和对孩子的爱等（从研究人员的角度来看）不可观测因素所决定的。如果父母的决策受到这样不可观测因素的影响，在技术层面，会存在表示学龄前儿童健康状况的变量和误差项之间的相关，导致与 OLS 推算值不一致的问题。上述问题被定义为遗漏变量偏误（Omitted Variable Bias）。另外，越是健康的人，受教育年限越长，生产效率越高，这时也会发生同样的情况，被特别称为选择性偏误（Selection Bias），这些潜在性偏误总称为内生性。这种偏误在评价健康状况对教育的影响时，有时会高估结果，有时会低估结果。在推算学龄前儿童的健康状况和教育成果的关系存在潜在性偏误的情况下，也有研究表明 OLS 的推算值有可能向上也有可能向下偏误（Behrman，1994）。因此，为了严格把握学龄前儿童的健康状况和教育的关系，必须控制这种偏误。下文中，我们将重点放在控制偏误的实证研究上，概括现有的实证研究成果。

3. 使用非实验数据的实证研究

工具变量法研究

工具变量法（Instrumental Variable Method）是应对内生性的方法之一。例如，有研究使用加纳生活水平调查的截面数据，将6~15岁的学龄期儿童身高作为学龄前儿童营养状况的代理变量，验证其对小学入学年龄有何影响（Glewwe and Jacoby, 1995）。在加纳，本应在6岁入学的儿童中，有约半数的儿童平均推迟2年左右进入小学，这样的"入学延迟"问题日益严重。该研究对学龄前儿童的营养情况和小学入学延迟的关系进行了分析认为，幼儿期营养不足、孩子的身体和精神发育迟缓是小学入学延迟的原因。根据二阶段最小二乘法（TSLS）推算，将居住地与附近的医疗机构的距离和母亲的身高作为学龄前儿童营养情况的工具变量，分析证明了营养状况不良是学龄前儿童小学入学时间延迟的原因。

另外，在菲律宾的宿务健康营养纵断面调查中，也有使用1984年出生的2192人的面板数据的研究，该研究用学龄前儿童8岁时的身高测算其营养状况，并分析这对其以后的成绩有何影响（Glewwe et al., 2001）。该研究根据出生后24个月孩子的认知能力产生差异的心理学知识，将出生24个月时的身高作为学龄前儿童营养状况的工具变量，明确了学龄前儿童的健康状况会对成绩产生很大影响。另外，从身高对其他教育成果的影响来看，虽然其与孩子做作业的时长和上课的出勤情况等没有关系，但与小学入学时间延迟有关，改善营养状况可以有效减少学龄前儿童入学延迟情况。

使用巴基斯坦部分地区收集的800个家庭面板数据的一项研究验证了用学龄前儿童5岁时的身高来测量其营养状况,并分析是否影响儿童7岁时在小学就读的概率,该研究将食品价格长期趋势背离度作为学龄前儿童营养状况的工具变量,推算结果显示,营养状况较好的学龄前儿童就读小学的概率更大(Alderman et al., 2001)。也有研究使用在津巴布韦收集的1978年至1986年出生的665名年轻人的面板数据进行分析,将出生后12~36个月的孩子的身高作为营养状况的代理变量,验证其是否对受教育时间造成影响(Alderman et al., 2009)。这项研究的一个特征是数据的采集时期。曾经历了发生在20世纪70年代后半期内战的津巴布韦又于1982~1984年发生了大规模干旱,粮食生产储存情况急剧恶化。基于这样的事实,该研究将1980年8月18日以前的生存天数的对数值和1982~1984年出生后12~36个月的虚拟变量作为学龄前儿童健康状况的工具变量进行分析。分析结果表明,儿童幼儿期的营养状况将延长其以后的受教育年限。在坦桑尼亚的卡古拉地区收集的生活水平调查中,将1994年10岁以下的孩子的身高作为孩子营养状况的代理变量,验证其对2004年时入学概率的影响。在这一研究中,除了地域与社区层面的固定效应,每个家庭报告的作物损失额和地区天气以及年龄的交叉项也是学龄前儿童营养状况的工具变量,尝试用工具变量法进行推算,结果表明,幼儿期的营养状况会影响10年后的入学情况(Alderman et al., 2009)。

使用兄弟姐妹和双胞胎数据的研究

在上述研究中,多数还显示了基于家庭固定效应模型的分析结果,表明其与工具变量法的研究结果没有太大差异。家庭固定效应(Family Fixed Effects)通过分析在同一家境情况下养育的孩子（多数是兄弟姐妹）的差异，来控制家庭环境和遗传等不可观测的因素。但是，在这种家庭固定效应模型中，同一个家庭抚养的孩子不能严格被确定为兄弟姐妹或双胞胎，无法排除养子和异母兄弟姐妹的可能性。特别是在发展中国家，有很多异母兄弟姐妹家庭。因此，将兄弟姐妹关系确定的分析与上述家庭固定效应区别开，这被称为兄弟固定效应模型（Siblings Fixed Effects）。但是，即使是兄弟姐妹，能力和嗜好也有差异，所以很难严格消除不可观测因素的影响。在这种情况下，一些研究正在考虑使用双胞胎，尤其是同卵双胞胎的数据。因为同卵双胞胎具有完全相同的遗传信息，不仅可以消除家庭环境的影响，还可以消除遗传所决定的天生能力的影响。

在使用兄弟固定效应的代表性研究中，利用美国消费生活相关的面板数据，比较在同一家庭养育的兄弟姐妹的研究，验证了他们出生时的体重是否影响到 17 岁时高中毕业的概率（Conley and Bennett, 2003）。结果表明，出生体重为 2500 克以下的低体重儿童与出生体重正常的兄弟姐妹相比，17 岁高中毕业的概率将降低 74%。1950~1956 年，使用在英国苏格兰的阿伯丁市出生的 1645 组兄弟姐妹的数据进行的研究（Lawlor et al., 2006）表明，孩子出生时的体重影响了他们 7 岁时的智力测试结果。在使用双胞胎数据的研究中，利用美国明尼苏达州 1936~1955 年出生的 804 组同卵双胞胎女孩的数据表明，孩子出生时的体重会影响受教育年限（Behrman and Rosenzweig, 2004）。在这些研究中，都指出了 OLS 的推算值存在相当大的向上偏误的情况，表明遗传和家庭环境对教育的影响很大。

这些研究都表明，学龄前儿童的健康状况会影响教育成果，但也被指出存在样本数量少、出生时的体重和受教育年限等重要变量都是本人自行填报等问题。根据出生记录，使用 1967~1979

年在挪威出生的约 13000 名双胞胎数据的研究（Black et al.，2007）表明，孩子出生时的体重影响了 18 岁时的 IQ 和 17 岁从高中毕业的概率。此外，还有研究使用了 1978～1985 年在加拿大马尼托巴省出生的约 40000 个兄弟姐妹和 650 对双胞胎的数据（Oreopoulos et al.，2008）。该研究调查了儿童出生时的体重和被称为阿普伽新生儿评分的将分娩后新生儿健康状况数值化的指标是否对他们 17 岁时的语言学科的成绩和 17 岁从高中毕业的概率有影响。分析结果表明，虽然没发现表示学龄前儿童健康状况的变量与语言科目的成绩之间存在统计学上的显著关系，但其对高中毕业的概率有正面影响。同样，在使用美国加利福尼亚州 1960～1982 年出生的总计 2800 对双胞胎女孩的出生记录的研究中，也明确了儿童出生时的体重会影响受教育年限（Royer，2009）。但是，这样的出生记录使用大规模样本的研究表明，普通的 OLS 的推算和使用兄弟姐妹或双胞胎数据的推算没有很大的差别。这个结果明显与自行填报出生体重的一系列研究结果相反，可以解释为自行填报出生体重的测量误差的影响很大，因此也需要慎重应对测量误差的修正。

使用准实验、自然实验数据的研究

准实验和自然实验是利用天气变化和法律制度修正等偶发性环境变化，模拟再现和分析后述的随机对照试验设想的情况。由于与人为设计的随机对照试验不同，这里将作为非实验数据来分析处理。使用准实验（Quasi Experiments）方法的有哈克等（Hack et al.，2002）的研究。在现有研究中，相较于出生体重在 2500 克以下的低体重儿童（例如 Conley and Bennett，2003），他们验证了 1500 克以下极低出生体重儿童的体重对其以后教育的影响。他们以居住在克利夫兰的 1977～1979 年出生的 242 个极低出生体重儿童和233个标准出生体重儿童为对象,比较他们高中毕业的概率和IQ。结果显示,极低出生体重儿童与标准出生体重儿童相比,高中毕业的概率和IQ都变低了,与已有研究结果(Conley and Bennett,2003)也很吻合。

除此之外,还有研究将1918年流行性感冒的大肆流行视为自然实验环境,表明这个时期感染流感的母亲所生的孩子,高中毕业的概率会低15%(Almond,2006)。另外,该研究还表明,这些孩子成人后受生活磨炼的概率也很高。这项研究指出,不仅是出生后,就连孩子出生前或刚出生时的健康状况也会对教育成果产生影响。另外,阿尔蒙德等人的研究表明,日本大地震引起的福岛第一核电站事故给日本带来了巨大的教训(Almond et al.,2009)。该研究将1986年4月乌克兰切尔诺贝利核电站事故的影响视为自然实验,明确了其对该时期出生在瑞典孩子的学习能力的影响。该研究表明,核电站事故中放射能扩散最大时,处于8~25周的孩子上高中的概率比非核扩散时期8~25周的孩子低3.6%,成绩也低5.0%左右。研究只针对兄弟样本,从兄弟间的差异来看前者为5.6%,后者为8.0%,因此在部分控制遗传和家庭环境后影响会变大。在距离切尔诺贝利300公里以上的地区,从"对人体没有影响的放射能扩散"(政府官方发布)中也可以推测出孩子受到了不小的健康危害,但是在年龄较大的孩子身上没法发现这种影响。

使用非实验数据的研究的问题

综上所述,无论是发达国家还是发展中国家的研究都可以得出同样的结论,即学龄前儿童的营养状况对成绩、小学入学时间、受教育年限、在规定年龄内从高中毕业的概率等各种教育成果都有影响。然而,使用非实验数据的研究存在以下问题。

第一，用于控制潜在偏误的计量经济学方法的适当性。如前所述，使用非实验数据的实证研究大多用工具变量法，但是对于工具变量的选择还有讨论的余地。学龄前儿童健康状况的工具变量与父母在孩子健康管理中的影响等不可观测因素有关，另外，其前提是健康状况与父母对孩子教育的支出和行为模式不相关。但是，在先行研究中，从居住地到附近的医疗机构的距离和母亲的身高等都被用作工具变量，很难想象这些因素与孩子的教育没有关联。例如，在发展中国家，医疗机构、学校、公共设施等多是相邻的，在这种情况下，到医疗机构的距离与到学校的距离几乎相等，区域社会支援、运营医疗机构的方式，很可能也适用于学校。另外，母亲的身高可能会通过影响她的劳动生产率和收入来改变对孩子教育的支出行为。此外，与食品价格长期趋势的背离，以及作物损失额和地区天气也很有可能通过影响家庭收入和储蓄，影响对孩子教育的支出。孩子出生 24 个月时的身高，与父母决定为孩子教育分配什么资源不太可能无关，虽然外在的冲击与父母选择这一不可观测的因素无关，但是地方政府财政状况的变化，不能否定与学校教育质量变量相关的可能性。此外，一些研究还没有进行工具变量是否与误差项相关的测试（例如，当有多个工具变量时，过度识别约束检验等可能有效），表示健康状况的变量是否真的是内生变量也并不明确。

另外，家庭固定效应、兄弟固定效应、双胞胎固定效应都是基于遗传因素和家庭环境等在同一个家庭抚养的兄弟姐妹或双胞胎身上作用相同这个前提的，但即使是兄弟姐妹，能力和嗜好也有差异。此外，如果处于日本这种长子继承意识根深蒂固的社会环境下，在同一家庭中教育的收益率没有异质性是不可能的。从这个意义上来说，使用同卵双胞胎数据的研究可以说更严格，但是大量的同卵双胞胎样本并不容易收集，由于样本的偏差和量少，研究很难普遍化。准实验和自然实验数据也作为更严格的方法备受瞩目，但是为了明确入学前儿童的健康状况和教育的因果关系，抓住适当且随机的变化并不容易。因此，该领域中基于准实验和自然实验的研究积累并不多。

第二，在许多研究中存在这样的问题，即假设家庭收入和支出等控制变量是外生的。然而，这些变量也与表示健康状况的变量一样，被认为是受区域社会和父母选择等不可观测因素影响的内生变量。另外，收入和支出的数据可能存在测量误差，这一点也几乎没有被提及。并且孩子出生时的体重与母亲怀孕时家庭的经济状况、是否饮酒或吸烟等生活行为方式有关，但是母亲怀孕时的社会状态和环境的变量和表示孩子健康状况的变量一样，是受不可观测因素影响的内生变量。当然，有必要与影响出生体重的外生冲击相区别，但这一点也几乎没有被讨论过。

第三，现有的研究很有可能出现发表偏倚（Publication Bias）。所谓发表偏倚，是指对于某一假设，与否定结果相比，得出肯定结果的研究更容易发表，因此肯定性的结果被当作真相接受，进而产生的一种偏误。实际上，在既有研究中，没有研究得出学龄前儿童的健康状况和教育成果的关系不显著，或是负相关的结论。鉴于以上的情况，使用非实验数据的研究，缺乏作为政策判断依据的可靠性，需要进一步的研究积累。另外，使用社会实验收集实验数据进行的政策评估也在不断发展，因此，以下将对一系列研究结果进行综述。

4. 使用实验数据的实证研究

随机对照试验

控制选择性偏误的方法之一是随机对照试验（Randomized

Control Trial)。[1]例如，想知道向有贫血症状的学龄前儿童无偿提供含铁的营养品会对他们之后的教育产生怎样的影响。如前所述，在非实验数据中，需要控制选择性偏误和遗漏变量偏误等。但是前文已经阐述过，即使是在入学前，比较了摄取足够铁质的孩子和其他孩子的教育成果，也很难在计量经济学上区分这是摄取铁的结果还是选择的结果。但是，在随机对照试验中，摄取铁的组和不摄取铁的组通过抽签等方式完全随机分配，被试并不知道自己被分配到了哪个小组，本人和父母没有选择的余地，因此，这能有效控制选择性偏误。换言之，这些摄取了铁的孩子如果不摄取的话会变成什么样？这样与现实相反的设想，可以通过对照组再现，两组的教育成果之差［被称为"实验组的平均干预效应"（Average Treatment Effect on the Treated，ATT）］，只可以归因为入学前是否摄取了足够的铁。这种手法被认为是严格进行政策评价的"试金石"。

在应对选择性偏误的同时，除了可以定量评价特定政策干预的效果，随机对照试验对"无效干预"也积极地进行信息公开，引起了政策负责人的关注。"未观察到效果"不仅对政策负责人来说是很宝贵的信息，而且可以排除发表偏倚的可能性。此外，在非实验数据中，体重和身高等作为学龄前儿童健康状况的代理变量，不包含对应采取政策具体方案的特别启示，但因为对特定营养素和医药品的摄取效果进行定量评估是随机对照试验的设计目的，所以它的出色之处还在于能够提供与具体政策制定相关的信息。

使用随机对照试验的研究

上述内容的实际例子是在印度尼西亚万隆地区进行的随机对照试验。例如，在某个实验中，以包括 49 名贫血症状的儿童在内的 205 名学龄前儿童为对象，给实验组提供 8 周的补铁产品，并给对照组假的补铁产品（Soewondo et al.，1989）。被试入学后，比较了两个小组之间皮博迪图片词汇测验的结果，发现实验组的成绩压倒性地突出，这表明补铁给学龄前儿童的认知发育带来了很大改善。另一个实验是在印度巴罗达市进行的，以具有贫血症状的 5~6 岁的 14 组男孩为对象进行了同样的实验，结果显示补铁会使动作性智商（DAM-IQ）提升（Seshadri and Gopaldas，1989）。

为了改善营养状况，也有研究验证提供含有蛋白质食物之后会对孩子教育产生怎样的效果（Pollitt et al.，1993）。该研究于 1969 年在危地马拉四个村子里随机抽取两个实验村，给孩子们喝 163 卡路里的粥；在剩下的两个对照村，给孩子们出生后大约 2 年的时间里提供 59 卡路里的饮料，20 年后的 1989 年，对这种干预给他们的最终学历和各种教育成果带来的影响进行了验证。结果表明，实验村的孩子在算术、词汇、阅读等考试中，平均分比对照村的孩子高很多，而且这种倾向和低收入人群的孩子一样强。从性别来看，出生 2 年后，在实验村接受食物的女孩与对照村的女孩相比，受教育时间长 1.2 年。

但是，如前文所述，1980 年下半年至 1990 年上半年在发展中国家实施的随机对照试验，是公共卫生专家和研究者以特定地区为对象进行的，而且对同一被试进行了过多干预，因此被批评很难正确测定各项干预的效果。最近专家们进行了规模相对较大的实验（例如 Stoltzfus et al.，2001）。在坦桑尼亚的桑吉巴尔群岛，以贫血症状显著的 6~59 个月的 614 名学龄前儿童为对象，验证补铁和使用甲苯咪唑驱虫药对他们的影响。结果显示，虽然补铁大大改善了孩子的语言和运动能力的发育情况，但是驱虫药却没有这种效果。

美国麻省理工学院贫困行动实验室推动了此类研究的发展,针对学龄前儿童的健康状况与教育的关系,他们也与国际机构合作进行了大规模的随机对照实验。例如在印度首都德里的幼儿园实验,以 2～6 岁的在园儿童为对象,进行了两项政策干预以改善幼儿园儿童的健康状况,验证是否能减少幼儿园的缺席人数(Bobonis et al., 2006)。具体来说,将符合条件的 2392 名幼儿园儿童所在的 200 个幼儿园随机分为 3 个小组。然后,从 2001 年到 2003 年,每年更换实验组和对照组,在实验组(为了给样本 30% 左右的孩子驱除感染的寄生虫)发放甲苯咪唑驱虫药,并(为了改善样本 70% 左右的孩子出现的严重贫血症状)同时进行补铁。从干预 5 个月后的效果来看,对照组幼儿园缺席人数没有很大的变化,与此相对,实验组幼儿园缺席人数在 3 年间平均减少了 20% 左右。尽管尚未明确说明这种影响是否会持续很长时间,是否会影响孩子进入小学的入学时间及其成绩,但参加了该实验孩子的父母中有 70% 以上让孩子上幼儿园的重要动机是上小学,因此自然可以认为,改善学龄前儿童的健康状况会对其今后的教育产生一定影响。

另外,也有实验以肯尼亚西部布西亚·特索地区的幼儿园为对象,验证了免费供餐对幼儿园出勤率的影响(Vermeersch and Kremer, 2004)。该实验在 50 个幼儿园中随机抽取 25 个为实验组幼儿园,每天免费提供富含蛋白质的早餐,但不提供给剩下的 25 个对照组幼儿园,尝试通过供餐来改善幼儿园孩子们的营养状况。结果表明,实验组幼儿园孩子的出勤率为 35.9%,相比之下,对照组幼儿园为 25.9%,统计上有显著的差异。但是,认知能力的测试结果中,未观察到两组之间存在统计上的显著差异。

使用实验数据进行效果测定的问题点

贫困行动实验室进行的大规模随机对照实验作为新的政策评估手法在研究者和政策负责人之间引起了很大的关注。但它并不是完美无缺的，存在以下问题。第一，把孩子作为实验品的伦理问题。一般认为实验在与被试和发展中国家的政府相关人员密切达成共识的情况下再实施是最为合理的。另外，技术层面所存在的问题就是观察到了样本选择性偏误和缺失值偏误。所谓样本选择性偏误，是说样本虽然通过随机对照实验分为实验组和对照组，但是在实验开始后，为了帮助被试得到补铁和驱虫的好处，有人尝试将被试从对照组转入实验组，由此产生了偏误。另外，遗漏变量偏误是在得知可以补铁和驱虫后决定上幼儿园的新生们，由于某种原因入园困难，从而造成出席率下降而产生的偏误，也有研究明显表现出存在这两种偏误（例如 Bobonis et al.，2006）。并且，在这个实验中还存在一个问题，即实验组同时接受了驱虫和补铁两种干预，分辨不清到底是哪一种干预在何种程度上影响了幼儿园孩子的出勤率。实际上，在不同的实验中验证驱虫和补铁影响的研究表明，驱虫和补铁发挥效果的方向不尽相同（Stoltzfus et al.，2001）。还有实验观察到溢出效应（Vermeersch and Kremer, 2004），当实验组开始供餐时，出于竞争原理，对照组的一部分幼儿园为了获得新生，开始降低学费。这种实验引起的溢出效应很可能影响评价的正确性。另外，在这个实验中，免费供餐使孩子出勤率提高，但是孩子的身高和体重没有变化。也就是说，出勤率的提高并不是由于孩子营养状况得到了改善，而是父母意识到免费早餐所带来的经济利益才让孩子去幼儿园。

此外，美国实施的（尤其是贫困层的）学龄前儿童的支援计划（学龄前启蒙、密歇根州伯里幼儿园项目、田纳西州早期教育项目等），因为通过随机对照试验对学龄前儿童的支援效果进行了测定，所以可信度很高。然而，这些计划不仅包括以改善健康状况为目的的支援，如到医疗机构定期体检等，还包括学习支援等，使用从这些实验中得到的数据很难确定在健康方面做出支援对孩子以后的教育会产生何种影响。但是，近期利用追踪调查数据的研究表明，对学龄前儿童的支援有助于提高孩子的学习能力，减少留级、辍学现象，规避失足和犯罪等，而且这些效果具有持续性，收效明显（Oden et al., 2000；Garces et al., 2002；等）。

5. 使用日本数据的研究

从既有研究得到的启示

利用日本的数据进行实证研究的有小原美纪和大竹文雄（小原、大竹，2009）。他们通过使用国语和算术的平均正确率与各都道府县的平均体重数据，分析并明确了成绩和低体重儿比例呈负相关性。但是，这项研究只观察了婴儿的出生体重和成绩之间的关系，对控制潜在偏误这个一直讨论的问题未有关注。另外，阿部彩（阿部，2010）通过21世纪出生儿追踪调查（厚生劳动省），对2000年出生的孩子进行了追踪，明确了父母的社会经济地位对孩子健康差异存在很大影响。但是，这项研究与使用美国和加拿大数据进行的实证研究表明一样，并没有得到健康差异随着年龄增长而不断扩大的证据，并且虽然差异会持续到一定的年龄，但之后反而有缩小的倾向。该研究中使用21世纪出生儿童追踪调查中不包含符合教育成果的变量，因此该研究还没有分析出健康差异对教育有怎样的影响。

使用双胞胎数据的日本的研究

纵观迄今为止的研究成果，正如前文所述，以随机对照试验为基础的实验分析，或者以模拟的形式再现随机对照试验中设想的情景并进行分析的自然实验、准实验，或者使用同卵双胞胎数据的研究等，在弄清学龄前儿童的健康状况和教育因果关系的基础上，都被认为是更为严密的研究手段。但是，也如前文提到的那样，由于数据受限，在这个领域日本目前的研究积累还较少，尚未能对日本决策提供有用的支撑。

因此，笔者使用在日本收集的双胞胎数据，在控制潜在偏误的基础上，尝试用实证方法阐明学龄前儿童的健康对将来学习能力和工资带来的影响。[2]用于实证分析的数据是笔者从2012年3月到4月通过乐天调查所汇集的网络调查库中收集的。一般来说，在网络调查中，因为存在以回答获取奖励为目的的群体（大隅，2002），所以为了排除这类人假装自己是双胞胎来回答的可能性，问卷最开始的5个问题设置为与双胞胎无关的家庭问题，在第6个问题中询问答题人是不是双胞胎，然后将回答"否"的调查对象全部从样本中排除，通过这样的方法来保证回答者是双胞胎。在本次调查中，除了询问学历、成绩、收入等，还询问了出生时的体重。

在过去的研究中，通常对双胞胎双方进行采访，收集有关教育和健康状况的信息，或者使用新生儿记录等，但是本调查因为存在设计上的缺陷，只让双胞胎中的一位回答自己的和另一位的问题。因此，对于双胞胎兄弟姐妹的回答，不可否认测量误差比本人亲自回答时要大。另外，已有研究中指出的一些问题已经被规避，例如，样本数量少，只针对部分地区的部分社会阶层等。

本次估计中使用的样本是在日本全国收集的 1371 组（2742 人）的男性和女性同卵双胞胎。推算模型以第二节介绍的教育生产函数为基础。家庭条件 h 的双胞胎（$i=1，2$）的教育生产函数如下所示。[3]

$$T_{1h} = \alpha H_{1h} + \beta P_h + A_h + \gamma S_h + e_{1h} \tag{1}$$

$$T_{2h} = \alpha H_{2h} + \beta P_h + A_h + \gamma S_h + e_{1h} \tag{2}$$

通常的 OLS 中，分别会对式（1）、式（2）进行分析，但是在双胞胎固定效应中，则取式（1）和式（2）的差来估计。由此，在排除了天生的能力、家庭环境、学校因素的基础上，明确了健康状况对成绩、受教育年限、收入带来的因果效果。这里的出生体重范围从 450 克以上到 1500 克以下，以 500 克为单位，划分为 7 个阶段；成绩是按初中三年级时的成绩从"低"到"高"分为 5 个阶段；收入按 2010 年的税前收入对数化。

表 11-1 表示的是推算结果。如表所示，OLS 的推算结果一致表明，孩子出生时的体重对初三成绩、受教育年限、收入都有影响。但是，根据双胞胎固定效应，排除遗传和家庭环境相关的因素，出生体重依然会影响初三时的成绩，但不会影响到受教育年限和收入。因此，在将受教育年限和收入作为被解释变量的推算式上，将初三的成绩作为解释变量之一的话，就可以看出初三时的成绩对受教育年限和收入都有正面影响。从这个意义上来说，出生体重通过初三的成绩影响着受教育年限和收入。基于此，可以说在日本，学龄前儿童的健康状态也将长期影响个人的教育成果。

表 11-1　使用日本的同卵双胞胎数据的实证研究 （推算结果）

	OLS			双胞胎固定效应模型				
	初三成绩	受教育年限	收入	初三成绩	受教育年限	收入	受教育年限	收入
出生时的体重	0.00006** (0.00003)	0.00039*** (0.00007)	0.00008*** (0.00002)	0.00021** (0.00011)	-0.00008 (0.00017)	-0.00002 (0.00005)	-0.00019 (0.00015)	-0.00005 (0.00005)
性别 (1=男性)	0.143*** (0.034)	0.602*** (0.073)	0.465*** (0.025)					
15岁时的生活状况	0.333*** (0.020)	0.461*** (0.046)						
年龄			-0.010 (0.011)					
年龄的平方			0.000 (0.000)					
结婚 (1=已婚)			0.061* (0.024)			-0.049 (0.036)		-0.050 (0.036)
目前这份工作的工龄			0.025*** (0.002)			0.016*** (0.003)		0.015*** (0.003)
每天的平均劳动时间			0.089*** (0.006)			0.098*** (0.011)		0.095*** (0.011)
初三成绩						0.535*** (0.074)		0.061** (0.019)

注：*、**、*** 表示分别在5%、1%、0.1%水平上显著。
资料来源：笔者根据网络调查的数据推算所得。

出生体重虽然经常被用作表示新生儿健康状况的指标，但是具体用何种干预改善新生儿健康状况，以此来推动将来的教育成果，今后仍需慎重讨论。特别是针对后者做怎样的政策干预才有效这个问题，本章也介绍了有效的随机对照试验方法。在日本，伦理上很抗拒将孩子作为实验品这种做法，但是为了长远制定有效的政策方案以改善孩子的教育效果，还是需要争取民众对此类学术活动的理解。

注

（1）关于贫困行动实验室和随机对照试验的具体内容，详见 Banerjee and Duflo（2011 = 2012）。另外，作为专门的教育政策文献，请参阅 Kremer（2003），小川、中室和星野（2010）。
（2）该调查收集数据时，得到了科学技术研究费（基础研究 A）"非市场型服务质量的评估和生产性的测量"（研究代表：广松毅）的支持。在此表示感谢。
（3）双胞胎就读于不同学校的情况下，应该按学校资源不同处理，但是为了简化，本调查假设学校资源在双胞胎间相同再进行分析。另外，在本调查中，关于小学、初中，向学校询问了设置的区别（是私立还是公立等）和毕业的高中、大学名称。即使控制了这些主要因素，也可以得到同样的结果。

参考文献

阿部彩，2010，「子どもの健康格差は存在するか——厚労省 21 世紀出生児パネル調査を使った分析」IPSS Discussion Paper Series, 国立社会保障・人口問題研究所。

Alderman, Harold, Jere R. Behrman, Victor Lavy, and Rekha Menon, 2001, "Child Health and School Enrollment: A Longitudinal Analysis," *Journal of Human Resources*, 36（1）: 185 – 205.

Alderman, Harold, Hans Hoogeveen and Mariacristina Rossi, 2009, "Preschool Nutrition and Subsequent Schooling Attainment: Longitudinal Evidence from Tanazania," *Economic Development and Cultural Change*, 57（2）: 239 – 250.

Almond, Douglas, 2006, "Is the 1918 Influenza Pandemic Over? Long-term Effects of In Utero Influenza Exposure in the Post – 1940 U. S. Population,"

Journal of Political Economy, 114 (4): 672-712.

Almond, Douglas, Lena Edlund, and Marten Palme, 2009, "Chernobyl's Subclinical Legacy: Prenatal Exposure to Radioactive Fallout and School Outcomes in Sweden," *The Quarterly Journal of Economics*, 124 (4): 1729-1772.

Banerjee, Abhijit and Esther Duflo, 2011, *Poor Economics: A Radical Rethinking of the Way to Fight Global Poverty*, Public Affairs. (=2012, 山形浩生訳『貧乏人の経済学——もういちど貧困問題を根っこから考える』みすず書房。)

Behrman, Jere R., 1994, "The Impact of Health and Nutrition on Education," *The World Bank Research Obsever*, 11 (1): 23-37.

Behrman, Jere R. and Mark R. Rosenzweig, 2004, "Return to Birthweight," *Review of Economics and Statistics*, 86 (2): 586-601.

Black, Sandra E., Paul J. Devereux, and Kjell G. Salvanes, 2007, "From the Cradle to the Labor Market? The Effect of Birth Weight on Adult Outcomes," *The Quarterly Journal of Economics*, 122 (1): 409-439.

Bobonis, Gustavo J., Edward Miguel, and Charu Puri-Sharma, 2006, "Anemia and School Participation," *Journal of Human Resources*, 41 (4): 602-721.

Case, Anne, Angela Fertig, and Christina Paxson, 2005, "The Lasting Impact of Childhood Health and Circumstance," *Journal of Health Economics*, 24: 365-389.

Conley, Dalton and Neil G. Bennett, 2003, "Birth Weight and Income: Interactions across Generations," *Journal of Health and Social Behavior*, 42 (4): 450-465.

Currie, Janet, 2009, "Healthy, Wealthy, and Wise: Socioeconomic Status, Poor Health in Childhood Malnutrition in a Low-income Country," *Review of Economics and Statistics*, 77 (1): 156-169.

Currie, Janet and Rosemary Hyson, 1999, "Is the Impact of Health Shocks

Cushioned by Socioeconomic Status? The Case of Low Birthweight," *American Economic Review*, 89 (2): 245-250.

Glewwe, Paul and Hanan Jacoby, 1995, "An Economic Analysis of Delayed Primary School Enrollment and Childhood Malnutrition in a Low Income Country," *Review of Economics and Statistics*, 77 (1): 156-169.

Glewwe, Paul, Hanan Jacoby, and Elizabeth King, 2001, "Early Childhood Nutrition and Academic Achievement: A Longitudinal Analysis," *Journal of Public Economics*, 81 (3): 345-368.

Garces, Eliana, Duncan Thomas, and Janet Currie, 2002, "Longer-term Effects of Head Start," *The American Economic Review*, 92 (4): 999-1012.

Hack, Maureen, Daniel J. Flannery, Mark Schluchter, Lydia Cartar, Elaine Borawski, and Nancy Klein, 2002, "Outcomes in Young Adulthood for Very-low-birth-weight Infants," *New England Journal of Medicine*, 346 (2): 149-157.

Kremer, Michael, 2003, "Randomized Evaluations of Educational Programs in Developing Countries: Some Lessons," *American Economic Review*, 93 (2): 102-106.

Lopez, Alan D., Colin D. Mathers, Majid Ezzati, Dean T. Jamison, and Christopher J. Murray, 2006, "Global and Regional Burden of Disease and Risk Factors, 2001: Systematic Analysis of Population Health Data," *The Lancet*, 367 (9524): 1747-1757.

Lawlor, Debbie A., Heather Clark, George D. Smith, and David A. Leon, 2006, "Intrauterine Growth and Intelligence within Sibling Pairs: Findings from the Aberdeen Children of the 1950s Cohort," *Pediatrics*, 117 (5): 894-902.

Levitt, Steven D. and Stephen J. Dubner, 2005, *Freakonomics: A Rogue Economist Explores the Hidden Side of Everything*, William Morrow. (=2006, 望月衛邦訳『ヤバい経済学――悪ガキ教授が世の裏側を探検する』東洋経済新聞社。)

中室牧子、星野絵里, 2010,「就学前児童の健康状態が教育に与える影響について——諸外国のデータを用いた実証研究のサーベイ」『海外社会保障研究』173：61-70。

Oden, Sherri, Lawrence J. Schweinhart, and David P. Weikart, 2000, *Into Adulthood: A Study of the Effects of Head Start*, High/Scope Press.

小川啓一、中室牧子、星野絵里，2010，「ランダム化フィールド実験による教育プロジェクトの費用効果分析——ケニアを事例に」『国際教育協力論集』12（2）：29-42。

大隅昇，2002，「インターネット調査の適用可能性と限界」『行動計量学』29：20-44。

小原美紀、大竹文雄，2009，「子どもの教育成果の決定要因」『日本労働研究雑誌』588：67-84。

Oreopoulos, Phil, Mark Stabile, Randy Walld, and Leslie Roos, 2008, "Short, Medium, and Long-term Consequences of Poor Infant Health: An Analysis Using Siblings and Twins," *Journal of Human Resources*, 43 (1): 88-138.

Pollitt, Ernesto, Kathleen Gorman, Patrice L. Engle, Reynaldo Martorell, and Juan Rivera, 1993, "Early Supplementany Feeding and Cognition: Effects Over Two Decades," *Monographs of the Society for Research in Child Development*, 58 (7): 1-99.

Royer, Heather, 2009, "Separated at Girth: U. S. Twin Estimates of the Effect of Birth Weight," *Applied Economics*, 1 (1): 49-85.

Seshadri, Subadra and Tara Gopaldas, 1989, "Impact of Iron Supplementation on Cognitive Functions in Preschool and School Aged Children: The Indian Experience," *The American Journal of Clinical Nutrition*, 50 (3): 675-684.

Soewondo, Soesmalijah, M. Husaini, and Erncsto Pollitt, 1989, "Effects of Iron Deficiency on Attention and Learning Processes in Preschool Children: Bandung, Indonesia," *The American Journal of Clinical Nutrition*, 50 (3): 667-674

Stoltzfus, Rebecca J., Jane D. Kvalsvig, Hababu M. Chwaya, Antonio Montresor, Marco Albonico, James M. Tielsch, Lorenzo Savioli, and Emesto Pollitt, 2001, "Effects of Iron Supplementation and Anthelmintic Treatment on Motor and Language Development of Preschool Children in Zanzibar: Double Blind, Placebo Controlled Study," *British Medical Journal*, 323 (7326): 1389 - 1393.

Vermeersch, Christel and Michael Kremer, 2004, "School Meals, Educational Achievement and School Competition Evidence from a Randomized Evaluation," *World Bank Policy Research Working Paper*, 3523.

第 12 章

教育地区差异的政策科学性分析

——以义务教育教员的工资为例

秋永雄一、滨本真一

1. 针对义务教育费用的争论

——"出了钱就要管"vs."只出钱不用管"

义务教育质量的均等化与运营上的斟酌

义务教育经费国库负担制度是指公立中小学教员的一部分工资由国家来承担的制度。该项制度设立是为了防止各都道府县因财政能力差异而使教员之间的工资产生极端差距，使日本国内的每一所公立中小学都可以获得同等质量的义务教育。该项制度的使用范围是有所限制的，因此管理该项财政资源的文部科学省拥有决定教员人数、工资以及配置的重要权力（"出了钱就要管"）。

地方交付税制度是减少各都道府县间财政能力差异的制度。该项制度设立的目的是基于国家的再分配来减少各都道府县间的财政能力差异。以财政收入赤字的自治体为对象，支付其赤字部分的交付税，但该交付税不限定用途（"只出钱不用管"）。由于该项交付税中已经包含了各自治体年支出（基准财政需要额）估算中的教育费（教员工资），所以在接受交付税支出的都道府县中，教员工资几乎完全由国库负担额和交付税共同承担。

关于义务教育费用到底由谁来承担的问题，有两个极端的立场：一个是强调义务教育费作为义务教育公共财产性质的立场，另一个则是强调自治体根据自身义务教育运营状况自行承担义务教育费用的立场。近年来，支持后者的声势逐渐增强。在这样的趋势以及国家财政危机背景下诞生的就是义务教育经费国库负担制度的废除论。

义务教育经费国库负担制度——改废争论的过程

义务教育经费国库负担制度的废除作为政策项目被提出是在小泉内阁时代（2001年4月至2006年9月）的财政改革方案之中。特别在2003年的"三位一体改革"（①移让税源；②重新审视地方交付税制度；③国库负担额和补助额的废除与削减）中，作为国库负担额中最大项目的义务教育经费国库负担制度，受到了相当大的关注。这项议题经过2005年1~9月的中央教育审议会义务教育特别分会的激烈争论，在同年11月，按照当时经济财政咨问会议的决定，最终以制度形式续存，但国家负担占比以由原来的1/2下降到1/3的形式确定了下来。[1]

如何看待制度所扮演的角色

查看已公开的义务教育特别分会的会议记录，可以发现，对废除制度分别持赞成和反对立场的人，会提出各种各样的"证据"作为支撑其立场的论据。[2]但是，由于这些证据是在中央教育审议会关于决定制度废除意见的场合下提出的，所以其大多不得不带有以自我主张为基准来指出制度废除利弊的"旁证"

性质。

2006年国库负担占比下降后，分析其影响的研究已经开始着手实行。小川正人与山下绚（小川、山下，2008）针对2004年开始实施的教育费总额裁定制（在义务教育经费国库负担制度的指定经费项目之外，也对授予自治体在总额之中自行斟酌运用制度）的使用情况进行了调查，指出这项制度的导入有使教职员人工费被削减的危险。同时，赤井伸郎与妹尾学（教育行财政研究委员会，2010）根据机制分析指出，财政能力越弱的都道府县，越有为了增加普通金融资源而减少教员工资的倾向。这也的确符合现实动向。

在此之中，橘木俊诏和松浦司（橘木、松浦，2009）针对制度废除会产生怎样的问题在机制分析的基础上提出了与赤井和妹尾完全不同的观点。从这一点来看，他们的研究可以被称为异样研究。他们把向县外流出的人口看作教育投资的溢出效应，利用博弈论的思考方式进行分析，并从理论上指出，如果把义务教育费的金融资源全面投向都道府县的普通金融资源的话，在人口流出多的自治体中，教育投资的动力就会消失，日本社会整体就会出现教育投资过小这种不被期待的状态。这一点也是橘木和松浦研究的特点。但是，橘木和松浦的论点非常粗糙，[3]并没有探讨制度上的因素，因此很难与现实中的具体政策建议相结合。然而，他们从人口流动这一谁都没有考虑过的点出发，利用机制分析，展示义务教育经费国库负担制度所发挥的作用，这一点是非常有意义的。因此，我们把他们的模型（以下称"橘木－松浦模型"）普遍化并扩大范围，考察从中得到的理论结论与含义。这也是本章的课题。

为了达到本章的研究目的，首先，我们回顾橘木和松浦讨论的概要，指出人口流动会引发教育投资溢出效应这一着眼点的独创性,并将橘木-松浦模型以普遍化的形式表示出来。其次,把橘木-松浦模型再次扩大,使其成为更贴近现实的普遍化模型。再次,在该普遍化模型的基础上,尝试与实际数据相结合。最后,整理从分析中得出的暂定结果与含义。

2. 橘木-松浦模型的独创性与修正

橘木-松浦模型的概要

橘木和松浦指出,地方自治体对教育投资的动力会左右于该自治体人口流入或流出的程度,义务教育费的普通金融资源化会减少该动力,这有可能导致社会整体教育投资过小的后果(橘木·松浦,2009:120)。他们将这个结论用简单的非合作博弈模型演绎出来,其结果为表12-1。

表12-1　自治体间的投资博弈

		自治体2				自治体2	
		投资	不投资			投资	不投资
自治体1	投资	2, 2	2, 0	自治体1	投资	2, 2	-1, 3
	不投资	0, 2	0, 0		不投资	3, -1	0, 0
	没有地域间流动情况下的支付矩阵				有地域间流动情况下的支付矩阵		

注:左侧为自治体1的收益,右侧为自治体2的收益。
资料来源:橘木、松浦(2009:117-118)。

①把义务教育人口相同规模的两个自治体1和2看成社会整体。
②自治体向教育投资付出1的成本并得到3的收益。
③在两者之间接受义务教育的人口没有产生流入或者流出的情况下,自治体1和2的支付矩阵如表12-1左边部分

所示，自治体 1 和 2 都采用向教育投资的战略而达到均衡，[4] 其各自的收益为 2，社会整体的收益总和为 4。

④所有受到义务教育的人从自治体 1 移动到 2，或者从自治体 2 移动到 1 的情况下，支付矩阵如表 12-1 右边部分所示，无论对方是否投资，自己不投资就是各自治体的最优策略。

⑤其结果是，自治体 1 和 2 都 "不投资" 达到均衡，各自治体的收益为 0，社会整体的收益总和也为 0。

⑥如果双方都投资的话，社会整体的收益总和成为最大值 4，从社会整体的角度来看这是最合理的状态。但是，如果各主要自治体都采用自身收益最优化的战略的话，无论对各自治体还是社会整体而言，都会落入非合理的结果（收益都为 0）。

橘木和松浦着眼于自治体间 "由人口流动所产生的教育投资溢出效应" 的因素，指出在决定义务教育费投入的时候，可能会产生 "囚徒困境" 的情况，并由此得到以下启示（橘木、松浦，2009：119-120）。

1）虽然类似于地方交付税以及公共事业等从中央向地方的再分配政策成为批判的对象，……但这一模型却能解释在教育支出方面，从地方到大都市圈所发生的逆向再分配现象。

2）在历来的争论中，人们都担心义务教育经费国库负担制度改革之后，除了东京等大都市圈，金融资源不足的地方城市会产生教育投资过小的情况，但是，从本模型来看，无论有多少金融资源，投资的决定都取决于由地区间人口流动所引起的教育投资效果对地区外产生影响的程度。因此，即使在金融资源多的地区，人口流动多，也有可能不对教育进行投资。

3）即使在义务教育费一半由地方公共团体负担的现代教育系统之下，也不能否定产生教育投资过小的可能性。如果义务教育的经费完全由地方公共团体承担，把义务教育费变为普通金融资源，在地方公共团体之中，由于人口流动，比起投资效果为对其他地区产生溢出的义务教育投资，地方公共团有可能会优先投资对该地区有更多收益的事业。

4）从社会整体的角度判断，虽然人口流动会产生对教育投资过小的问题，但在成立以义务教育普通金融资源化为名的教育财政制度的情况下，地方自治体采取这样的行动也是不得已的。从经济学的角度来看，能够调动各地方公共团体采取对社会最优的教育投资行动的动力的制度设计（机制设计）才是最现实的。

1）到4）的内容成为在判断义务教育经费国库负担制度应该延续还是废除时非常重要的标准，但是，现在这个模型还并不能完全支撑该标准。这是因为上述的①、②和④的前提都是不现实的，同时，③中成本与收益所赋予的值也并没有依据，所以，根据该模型所导出的论点的实质妥当性是不明确的。对此，本章将橘木－松浦模型中的②、③和④普遍化，提出修正模型，讨论在怎样的条件下，1）到4）的内容可以成立（第3节将①的两人模型扩大为N人模型）。

橘木－松浦模型的普遍化

将橘木－松浦模型按照原来的形式普遍化的最简单的方法是

把已经赋值的义务教育人口、人口的流出率、义务教育投资的成本和收益用变量的形式表现出来，并画出支付矩阵（见表12-2）。

表12-2 普遍化后的支付矩阵

		自治体2	
		投资	不投资
自治体1	投资	$-cp_1+b\{\pi_{21}p_2+(1-\pi_{12})p_1\}$, $-cp_2+b\{\pi_{12}p_1+(1-\pi_{21})p_2\}$	$-cp_1+b(1-\pi_{12})p_1$, $b\pi_{12}p_1$
	不投资	$b\pi_{21}p_2$, $-cp_2+b(1-\pi_{21})p_2$	0, 0

在该表中，①中的自治体1和2的义务教育人口为 p_1、p_2，②中从自治体1到2的流出率为 π_{12}，从自治体2到1的流出率为 π_{21}，③中人均义务教育成本为 c，收益为 b。

在这里，两个自治体都"投资"所达到均衡的条件是，从（投资、投资）这样的策略组合转变为只有自己"不投资"的策略的时候，其收益会变小。换言之，比起"不投资"，"投资"的收益更大。

这个条件用收益之差表现为：

$$-cp_1+b(1-\pi_{12})p_1>0 \text{ 且 } -cp_2+b(1-\pi_{21})p_2>0 \quad (1)$$

将该公式移项并整理后便成为公式（1'）[5]

$$1-\pi_{12}>\frac{c}{b} \text{ 且 } 1-\pi_{21}>\frac{c}{b} \quad (1')$$

公式（1'）的含义如下。

每个公式的左边部分表示的是自治体的人口剩余率（1-人口流出率），当这个值大于两个自治体教育投资费用与效果比（收益/成本）的倒数的时候，对于两个自治体来讲，将策略从"投资"变为"不投资"的动力是没有的。如果公式中不等号的方向变反了，两个自治体的最优策略也就变为"不投资"，将出现"囚徒困境"的情况。在此之中，两个自治体的义务教育人口规模是没有影响的。

橘木－松浦模型（见表 12－1）左边部分的支付矩阵在普遍化后的模型（见表 12－2）中为取值 $c=1$，$b=3$，$\pi_{12}=\pi_{21}=0$ 的特殊情况，而右边部分的支付矩阵是在普遍化后的模型中为取值 $c=1$，$b=3$，$\pi_{12}=\pi_{21}=1$ 的特殊情况。无论哪一种取值都是非现实性的。

上面提到的橘木和松浦所指出的 2)（即使在金融资源多的地区，人口流动多，也有可能不对教育进行投资）和 3)（比起投资效果为对其他地区产生溢出的义务教育投资，地方公共团有可能会优先投资对该地区有更多收益的事业）等内容如果按照普遍化模型归纳的话，可以记录为当不满足（1'）条件情况时所发生的现象。

3. 向 N 人博弈的普遍化模型扩大

从 2 人博弈向 N 人博弈扩大

在第 2 节中所展开的普遍化模型为 2 人博弈模型，也就是说，社会整体只由两个自治体构成，这是由非现实性的前提①所决定的。但是，日本整个社会存在 47 个决定教育费（教员工资）的参与者，也就是自治体（都道府县）。因此，有必要将 2 人博弈扩大为 N 人博弈，按照现实情况构建理论模型。

N 人博弈的理论模型扩大按照以下步骤进行。

某自治体 $i \in N$ [自然数] 的人口为 p_i，从该自治体向别的自治体 j $\{j \in N; j \neq i\}$ 的人口流出率为 $\pi_{ij} \in [0, 1]$。图 12－1 是以

自治体为 3 个的情况为例，表示自治体间人口流动关系的示意图。

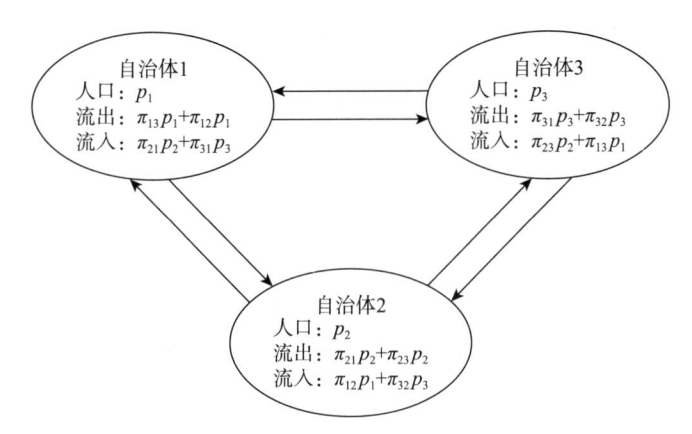

图 12-1　由多个自治体参与博弈的流动关系

然后，人均教育投资成本为 c（>0），教育投资人均收益为 b（>0）。自治体 i 向教育投资时所获得的收益 $U_i(inv)$ 与不向教育投资时所获得的收益 $U_i(not)$ 表示为以下公式（d_j 为自治体 j 是否向教育投资的虚拟变量，投资为 1，不投资为 0）。

$$U_i(inv) = -cp_i + b\left\{\left(1 - \sum_j \pi_{ij}\right)p_i + \sum_j d_j \pi_{ji} p_j\right\} \quad (2)$$

$$U_i(not) = b\sum_j d_j \pi_{ji} p_j \quad (3)$$

公式（2）的右边第 1 项为自治体 i 教育投资成本之和，第 2 项的 $\left(1 - \sum_j \pi_{ij}\right)$ 是减去由从自治体 i 流向其他自治体 j 所失去收益的剩余收益之和，$\sum_j d_j \pi_{ji} p_j$ 表示的是从其他所有自治体流向自治体 i 的人口所获得的收益之和。之所以在公式中添加了虚拟变量，是因为只有从教育投资的自治体流入的人口才会给自治体 i 带来收益。

在这里，自治体 i 向教育投资的最优策略条件按照以下公式表现出来。

$$-cp_i + b\left(1 - \sum_j \pi_{ij}\right)p_i > 0 \tag{4}$$

将公式（4）移项并整理后可以得到

$$1 - \sum_j \pi_{ij} > \frac{c}{b} \tag{4'}$$

公式（4'）与橘木－松浦模型的公式（1'）表示的是相同的内容。左边部分为各自治体人口剩余率，这个值如果大于教育投资费用与效果比（收益/成本）的倒数（c/b），对于自治体 i "投资"是最优策略。图 12-2 将这项式子制图化，用人口剩余率作为纵轴，用费用与效果比（收益/成本）的倒数（c/b）作为横轴表示出来。图 12-2 所表达的意思是，如果比起图中直线还要往上到达白色部分的话，"投资"对自治体来说就是最优策略。

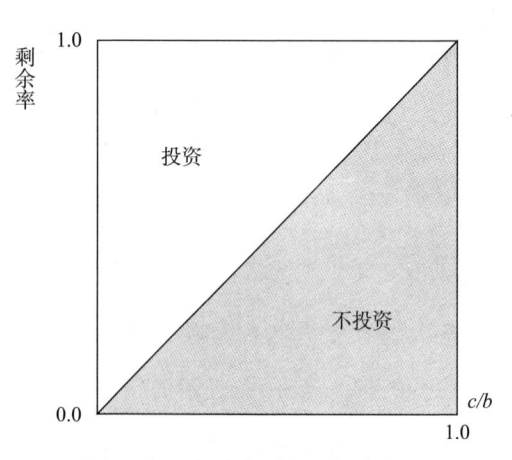

图 12-2 投资领域与不投资领域

社会整体最理想状态的条件

p, π, c/b 在相互独立的时候，这个条件对所有的自治体都是通用的，因此，所有自治体都向教育"投资"时达到均衡的条件为以下公式所示。

$$\forall_{i \in N} \left\{ 1 - \sum_j \pi_{ij} > \frac{c}{b} \right\} \tag{5}$$

在所有的自治体中，教育"投资"都成为最优策略的情况下，对社会整体来讲是最理想的状态。但是，只有全自治体都在直线以上的白色领域之中的时候，这个状态才能保持均衡。同时，当所有自治体都在直线以下的灰色领域之中的时候，无论对于哪一个自治体，不"投资"都是最优策略，这也就落入了社会整体最不期望的状态。

"国家负担占比"变量的导入

到这里，我们考察了在义务教育费完全被一般财政资源化的情况下（国家负担占比为 0 的情况）的结果。之前的制度废除讨论的结论是义务教育经费国库负担制度延续，但国库负担占比发生了变化。因此，与之相应的，我们也有必要将国家负担占比作为变量投入模型，去考察该项值的变换会对自治体的决定有怎样的影响。

在此，国家负担占比表示为 $\Psi \in [0, 1]$，自治体负担率为 $(1-\Psi)$，由此，在公式（4'）的右边部分加上自治体负担份额 $(1-\Psi)$ 可以得到公式（6）。

$$1 - \sum_j \pi_{ij} > \frac{(1-\Psi)c}{b} \tag{6}$$

这就是将国家负担占比组合后,自治体 i 向教育投资成为最优策略的条件。国家负担占比〔(Ψ) 的值〕越高,"投资"成为最优策略的领域就会增加。

4. 向教育投资或不投资的自治体

——实证性讨论的初探

使用指标

本节将根据以上模型,针对教育费一般财政资源化的影响以及国库负担所扮演的角色利用可能的数据尝试实证性讨论。为了进行实证性讨论,我们需要条件公式(6)中的人口流出率 $\left(\sum_{j}\pi_{ij}\right)$ 和教育投资费用与效果比 b/c 这两项数值。

但是,将这些变量数值化存在非常大的困难。如果将人口流出看成流动的一面,那么什么人口是何时流出的就成了问题。虽然也可以从在县内接受过义务教育的人才最终有多少人流出到县外这样的储蓄面来看,但是无论从哪一面,要把握人口流出的实际状况是非常困难的。不仅如此,教育投资费用效果之比这个变量同时需要教育所需成本和所获得社会收益这两个数值,但是,由于通过教育获得的社会收益需要与未接受教育之人相比进行测量,所以在所有孩子都接受义务教育的现代日本,想要测量义务教育所带来的社会性收益是非常困难的。

本章的目的在于研究针对人口流出对自治体教育投资意愿所产生的影响,根据上述数理模型所得出的结论,引导出其理论上的内涵。因此,在这里使用的指标不过分追求严密性,只是利用可用的数据进行尝试性的分析。

首先,人口剩余率(1-人口流出率)中关于测量什么时候剩余的是一个问题。在这里，我们着眼于初中和高中，将其表示为初中毕业后的就业人员、高中毕业后的就业人员以及升学至大学或者短期大学的人员之中，就业或升学于县内的人数占比。具体定义方式如下。

$$人口剩余率 = \frac{（初中毕业后县内就业人数）+（高中毕业后县内就业人数）+（县内大学升学人数）+（县内短期大学升学人数）}{（初中毕业后就业人数）+（高中毕业后就业人数）+（大学升学人数）+（短期大学升学人数）}$$

关于初中毕业后升学至高中的人员，其大多数都升学至县内的高中，因此在这里排除不计。将该变量按照各都道府县进行计算，所使用的数据来自文部科学省每年的《学校基本调查》。

然后是教育投资费用对效果之比，根据 Psacharopoulos 与 Patrinos（2002）的方法，我们使用 OECD 与初等教育相关的社会收益率。按照其计算方式，OECD 发达国家各国的社会收益率为 9.4%。我们利用数值计算费用对效果之比的倒数（c/b），其结果如下。

$$\frac{1}{1+0.094} = 0.914$$

单年度分析

将基于 2010 年（平成 22 年）学校基本调查所计算出的人口剩余率作为纵轴，教育投资费用对效果之比的倒数（$c/b = 0.914$ 固定）值作为横轴，画出各都道府县值图（见图 12-3）。

根据图 12-3 所示，如果废除国库负担制度，将其一般财政资源化的话，所有的都道府县都会进入"不投资"的领域（45度线的下面部分），此时就会发生对社会整体（日本社会整体）而言最不理想的教育投资过小的情况。

276 · 不平等的形成

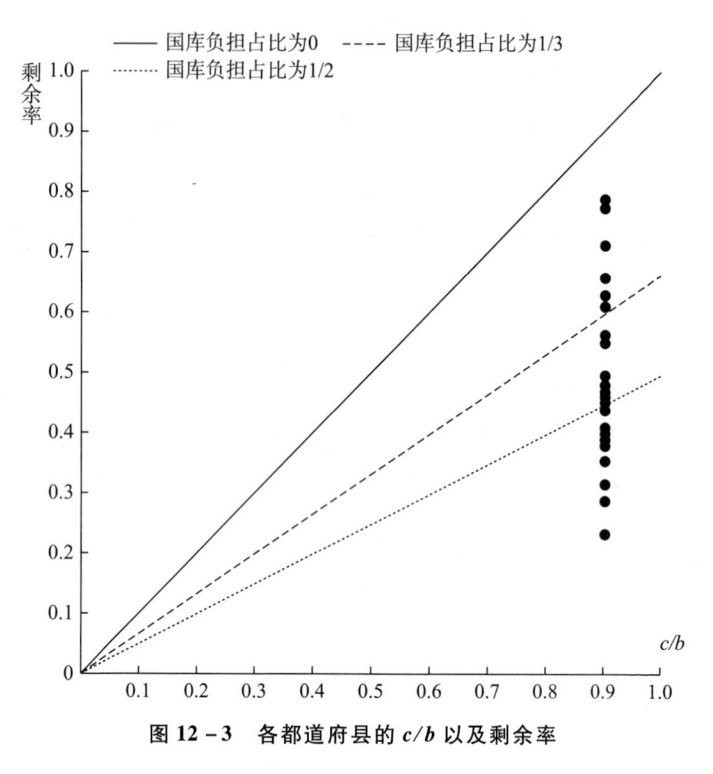

图 12-3 各都道府县的 c/b 以及剩余率

与之相对的，国库负担制度续存，国库负担占比越高，途中的 45 度线的倾斜度就越缓，最终与横轴重叠（全额国库负担的情况下）。在这种情况下，47 个都道府县都会维持教育投资意愿（"不投资"作为最优策略的都道府县数为 0）。同时，国库负担制度续存，国库负担占比在 1/2 的情况下（22.5 度线下面部分），进入"不投资"领域的有 8 个县，占比在 1/3 的情况下（30 度线下面部分），就变成了 22 个都道府县。

时间序列变化

接下来，我们将基于 1975 年至 2010 年每 5 年一次（8 个时间点）的数据，探讨剩余率与国库负担率之间关系的时间推移。图 12-4 表示各地方 8 个时间点的变化。由于收益率被假定为不随时间变化，所以"投资"领域和"不投资"领域的界限是与时间轴（横轴）相平行的直线。图中的点线代表该界限，上面的点线为国家负担 2/3 时的界限，下面的点线为国家负担 1/2 时的界限。从该图可以看出，从 1985 年开始剩余率逐渐下降，进入"不投资"领域（点线下端）的都道府县数量开始增加。

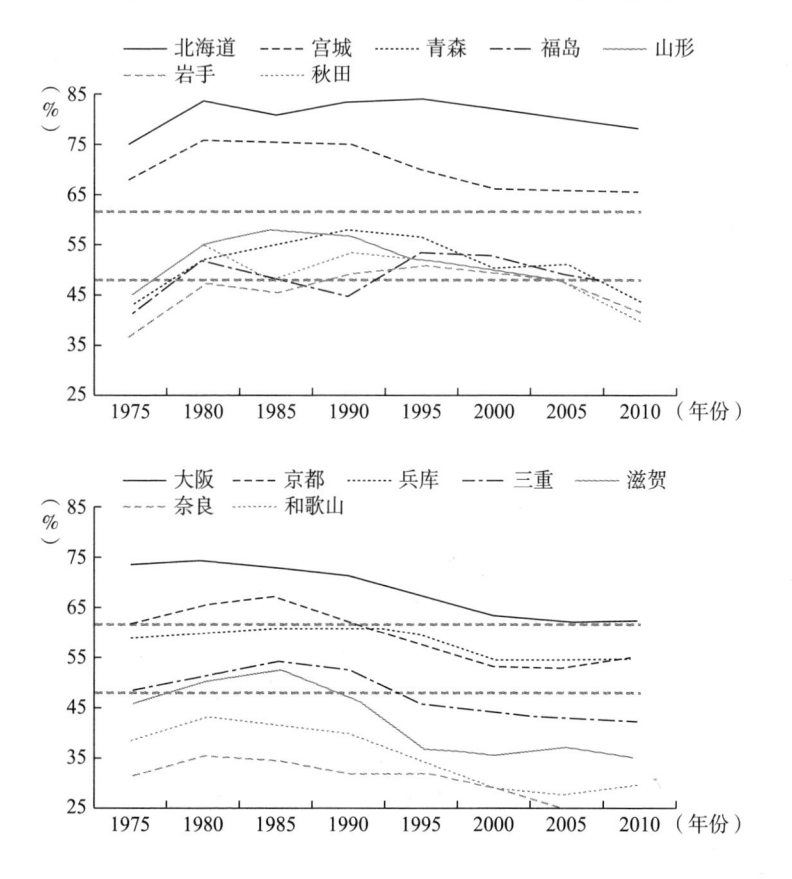

278 · 不平等的形成

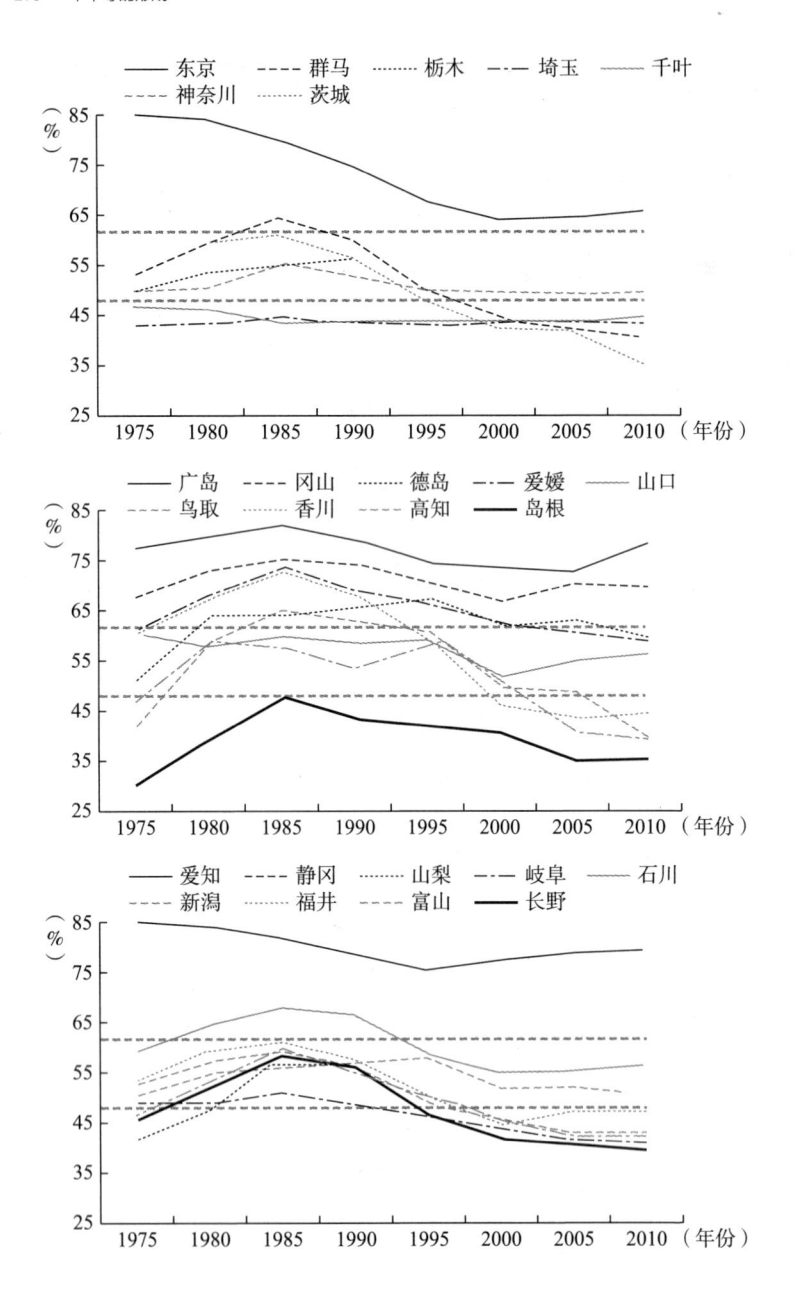

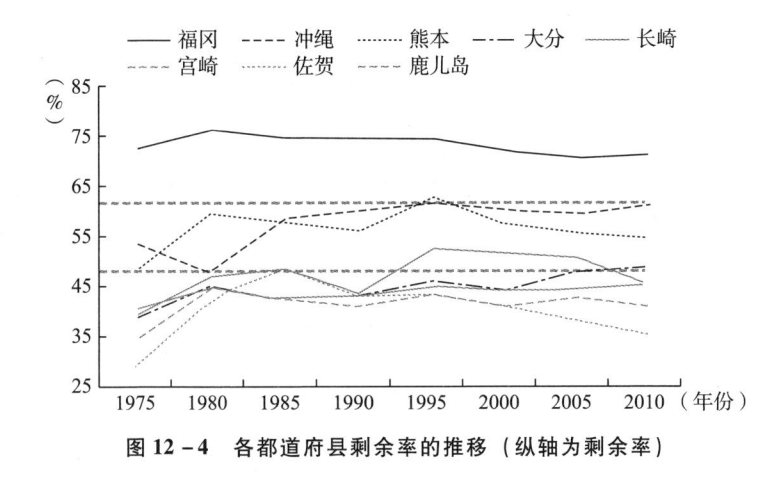

图 12-4 各都道府县剩余率的推移（纵轴为剩余率）

促进教育投资的条件

到这里我们总结出了国库负担率如果增加，"投资"领域也会增加，各都道府县也越有动力投资教育这一结论，但是，让投资动力变得活跃的负担率在各都道府县中有不同的情况。各县为了"投资"的条件，用公式（6）中的 Ψ 来解答。由此，这个条件可以书写为以下公式。

$$\Psi > 1 - \frac{b}{c}\left(1 - \sum_j \pi_{ij}\right) \qquad (6')$$

图 12-5 表示的是基于 2010 年数据计算出的各都道府县的该项值（纵轴：Ψ）。图中显示，有如北海道和爱知县等这样国库负担 15% 左右就有教育投资倾向的地区，也有如奈良县等需要有 75% 的国库负担才能有教育投资倾向的地区。[6]虽然这里反映的不是完全正确的实际情况，但是其中的所映射的含义指出在全国同样国库负担率的现行制度的情况下，各都道府县对教育投资的意愿是不一样的。

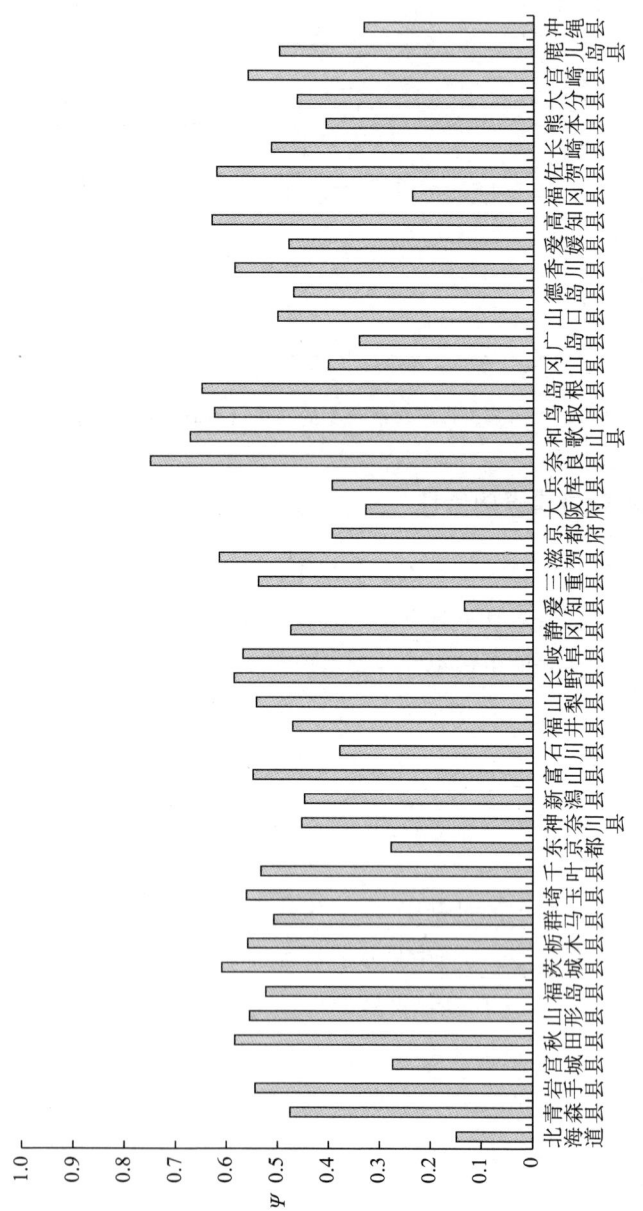

图 12-5 都道府县"投资"诱因的国库负担占比

5. 如何切断人口流出与财政能力低下的恶性循环

接下来总结到这里为止的讨论。第一，各自治体的教育投资意愿受到向县外流出人口程度的影响。第二，义务教育经费国库负担制度在人口流出较多的县也能发挥其功能，有效维持自治体对教育投资的意愿，因此，该项制度扮演着防止与影响各都道府县义务教育质量高度相关的教员工资地域差距扩大的角色。

但是，本章的讨论并没有将各自治体的财政能力差纳入考虑范围。这里我们不出示具体数据，但是经过分析发现高人口流出率与低财政能力呈正相关关系，这两项之间并不是因果关系。流出的人口大半是生产年龄人口，人口流出既反映了低劳动力需要与自治体的低财政能力，也反映了随着高龄化的发展，该自治体财政能力不断虚弱化，存在产生这样的恶性循环的结构。

财政能力低的自治体根据自身的情况能使用的预算很少。如第 1 节提到的赤井与妹尾的研究（教育行财政研究委员会，2010）所指出的，财政能力越是低的自治体，越会为了增加一般财政资源而减少教员工资，同时义务教育费的国库负担率越低，该意愿会变得越强。这个结果可能会促使义务教育质量地域间差距的扩大。这并不是各自治体努力就能解决的问题，更应该考虑到其背后的结构性因素，所以切断该恶性循环的方法是超过了教育政策范围的课题。但是，义务教育费（教员工资）的国家负担率设定在哪种程度，能不能根据各都道府县的人口流出实情，调整现行国库负担额制度下的相同国家负担率，这些问题尚留一些讨论对策的余地。

附注

本章是根据秋永雄一、濱本真一，2012，「義務教育国庫支出のゲーム理論的展開」『東北大学大学院教育学研究科研究年報』60（2）：1-12 编辑并修正后的内容。

注

（1）文部科学省由于"总额裁定制"的导入（2004 年度）强烈反对该项制度的废除。最后，虽然国家的负担占比减少了，但是在让制度存续下来这一点上，标榜着"没有圣域的结构改革"的小泉内阁方针做出了抵抗，维护了该"圣域"。

（2）http://www.mext.go.jp/b://menu/shingi/chukyo/cyukyo6/index.htm，2012. 9. 30.

（3）小盐（2009）在书评中也做出了同样的点评。

（4）虽然不值一提，但是本章中所用到的"均衡"的概念都是指"纳什均衡"。"纳什均衡"被定义为"'从这个状态中即使自己改变策略，自己的利益与现在相比保持不变或者更小'这个情况适用于所有参与者的策略组合"，其说明为"即使自己改变策略（自己可以选择的选项）收益也不会变大的话，参加者（参加博弈的人）不会专程改变策略。由此，所有参加者都不改变策略的话，这个策略组合（社会状态）也不会产生变化，这就是均衡。这个均衡叫作纳什均衡。换言之，如果策略组合没有达到纳什均衡，至少有 1 人改变策略后收益变高的参加者存在。如果是纳什均衡，就不存在这样不安稳的状态"（佐藤，2008：7-8）。

（5）在公式（1）和（1'）中，不等号不包含等于，因此正确地说，这个情况下的均衡条件为狭义纳什均衡（Strict Nash Equilibrium）条件。

（6）维持投资意愿所必要的国库负担率的值在北海道很低，在奈良县很高，其原因是该项变量在很大程度上受到了人口剩余率指标测量的影响。例如，在县内大学定员数很少的奈良县，很多人会理所当然地选择去附近可以通校的其他府县的大学读书。因此，虽然其实际县外流出人数不多，但是表现出来的却是非常高的人口流出率。与之相反，北海道的人口流出率，就会产生过小推断的情况。在这个层面上，该项指标也表现出了不适当的地方。但是，这个地方论点在于指出整体根据人口流出率的不同，各都道府县维持教育投资意愿的标准也不同的情况，而不在于具体探讨哪一个县是什么样的情况。

参考文献

青木昌彦、鶴光太郎，2004，『日本の財政改革：「国のかたち」をどう変えるか』東洋経済新報社。

教育行財政研究委員会，2010，『教育行財政研究委員会報告書』国民教育文化総合研究所。

小川正人、山下絢，2008，「義務教育国庫負担金総額裁量制の運用実態」『東京大学大学院教育学研究科紀要』47：471-489。

小塩隆士，2009，「書評：橘木俊詔・松浦司著『学歴格差の経済学』」『日本労働研究雑誌』591：72-75。

Psacharopoulos, George and Harry Anthony Patrinos, 2002, "Returns to Investment in Education: A Further Update," *Policy Research Working Paper 2881*, 28ps, The World Bank.

佐藤嘉倫，2008，『ゲーム理論：人間と社会の複雑な関係を解く』新曜社。

橘木俊詔、松浦司，2009，「人口の地域間異動と義務教育国庫負担制度」橘木俊詔、松浦司『学歴格差の経済学』勁草書房，111-128。

第 13 章

不平等与公正感

川岛申佳、大渊宪一

1. 日本人与公正观

公正与社会理念

如果被问及想生活在公正的社会还是不公正的社会，应该没有人选择后者吧。大多数人都希望生活在公正或公平的社会中，这虽然没错，但是一旦将目光转向日本社会，就会发现在职场中男女待遇差距依然存在，与正规雇佣者相比非正规雇佣者仍处于不利地位。在这样的社会情况下，大多数日本国民就会把日本社会看作不公正的地方。例如，在 1995 年后所实施的社会调查之中，有大概七成的回答者认为世界是"不太公平"或者"不公平"的（長松，2004）。在 2009 年由读卖新闻和英国 BBC 共同实施的舆论调查中，对于经济的富裕是否公平地惠及全社会这个问题，回答"不太公平"或者"不公平"的日本人已经超过七成（読売新聞，2009）。

但是，追根溯源，不公正到底是一个怎样的状态？如本书反复讨论的一样，近年，日本社会的不平等虽然在不断问题化，但是，这并不代表不平等总被认为是不公正的。例如，新进职员的工资在大多数情况下虽然比社长工资要低，但是大多数人不会认为这样的不平等是不公正。再者，通过努力获得非常大成绩的职员比起经常偷懒、业绩一般的职员拿到的奖金虽然更多，也很少有人会认为这是不公正的。但是，在相同业绩的职员之间如果出现待遇差距的话，人们就会认为这个情况是不公正的。又或者，也有人可能会认为即使是新进职员与社长，如果工资的差距太大，也是不公正的。类似于此，人们在这种场合中都会抱有不公正感。

大渊宪一把公正定义为"用相应的方式对待个人"，并提出了"公正的公式"（大渊，2008）（见图13-1）。在日本，与公正意思相近的词有公平与正义。根据大渊的说法，公平表现的是某个分配状况的妥当性或者某项决定实际的适当性，公正虽然在强调分配或决定的过程或手续的正当性这一点上与其有差异，但是两者同是评价某个社会行为或决定适当性的标准（大渊，2004a）。另外，正义是表现"社会应该如此"的理应达成社会理念的概念，扮演着给予公正和公平以根据的角色。但是，在本章中，公正与公平被看作同义，基本用"公正"进行记述。

$$公正 = \frac{处境}{资格条件} \longleftarrow 规定 \quad 社会理念（正义）$$

公正的公式

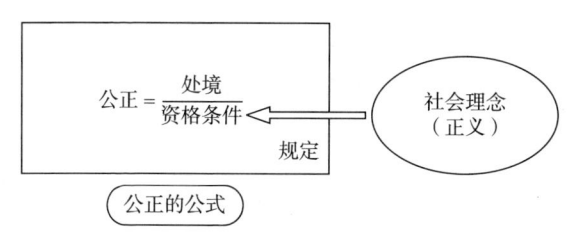

图 13-1 公正的公式和社会理念（正义）

资料来源：Ohbuchi（2007），大渊（2008）。

为确定某种状态是否公正而采用的社会理念（正义）在不同群体目标或社会状况中有所差异（Deutsch，1985；Tyler et al.，1997；2000）。大渊认为决定公正待遇的资格条件被该群体所持有的社会理念所决定，并出示了各种各样的社会理念以及与其对应的资格条件（Ohbuchi，2007；大渊，2008）（见表13-1）。例如，在以社会阶层为基准，把维持秩序作为社会目标的社会中，出身与家庭背景等与出身阶层相符的分配是公正。又如，在把国家繁荣作为社会理念的集体主义国家中，对国家的忠诚以及任务执行程度成为报酬分配的标准。再如，在把宗教性理念以及教义作为正义的社会中，宗教信仰和皈依程度越高的人其社会地位也越高，这是公正。虽然这三项标准的重要性会随着文化和时代的发展而增加，但是他们作为现代日本社会的分配标准并不是那么重要。

表13-1 公正标准和社会理念（正义）

公正标准	社会理念（正义）	公正分配的资格条件
平衡	个人权利	个人的能力、努力、业绩
平等	社会协调	集体成员性
必要性	福利、教育	发达阶段、穷困、残疾
出身阶层	阶层秩序	家庭背景、出身
贡献度	国家繁荣	忠诚、任务执行
信仰心	宗教性理念	信仰、皈依

资料来源：在Ohbuchi（2007）、大渊（2008）的基础上添加与修正。

在现代日本社会，对于社会资源的分配，一般能够被接受的标准是平衡、平等以及必要性（见表13-1的上3行）（大渊，2008）。平衡（Equity）的资格条件是个人的能力、努力以及业绩，它适用于重视个人权利以及社会生产性的社会中。另外，在把社会协调作为第一目标的社会中，基于群体成员性，平等（Equality）被采用作为同等分配的标准。同时，在将福利以及教育作为社会理念的群体中，必要性（Need）标准被重视，对老人和孩子，甚至于病重和残疾等极度穷困的人口，给予足够的分配被视为公正。

日本人的社会理念

根据世界价值观调查，关于在理想的社会系统中，收入应该更平等还是为了刺激个人努力而更加扩大差距这项问题的回答，认为应该扩大差距的日本人在 2005 年的调查中达到 65.9％，比 1995 年的调查增加了 18 个百分点（電通総研、日本リサーチセンター，2008）。但是，这个值在 2010 年的时候回落至 38.5％（東京大学、電通総研，2011）。这个结果显示，在日本人心中，相对于平等，平衡的重要性虽然增加了，但是在最近几年，重视平等的程度又再次升高。在这个题目中，有一点需要注意，那就是与现在日本社会相比，其"更"应该成为什么样的社会这一点。被这样问到的回答者有可能只注意于眼前的不满，所以其回答占比的增减并不完全表示对平衡以及平等的支持或不支持。

实际上，其他研究显示，日本人强调社会性协调和保护弱者的平等以及必要性志向越来越明显。大渕基于 2010 年的社会调查发现，人们同时强烈支持平衡原则、平等原则以及必要性原则（Ohbuchi，2011）。此外，在实际的社会以及群体中，更多使用的是将这 3 个标准组合起来的复合性分配系统（大渕，2008；海野，2000）。例如，许多企业和社会基于平等原则发放基本工资，在此设定之上，附加性地采用与业绩相应的公正分配制度。同时，抚养补贴以及生病时所需的休假补贴是基于必要性原则制定的措施。

在欧美研究者中，有人认为日本人没有公正（Fairness）的概念（Kidder and Muller，1991）。的确，在欧美文化圈中所看到的以能力和业绩为标准的平衡原则，原本在日本人之中并不是非常流行，可以说是最近数十年间才突然流行起来的概念。由此，在有些场合下，日本的公正与欧美的 Fairness 看上去可能有着不同的意思。但是，如前面所述，用于判断公正的标准有很多，基于能力和业绩进行的公正判断只不过是公正的一个侧面。如大多数研究者所认同的，在判断分配公正的标准中，除了平衡，至少还有平等和必要性标准（Deutsch，1985），同时考虑到日本人的公正感受到这 3 个标准的影响，这才是最合适的。

按照这样的想法思考的话，从几个理由出发，不平等的扩大对于大多数日本人来讲有可能说不上是公正的。首先，重视平等和必要性的人，也许会将不平等判断为不公正。在平衡原则之下，如果只是反映个人能力和业绩的话，那么社会不平等会被容许。但是，对将社会协调和保护弱者看作更重要社会理念的人来说，成员间的差距以及有穷困人存在的社会是谈不上公正的。

此外，即使是强烈支持平衡原则的人，也有可能将过度的不平等视作不公正。公正判断的标准是复合性的，因此即使是希望扩大与能力和业绩相匹配分配原则的人，对于完全失去平等和必要性的过度差距应该也会抱有不公正感。实际上，日本劳政调查会以管理职业为对象进行的调查发现，大多数回答者一方面支持在人事管理中扩大成果主义，另一方面又认为职员间的工资差距在 20% 前后最为适当（日本労政調査会，1998）。这表示管理职业者虽然承认成果主义的必要性，但是也认为应该将成员间的工资差距固定在一个水平，按照维持平等性的方法来发放工资。

2. 公正感与社会阶层

公正感会因社会阶层的不同而产生差异吗？

那么，在日本，何种立场的人最有可能抱有不公正感？对于这个问题，有几个理论假设已被探讨（例如，木村，1998；間淵，1996；Umino，1998）。自我利益正当化假设认为，人们把对自己有利的社会待遇视为公正，把不利于自己的社会待遇视为不公正。根据这个假设，在不平等社会结构中，越是站在不利一方的人，越会抱有强烈的不公正感。另外，在启蒙效果假设中，接受过高等教育的人会对下层人员产生同情心理，并期望平等化。因此，会将社会整体判断为不公正的。此外，根据情报量假设，因为社会原本就是不平等的地方，拥有越多社会情报量的人越会将社会判断为不公正的地方。总而言之，自我利益正当化假设认为越是低阶层的人（低收入者），其不公正感越强烈。与之相对，启蒙效果假设与情报量假设认为越是高阶层的人（高学历或者从事社会地位较高职业的人），其不公正感越强烈。

但是，纵观到现在为止的许多研究，都没有得到支持这些假设的一致性结果。例如，有研究指出收入以及学历越低的人，对于社会整体的不公正感（整体不公正感）越强（長松，2004），而与之相对，也有研究指出仅仅根据个人的属性以及社会经济地位难以说明个人对社会整体的不公正感（織田、阿部，2000）。此外，根据测定了性别、学历以及收入等个人领域不公正感（领域类不公正感）的 SSM 调查的分析发现，虽然在 1995 年的数据中可以观察到受教育年限越长的人不公正感越强的倾向，但是在 2005 年的数据中，不仅可以观察到以上效果，也能观察到个人收入越低的人，其不公正感也越强的结果（斋藤、大槻，2011）。

多元公正感

整体不公正感与领域类不公正感都可以被看作个人对社会状况的认识。与之相对，在不公正感中存在对于个人处境的感知，也就是对于自己在社会中被怎样对待的不公正感。这个层面的不公正感是基于自己对理想与现实之间差异程度的评价所形成的。重要的是，个人不公正感不一定与个人对社会整体不公正的感知相一致。例如，虽然有的人从社会性角度出发，认为以救济弱者为目的的政策是公正的表现，但也有可能因自己的努力与实力没有被反映在待遇上而感到不公正。又如，自己虽然获得了与能力相符的地位，但是也有可能认为社会上还有很多人并没有得到适当的待遇。

公正或不公正的判断根据视角不同而产生差异，这一点被许多心理学公正研究所探讨（例如 Brickman et al.，1981；Mikula，1987）。探讨过公正多元性的布里克曼等（Brickman et al.，1981）指出了特定个人（或者特定集体）待遇的公正性判断与社会整体状态的公正性判断之间区别的重要性，他们把前者称为微观公正感，把后者称为宏观公正感。微观公正感是社会中基于个人现在所获得或者期待能够获得利益的公正性判断；宏观公正感是对于社会整体利益分配的公正性判断。

泰勒等（Tyler et al.，1997；2000）指出了微观层面与宏观层面公正判断中的几个重要差异。首先，这两种判断的自我相关度不同。作为个人的公正判断，微观层面侧重于分配对自己产生的影响，与之相对的，宏观层面在针对社会整体公正性判断的时候，侧重于分配的整体公正性，而不太重视个人的结果。其次，在关注自我利益方面也有不同，人们在微观水平上更关心个人利益的最大化,而在宏观水平上,更关心针对成员行动的社会性制约。换言之,人们在进行个人公正判断的时候,虽然注意社会中自我的利益状态,但是在对社会整体做出公正判断的时候,对自我的利益关注变弱,反而更多地关注例如是否实施有效政策缩小社会差异等关于社会整体运营是否适当的问题。

社会阶层与多元公正感

如果按照公正感的多元性理论,那么越是低阶层的人其不公正感越强这一自我利益正当化假设,相较于宏观公正感,更应该在微观公正感中得到支持。在微观公正感判断中,低阶层的人认为自己没有受到好的待遇,觉得这是不公正的,而高自我利益水平的高阶层的人,则应该认为自己受到了公正的待遇。另外,虽然近年来差距扩大强化了日本社会的不公正感,但是,因为这是社会整体的问题,所以在宏观公正感中,应该看不到判断者社会经济地位的影响。

川岛申佳等(川嶋、大渊、熊谷、浅井,2010)的研究基于2009年通过邮寄法所收集的社会调查数据,验证了这个预测。在这项调查中,除了人口统计变量,还对微观公正感[例如:我在社会中受到了不公正的待遇(题项逆转)]和宏观公正感[例如:现在的日本社会状况是不公正的(题项逆转)]进行了测量。将微观公正感与宏观公正感分别作为因变量,人口统计变量作为自变量进行回归分析,发现家庭年收入对微观公正感与宏观公正感都有着显著的正向影响,但是,这个效果在微观公正感中更加强烈。此外,更进一步的中介分析结果显示,家庭收入对于宏观公正感的正向效果是通过对微观公正感的中介而间接产生的。

根据川岛等(2010)的研究,社会阶层的效果虽然在微观层面的公正判断中被验证，但是，其在宏观层面的公正判断中的效果要么非常弱，要么是间接的。整体不公正感以及领域类不公正感与社会经济地位之间的相关度并不相同，我们认为这是因为调查问卷中的问题都是关于宏观层面的公正感所引起的。此外，社会阶层对宏观公正感的表面效果可以根据可得性启发（Tversky and Kahneman, 1973）来说明，这种启发指的是人们会根据少数具体事例来判断推测某个事项发生的概率。也就是说，回想起自己遭受过不公正待遇的回答者有可能会认为除自己以外还有很多人也受到过这样的不公正待遇。

通过分析公正感的多元性，我们也许能够了解到现在为止的宏观公正感研究结果的年代变化。整体不公平感与收入之间的关系虽然并没有在20世纪90年代以前所实施的调查研究中被发现（織田、阿部，2000；海野、齋藤，1990），但是，在2000年以后所实施的调查研究中发现，越是低收入的人其宏观公正感越强烈（長松，2004；川嶋等，2010）。同样，在领域类不公平感研究中，1995年的SSM调查没有发现的收入效果，在2005年的调查中却被发现了（齋藤、大槻，2011）。如果个人的不公正感会强化其对社会整体的不公正感的话，那这样的年代变化便可以被理解为抱有微观不公正感的人数正在增加。近年来，社会差距不断拉大，我们可以认为感觉自己受到不公正待遇的人数正在增加，这些人基于这样的感受，会强化其认为社会整体也一定是不公正的这个想法。因此，在近年的调查中，会得到表面上越是低阶层的人其宏观不公正感越强的结果。

微观公正感与社会阶层关系中的满意度效果

但是，越是低阶层的人其宏观不公正感越强的研究结果（川嶋等，2010）与公正的社会心理学理论所预测的结果不一定相同。根据相对剥夺（Tyler et al., 1997；2000）以及分配公平理论（Adams, 1965；Ohbuchi, 2007）的基本假定，在公正判断的时候，与客观利益相比，对收入或分配与自己的状况是否相符的评价才是更重要的。如果按照这个假定，即使在低阶层的人中，觉得现在的境遇与自己相符，也就是说，基于平衡、平等以及必要性的各项资格条件对自身处境满意的人不会抱有不公正感。

川岛为了检验这个预测，以全国9个市区町为对象，分析了2011年6月至8月通过邮寄法所收集的调查数据（川嶋，2012）。在这个调查中，加上人口统计变量以及微观公正感变量，同时测量了理想分配与现实分配的感知。在决定自身处境的时候，川岛认为应该将平衡、平等和必要性分别作为分配基准，考虑理想的思考程度（理想分配）与考虑现实的感知程度（对于现实分配的感知）之间的差距越大，回答者越没能基于各个资格条件获得其满意感。例如，回答理想中努力以及业绩应该被重点考虑，但是，实际中并没有被考虑到的人，其感受到的应该是没能基于平衡原则得到相应的收入和社会地位这一点。

在理想分配中，对于"您认为您的收入以及社会地位在理想上应该基于什么样的标准来决定"这样的问题，首先判断平衡标准（"努力和业绩"以及"成果和能力"）、平等标准（"大家都平等"）以及必要性［"生活的困难"（必要性）］应该被考虑到的程度，然后在现实分配的感知中，对于"您认为您的收入以及社会地位实际上是根据什么标准来决定的"这样的问题，判断这三个标准实际被考虑到的感知程度。

三个标准的现实评价减去其理想评价就是满意度。把各满意度得分为0以上的满意群的占比按照家庭年收入类别进行对比，其结果分别表示为表 13-2、表 13-3 以及表 13-4。关于平等与必要性，高年收入满意群占比更大；关于平衡，在各阶层间并没有看到明显的占比差。此外，家庭年收入与满意度的平等以及必要性之间显著正向相关，但是与平衡相关并不显著（见表 13-5）。归纳起来，对于平等以及必要性标准，越是低阶层的人不满意者越多，而对于平衡标准，虽然也能看到相同的倾向，但是并不显著。另外，微观公正感在高年收入者中更强烈（见表 13-5）。此外，在所有的标准中，满意度越高的人其微观公正感越强（见表 13-5），这个关系无论在哪一个收入分类中都是一样的（见图 13-2）。

表 13-2 平衡的满意群与不满意群之间不同家庭年收入的频率与占比

平衡的满意度	家庭年收入			合计
	不满 400 万日元	不满 800 万日元	800 万日元以上	
不满意	192（77.4%）	185（81.9%）	129（76.3%）	506（78.7%）
满意	56（22.6%）	41（18.1%）	40（23.7%）	137（21.3%）
合计	248（100%）	226（100%）	169（100%）	643（100%）

资料来源：川岛（2012）。

表 13-3 平等的满意群与不满意群之间不同家庭年收入的频率与占比

平衡的满意度	家庭年收入			合计
	不满 400 万日元	不满 800 万日元	800 万日元以上	
不满意	159（65.2%）	142（63.1%）	91（54.2%）	392（61.5%）
满意	85（34.8%）	83（36.9%）	77（45.8%）	245（38.5%）
合计	244（100%）	225（100%）	168（100%）	637（100%）

资料来源：川岛（2012）。

表 13-4　必要性的满意群与不满意群之间不同家庭年收入的频率与占比

必要性的满意度	家庭年收入			合计
	不满 400 万日元	不满 800 万日元	800 万日元以上	
不满意	175（70.9%）	163（72.1%）	104（61.9%）	442（69.0%）
满意	72（29.1%）	63（27.9%）	64（38.1%）	199（31.0%）
合计	247（100%）	226（100%）	168（100%）	641（100%）

资料来源：川岛（2012）。

表 13-5　微观公正感与家庭年收入的相关系数，以及对于理想分配标准、现实分配标准的感知、满意度得分与微观公正感、家庭年收入的相关系数

	微观公正感	理想			现实			满意度		
		平衡	平等	必要性	平衡	平等	必要性	平衡	平等	必要性
微观公正感			-0.177**	-0.241**	0.314**	0.133**	0.075*	0.301**	0.243**	0.251**
家庭年收入	0.114**		-0.149**	-0.170**	0.098*			0.075†	0.108**	0.133**

注：家庭年收入使用的是从不满 200 万日元到 1200 万日元以上以 200 万日元为单位的类别变量。** $p<0.01$，* $p<0.05$，† $p<0.10$。不显示有意性水平在 10% 以上的值。

资料来源：以川岛（2012）为基础所制。

为什么满意度在低阶层的人中更低

川岛（2012）的结果中有一部分与现有研究相一致，但也有一部分不一致。在比较相同年收入类别的人的时候，满意度越高的人其微观公正感越强，这与在公正判断时认为相符性判断更为重要的相对剥夺以及分配公平理论的预测相一致。另外，特别是平等与必要性，低年收入者的满意度更低，这一点暗示低阶层的人会基于自己并没有受到与自己阶层相符的待遇这一感受而强化其不公正感。但是，按照传统的公正理论，低阶层的人只会与

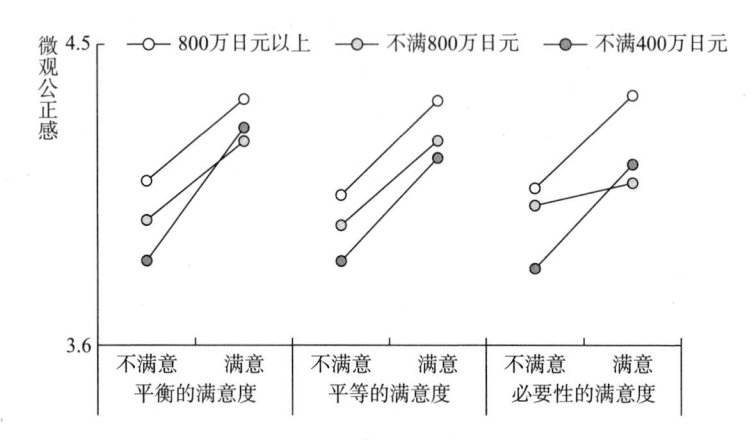

图 13-2 各标准中满意度与微观公正感相关的家庭年收入类别比较

资料来源：川岛（2012）。

自己相同境遇水平的人比较，因此不会对其相符程度产生怀疑。同时，就算感受到自己并没有受到好的待遇，但是如果其认为这与自己的资格条件相符的话，也不会抱有不公正感。

为什么客观社会经济地位与满意度相关？其原因可以从两方面考虑（川嶋，2012）。一方面是与他人比较的变化。相对剥夺理论认为低阶层的人会同与自己在相同生活水平的人进行比较，因此他们之间的不公正感并不强。这个预测在媒体中还没有发展起来，人与人的比较对象还仅限于狭小地域或者邻里之间范围的时代。但是，在现代日本，由于媒体的发展，人们比较自己处境的对象范围大幅扩大，低阶层的人有可能将自己的处境与社会整体做比较后做出更准确的判断。

数土直纪在检验阶层归属意识和地域之间的关系的时候，也进行了类似的讨论（数土，2010）。按照数土的说法，在 1985 年的 SSM 调查中，住在大学升学率或上层白领率较高的都道府县的人，其个人的阶层归属意识大体上相对较低。但是，1995 年和 2005 年的 SSM 调查发现住在这些地区的人的个人阶层归属意识却大致上变得相对较高。对于该结果，数土解释说，在 1985 年的时候，人们只能和区域内周围的人进行比较，因此越是住在富裕阶层人数较多的地方其越容易感受到相对的不满，但是到了 1995 年和 2005 年，这样的相对不满就已经看不到了。

如果这个理论与公正感相应的话，那么在现代日本，低阶层的人通过与社会整体的比较，了解到自己处于相对境遇较差的地位，这有可能成为降低其满意感的一个原因。在现代日本，人们通过报纸、电视和网络能够更多地了解社会整体的情况（数土，2010）。在微观公正判断的时候，如果低阶层的人认为比自己富裕的人占大多数的话，他们觉得自己应该有更好的处境，这也是无可厚非的。

另一方面是理想和现实认知之间的阶层差距。对于没有受到恩惠的人，平等以及必要性的扩大会让自己的处境好转起来，因此他们有可能将其作为理想的分配原理。实际上，在上述川岛（2012）的研究中，家庭年收入与理想平等以及理想必要性呈负相关（见表 13-5），这显示越是低阶层的人，越是期望自己的处境能根据平等和必要性来决定，这也是其对于平等和必要性满意度低的原因之一。

另外，在平等与必要性分析中，人们对于自己的处境在现实中被考虑到的感受程度并没有因年收入的不同而产生差异（见表 13-5）。平等是指全员都处于相同的待遇，因此出现这个结果有可能因为不仅是在平均以下没有受到社会恩惠的低阶层的人，在平均以上受到社会恩惠的高阶层的人也会认为现实中平等并没有被考虑到。此外，虽然该研究询问了现实必要性"生活的困难（必要性）"被考虑到的程度，但是从生活的困难这个词组所联想到的更多的是经济上的贫困度以外的困难（例如工作很忙等），因此这可能使阶层间的差异变得难以区分。关于这一点，有必要在改善提问方式后再进行讨论。

关于平衡原则的倾向结果是不同的，理想平衡不会因年收入而产生差异，但是，我们在现实平衡和家庭年收入之间却观察到了正向相关的结果（见表13-5）。也就是说，低阶层的人虽然认为自己的处境也应该与高阶层的人相同，根据努力与业绩来决定，但是现实中考虑到这些人在低阶层中非常少。如果低阶层的人否定自己的处境是根据平衡原则所决定的，那么他们也就承认了自己是不能通过努力与业绩的竞争而获得胜利的人。另外，在接受把平衡作为决定自己处境的理想原理的基础上，如果低阶层的人判断平衡在现实中并没有正确地发挥作用的话，他们会一边维持自我评价，一边抱怨自己不利地位的不正当性。

3. 公正感的作用

多元公正感与抗议行动

在前一节，我们概览了回答谁以及为什么会抱有不公正感等疑问所实施的研究。这些研究明确了公正感的影响因素，同时，如果了解不公正感在社会以及群体中所产生的后果，公正研究的社会性意义会更加深化。在心理学方面的公正研究中，公正感会提高个人与群体或组织的连接度，增加社会性行为，但是相反，不公正感会增加人们的愤怒，增加反社会行为（大渕，2004a；田中，2008；Tyler et al.，1997；2000）。本节将介绍探讨公正或者不公正如何影响人们的态度或行为问题的"公正感角色"相关研究。

不公正感所伴随的不愉快感给了人们声讨不公正待遇的动机（Adams，1965）。例如，对于强烈支持平衡原则的人来说，努力或能力没有被反映在待遇上的社会是不公正的，这样的感知会唤起自身实力没有被正当评价的愤怒或者现在的努力会以徒劳而告终的不安。为了降低这些不愉快感，人们会尝试声讨不公正待遇。实际上大渊发现，越对社会整体抱有强烈的不公正感（宏观不公正感）的人，其面向社会的抗议行为也越强烈（大渊，2004b）。

但是，如果假定公正感有多元性的话，不公正认知所伴随的威胁感比起宏观水平，在微观水平上应该更加强烈。根据勒纳（Lerner，1980）的公正世界信念假设，人们在人生中会得到各种符合其价值的东西的同时，也相信得到的东西是适当的。因此，承认自己受到了不公正待遇的同时也意味着承认自己是没有价值的人，这对自己来讲是非常大的威胁。另外，社会是不公正的这种感知同时有可能会唤起自己将来也会受到不正当待遇的不安感，但是由于自己本身并不一定是不公正的直接对象，所以其所直面的威胁要比微观水平弱很多。实际上，德尔伯特（Dalbert，1999）比较自己本身被公正地对待这一信念（个人公正世界信念）与世界是公正的这一信念（普遍公正世界信念）对主观健康所产生的效果，发现前者比后者对自尊心或主观幸福感的影响更强烈。

如此，如果微观公正感比宏观公正感更能强烈地唤起自我威胁的话，其伴随的声讨行为也在微观不公正感中更加强烈。在川岛等（川嶋、大渊、熊谷、浅井，2012）的研究中，检验了多元不公正感对抗议行为所产生的影响，并得到了大致支持这一预测的结果。也就是说，抗议行为虽然会被社会不变信念、低社会效能感以及改革成本预测等认知因素所抑制，但即使考虑了这些抑制性因素，微观不公正感更强的人仍然会显示出强烈的规范抗议行为（例如参加反对政府政策的活动以及支援该活动）与反规范抗议行为（例如不遵守交通规则等社会规则）。

川岛等（2012）同时发现，微观不公正感对抗议行为产生的效果会根据宏观公正感强弱组合的不同而发生变化。其具体表现为，在微观不公正感强的人中，宏观公正感弱的人会显示出强烈的抗议行为，但是宏观公正感强的人会显示出弱的抗议行为。感知到自己受到不公正待遇的人有更强烈的自我威胁意识，为了降低威胁意识，他们会参加抗议活动，但是感受到社会整体不公正的人，会认为这样的抗议行为并不能被正当地接受，最终也是徒劳无功，所以其抗议行为会弱化。

在近年的日本，以反核能运动等为代表的抗议活动虽然被大幅报道，但是个人性的政治活动或者社会运动并不是非常显著。根据川岛等（2012）的研究，抗议活动的低调性可以被微观公正感和宏观公正感之间的差距所解释。如上所述，受到不公正待遇的感知会唤起不愉快感，因此大多数人会降低这样的感知。实际上，虽然许多日本人都抱有宏观不公正感，但是当被问及个人水平的不公正感时，大多数人会回答自己其实受到了公正的待遇（川嶋，2012）。如果催生抗议行为的原因是个人直接的不公正感知的话，无论社会是如何不公正，感觉到自己待遇正当性的人都是不会声讨不公正行为的。再者，宏观水平的不公正感也有可能会强化质疑抗议行为所产生效果的态度。

集体内公正与集体间关系

不公正感会催生抗议行为或者失范行为，但与之相对的，众所周知，对于社会或者集体的公正感会促进组织成员的集体精神。根据公正的羁绊假设（大渊，2004a），公正感能从两个方面强化集体精神。一方面是功利性观点，即在公正运行的集体中，个人期待与集体间的长期交换关系，因此会强化其与集体的连接。另一方面是集体价值观点，该观点强调集体统一化的角色。个人有着希望提高其自尊心的基本欲求，然而自尊心的一部分是通过与所属集体的统一而得到的，由于公正是社会优越价值的体现，所以集体是公正的这一感知在提高集体价值的同时，也扮演着提高个人自尊心的角色。因此，集体内公正通过强化道具性与非道具性价值从而促进个人的集体精神或行为。

按照公正的羁绊假设，虽然越是公正运营的集体，个人的集体统一化越强，但是有些时候，这也会激化集体间矛盾，出现负面结果（Kumagai, 2007）。作为集体间矛盾特征之一，当集体内成员受到伤害时，非直接被害者的其他集体内成员会对直接加害者所属集体的全体成员进行报复（熊谷，2008）。例如，当本国国民受到敌国的恐怖袭击时，本国国民不仅会对恐怖袭击者，也会对袭击者所属国家的所有国民抱有敌意。扮演强化非当事者间矛盾重要角色的就是集体统一化。根据伊泽拜等（Yzerbyt et al., 2003）的研究，个人越是集体统一化，对于集体内成员受到伤害时所产生的愤怒与攻击性行为就越强。特别是集体统一化强烈的个人会认为集体是自我概念的一部分，因此，会把集体成员受到的伤害当作自己受到的伤害，从而引发强烈的报复性反应。

熊谷智博与大渊宪一指出，这样的心理机制在日本人中也同样存在（熊谷、大渊，2009）。他们将参加实验的大学生设定为每三人一组，分成两组进行作业，验证了集体间矛盾中对于非当事者攻击的集体统一化效果。首先，他们将参加者分为同一集体内合作与非合作两组来操作集体统一化的强度。其次，他们区分了两种场面，一种是观察同一集体内的一人（サクラ）受到来自其他集体基于不正当评价而受到攻击（让其听到不愉快的杂音）的场面，另一种是观察基于正当评价而受到攻击的场面。最后，他们给予参加者报复对集体内成员实施了攻击的外集体成员的机会，并测定报复性攻击以及实际的攻击行为（给予外集体成员以不愉快的杂音）。

正如预期的那样，经历了集体内合作的组中参加者，在看到基于不当评价而受到攻击的队友的样子时，会增强其对加害方集体成员的报复性动机，也会加强其实际的攻击行为。但是，没有经历合作的组中参加者，即使看到了不当评价，也并没有增强其报复性动机。参加者通过合作经验，实现了集体统一化，虽然自己不是直接的受害者，但是他们将队友的不当受害看作与自己受害一样，强化了其对加害者的敌意。

这样的结果表明，追求集体内公正的动机，有可能讽刺性地激化集体间矛盾。所属集体的公正运营对于集体个人来讲是值得骄傲的，因为这会强化他们与集体的统一化。然而，越是强化统一的人，越会过激地对外集体成员进行攻击，容易产生报复型连锁的状况。

4. 日本人的公正观

——总结与任务

在本章中，我们基于实证研究结果，讨论了在日本社会中人们抱有公正感的原因和结果。在日本人中，不仅是平衡分配，支持平等以及必要性分配的意识也根植于其思想之中，这导致大多数人将日本社会阶层差距扩大的现状判断为不公正。然而，感知到不公正的程度因阶层而不同，特别是在与自我待遇相关的微观公正判断中，低阶层的人更容易抱有强烈的不公正感。在媒体发达的现代社会，由于人们可以得到社会整体的准确信息，低阶层的人能认识到自己在社会中的地位，并能基于此做出公正性判断。此外，越是低阶层的人，越有支持平等和必要性的倾向，这也是他们的不公正感强烈的原因。但是，要证明这些理论是否稳健，在数据上还有欠缺的地方。人们在哪种程度上准确地把握了社会的现状，又或者个人层面与社会层面的分配原理偏向与多元公正感有着怎样的关联，这些问题在今后都需要更加详细地探讨与检验。

同时，多元公正感与抗议行为也密切相关。在社会中，由于自己受到不公正待遇这种感知（微观不公正感）是不愉快的，为了降低不愉快，人们则会通过抗议行为来改变社会结构。然而，宏观公正感强的人即使参与了抗议活动，也认为这样的活动是不会被正当地接受的，因此会弱化这样的行为。另外，隶属于公正运用的集体会提高成员的自尊心，也会强化人们与社会或集体的连接，但是，集体统一化越强的人，越容易在集体内成员受到来自外集体的攻击时，形成强烈的敌意以及报复性动机。因此，公正是在理解人们对于社会的感情、动机以及行为基础上的重要概念，已有相对较多的研究在集体或组织层面探究其所扮演的角色，但是，在社会整体层面上，关注公正感结果的研究在日本还很缺乏，需要进一步检验。

参考文献

Adams, J. Stacey, 1965,"Inequity in Social Exchange," L. Berkowits ed., *Advances in Experimental Social Psychology*, vol. 2, Academic Press, 267–299.

Brickman, Philip, Folger, Robert, Goode, Erica, and Schul, Yaacov, 1981,"Microjustice and Macrojustice," M. J. Lerner and S. C. Lerner eds., *The justice Motive in Social Behavior*, Plenum, 173–202.

Dalbert, Claudia, 1999,"The World is More just for me than Generally: About the Personal Belief in a Just World Scale's Validity," *Social Justice Research*, 12 (2): 79–98.

電通総研、日本リサーチセンター，2008，『世界主要国価値観データブック』同友館。

Deutsch, Morton, 1985, *Distributive Justice: A Social-psychological Perspective*, Yale University Press.

川嶋伸佳，2012，「ミクロ公平感と社会階層―ふさわしさ知覚の効果の検証」『Center for the Study of Social Stratification and Inequality Working Paper Series』No. 3。

川嶋伸佳、大渕憲一、熊谷智博、浅井暢子，2010，「社会階層と公正感――多元的公正判断と社会的属性の関係」『文化』73 (3/4): 83-99。

川嶋伸佳、大渕憲一、熊谷智博、浅井暢子，2012，「多元的公正感と抗議行動――社会不変信念，社会的効力感，変革コストの影響」『社会心理学研究』27 (2): 63-74。

Kidder, Louise H. and Muller, Susan, 1991, "What is Fair in Japan," H. Steemsma and R. Verton eds., *Social Justice in Human Relations vol. 2: Social and Psychological Consequences of Justice and Injustice*, Plenum, 138-152.

木村邦博，1998，「教育，学歴社会イメージと不公平感」『理論と方法』13 (1): 107-126。

Kumagai, Tomohiro, 2007, "Intra-group Fairness, Group Identification, and Intergroup Aggression," Ohbuchi Ken-ichi ed., *Social Justice in Japan: Concepts, Theories and Paradigms*, Trans Pacific Press, 171-191.

熊谷智博，2008，「集団間葛藤」大渕憲一編『シリーズ21世紀の社会心理学12 葛藤と紛争の社会心理学』北大路書房。

熊谷智博、大渕憲一，2009，「非当事者攻撃に対する集団同一化と被害の不公正さの効果」『社会心理学研究』24 (3): 200-207。

Lerner, Melvin J., 1980, *The Belief in a just World: A Fundamental Delusion*, Plenum.

間淵領吾，1996，「全般的不公平感と領域別不公平感」『中央大学社会科学研究所研究報告第17号 日本人の公正観』中央大学社会科学研究所，79-101。

Mikula, Gerold, 1987, "Exploring the Experience of Injustice," Gun Semin and Barbara Krabe eds., *Issues in Contemporary German Social Psychology*, Sage, 74-96.

長松奈美江, 2004,「全般的不公平感の発生の条件——男女間の規定構造の差異に注目して—」直井優・太郎丸博編『情報化社会に関する全国調査中間報告書』大阪大学大学院人間科学研究科先端情報環境学研究分野・先進経験社会学研究分野・社会データ科学研究分野, 158-70。

日本労政調査会, 1998,「機会の平等と格差の公正を——生産性本部『個別化の進展と労使関係』」『総合資料 M&L』243: 42-53。

織田輝哉、阿部晃士, 2000,「不公平感はどのように生じるのか——生成メカニズムの解明」海野道郎編『日本の階層システム 2 公平感と政治意識』東京大学出版会, 103-125。

大渕憲一, 2004a,「公正の社会心理学——社会的絆としての公正」大渕憲一編『日本人の公正観——公正は個人と社会を結ぶ絆か?』現代図書, 3-30。

大渕憲一, 2004b,「社会的公正感と国に対する不変信念」大渕憲一編『日本人の公正観——公正は個人と社会を結ぶ絆か?』165-197。

Ohbuchi, Ken-ichi, 2007, "The Structure of Justice: Theoretical Considerations," Ohbuchi Ken-ichi ed., *Social justice in Japan: Concepts, Theories and Paradigms*, Trans Pacific Press, 72-92.

大渕憲一, 2008,「不平等と公正」, 原純輔、佐藤嘉倫、大渕憲一編『社会階層と不平等』放送大学教育振興会, 209-221。

Ohbuchi, Ken-ichi, 2011, "Social Class and Values in Japan," Ohbuchi Kenichi and Asai Nobuko eds., *Inequality, Discrimination and Conflict in Japan: Ways to Social Justice and Cooperation*, Transpacific Press, 41-64.

齋藤友里子, 2011,「不公平感の構造——格差拡大と階層性」齋藤友里子、三隅一人編『現代の階層社会 3 流動性のなかの社会意識』東京大学出版会, 219-232。

数土直紀，2010，『日本人の階層意識』講談社。

田中堅一郎，2008，『荒廃する職場/反逆する従業員——職場における従業員の反社会的行動についての心理学的研究』ナカニシヤ出版。

東京大学、電通総研，2011，「『世界価値観調査2010』日本結果速報 日本の時系列変化＜1981～2010年結果より＞」(http://www.dentsu.co.jp/books/publichation/concerned-insight/pdf/wvs-news-report.pdf)（2012年12月4日確認）。

Tversky, Amos and Kahneman, Daniel, 1973, "Availability: A Heuristic for Judging Frequency and Probability," *Cognitive Psychology*, 5（2）: 207-232.

Tyler, Tom R., Boeckmann, Robert J., Smith, Heather J., and Huo, Yuen J., 1997, *Social Justice in a Diverse Society*, Westview Press.（＝2000，大渕憲一、菅原郁夫監訳，『多元社会における正義と公正』ブレーン出版。）

Umino, Michio, 1998, "A Sense of Fairness in Modern Japan: An Evaluation of Stratification System," 宮野勝編『公平感と社会階層（1995年SSM調査シリーズ8）』1995年SSM調査研究会，57-73。

海野道郎，2000，「豊かさの追求から公平社会の希求へ——階層意識の構造と変容」海野道郎編『日本の階層システム2 公平感と政治意識』東京大学出版会，3-36。

海野道郎、斎藤友里子，1990，「公平感と満足感——社会評価の構造と社会的地位」原純輔編『現代日本の階層構造2 階層意識の動態』東京大学出版会，97-123。

読売新聞，2009，『経済的豊かさが公平に行き渡っているか』9月22日朝刊。

Yzerbyt, Vincent, Dumont, Muriel, Wigboldus, Daniel, and Gordijn, Erbestine, 2003, "I feel for us: The Impact of Categorization and Identification on Emotions and Action Tendencies," *British Journal of Social Psychology*, 42: 533-549.

终章

寻求更加美好的社会

大渊宪一

1. 社会差异理论

即使是在意识形态上主张平等的国家，国民间也存在很大的社会差异，这是不争的事实。当然，不同国家其差异程度有所不同，但无论哪个国家，都存在经济和社会资源上的不平等。在近几年的日本，社会差异问题也成为主要的政治论点。该问题经常被作为发展社会经济还是保障社会福利两项议题之间的对比而被讨论。大致而言，前者容易成为赞成容忍社会差异的一方，而后者容易成为赞成缩小社会差异的一方。然而，认为经济成长政策就是容忍社会差异的存在的这种看法太过单纯，如何实现经济增长，在讨论其方法的经济思想中，存在对社会差异有着不同看法的两种学派。

容忍社会差异的代表性经济思想是作为新自由主义政策理论依据的涓滴理论。该理论以古典经济学为原理，所谓涓滴（Trickle Down），就是缓慢流下的意思。其主要思想是，不通过福利政策向低收入阶层直接分配经济资源，而是让上层企业活动变得活跃，由此不断增加富裕阶层的资产，而富裕阶层的资产会自然地往下层渗透，因此所有国民的利益都会增加。然而，该思想并不是要把差异社会作为理想形态，它假定如果自由的经济活动可以得到保证的话，不同阶层间的流动就会活跃起来，在富裕阶层不断更替的过程中，财富会惠及整个社会，最终实现社会平等。但是，正如对日本小泉内阁结构改革路线的评价一样，这样的新自由主义政策被批评为单纯只是在扩大社会差异而已。

与该经济思想形成对比的是自下而上战略。其主要内容是通过制定失业政策、提高最低薪资等方式来增加低收入者的收入，由此扩大国民消费，从而提升经济活性。该思想虽然是作为发展经济的手段而被提出的，但其中也包含了缩小社会差异的政策。然而，至少在现阶段，政府的施政并没有看到任何效果，社会差异也并没有得到改善。

这些经济思想作为经济成长的手段，虽然施行的政策不同，但是它们的最终目的都是建设惠及全民的平等世界。在这个意义上，从意识形态来讲，无论哪一方都可以被认为是广义的平等主义。但是，也有人对社会差异的必要性持积极肯定的态度。其中之一就是佐藤嘉伦（本书第1章）所提到的功能主义社会阶层理论。该理论认为，为了维持社会正常运营，需要将有才能的人置于重要的社会位置上，为了达成这样的目的，就必须准备相应的报酬。该理论的想法是针对社会中存在的位置进行不平等的社会资源分配，而个人则通过竞争来获得其相应的位置，其目的并不是要把特定的社会阶层结构合法化。

心理学研究领域中也有与该社会学理论在某种程度上存在相似性的思考方式。这种思考方式认为，人与人之间在能力以及资质上存在差异，因此，其待遇有所不同也是理所当然的。该思考方式的典型例子是普拉托等（Pratto et al., 2006）提出的社会支配理论（Social Dominance Theory）。他们的主张主要集中于群体，认为至少有人相信，世上存在优秀群体和劣等群体，他们之间的社会力量与资源分配存在差异是理所当然的。

2. 阻碍差异缩小的社会因素

然而在日本，几乎很难听到包容社会差异，并主张社会差异是有必要的这种声音。与之相反的，经常能够看到消除社会差异的平等主义主张，这种主张是10年前社会差异被视作社会问题时开始出现的。可以说，每个政党的候选人为了获得议员席位，都标榜着要缩小社会差异。但即使如此，社会差异问题也始终得不到解决，这是因为其中应该存在阻碍社会差异缩小的因素。在本小节，主要讨论这些因素中的社会性因素，而这些因素在本书的其他章节中其实已有明确或暗示性的讨论。

首先，分析了雇佣不平等的佐藤（第1章）认为，"非正规雇佣者的各种困境来自他们或她们所落入的陷阱，这个陷阱则是由突变的社会现实与不能及时应付该变化的雇佣-福利制度之间的差距所产生的"，并指出了制度的延迟性。永吉希久子（第3章）认为"失业不仅会使个人失去经济资源，同时，也会剥夺其与他人接触的机会、发挥能力的机会以及被他人认可的机会，并基于此，被社会排除于其他领域之外"。在此基础上，她介绍了瑞典的例子，指出在瑞典个人参加技能提升的项目是强制性义务，而在日本，只是单纯支付失业补助，这从制度上来讲是有缺陷的。

学历被认为与雇佣形态相同，都是产生社会差异的社会性因素。在日本，比起把学历社会作为批判对象的高度成长期，其现下的经济效果其实更加明显（橘木，2010）。作为学历基础的个人学习能力，其在教育研究领域公认的最大决定因素是家庭环境。松冈亮二（第10章）从社会学角度分析了该问题，并发现富有家庭的孩子，从父母那里遗传了潜在能力的同时，还收获了丰富的学习支援，也激发了自身的能力，获得高学历的概率也大大增加。中室牧子（第11章）从不同的观点出发分析了家庭环境的影响力。她展示了孩子幼年期的健康状况与高中教育学业成绩之间的相关性，并进一步指出幼年期的健康状况会基于该机制而影响之后的学历以及收入。这些研究都暗示了在日本，"由原生家庭环境所造成的社会差异"正在扩大。

下夷美幸（第4章）主要分析了作为家庭社会差异问题之一的单亲母亲家庭的情况，她指出日本的单亲母亲家庭贫困率在发达国家中最高，并提出其原因是日本的家庭政策无法摆脱旧时的"男主外"模式。

木村敏明（第2章）把多民族国家印度尼西亚作为分析对象，指出该国内部所产生的巨大经济差异被民族间问题这件"外衣"所包裹，同时还被假想的社会差异所夸大且不断表面化。

上述研究指出了形成社会不平等的一个共同点，那就是社会制度跟不上经济环境以及国际形势的变化，或者是社会制度没有被改善。但是，制度不会随着时间的推移自然地改变，问题也不会随着时间的推移而自动消失。要想改变现状，就需要有政治性动员，为了达成政治动员，国民的意识形态也需要发生改变。虽然在社会差异之中有能够容忍的部分也有不能容忍的部分，为了实现变革，国民应该更多地把社会差异看作没有合法性的，并随时保持改变现状的意识形态。

然而，在日本，社会差异被视作主要的社会问题已有10年，也还没有制定出有效的改善方案。由此可见，社会差异的原因除了经济环境等外部因素，还需要考虑构成社会的人的因素。实际上，很多国家的社会差异比日本还要大，并且它们从很早就开始把差异视作问题，但完全不愿意去改变。在下一小节，我们将讨论阻碍社会差异缩小的心理因素。

3. 阻碍差异缩小的心理因素

在讨论心理因素之前，需要做一点申明。本节所涉及的因素仅仅聚焦于人类心理的普遍特征，不一定完全与上一节所提到的具体社会问题相关联。虽然心理因素存在于社会问题的背景之中，但是其并不凸显于社会背景。然而，为了解决社会差异的相关问题，无论什么问题，都需要得到社会成员的广泛理解与支持。如果社会成员中有很多人都持有接下来将谈到的这种心理隔阂，我们就需要构思具体的解决方案，并在实行方案时充分理解该内在因素的作用，在可能的范围内考虑对策。本节基于以上思想，阐释阻碍缩小社会差异的心理隔阂因素。

本节所讨论的内容主要基于池上知子（2012）所著《差异与秩序的心理学——平等主义的悖论》（『格差と序列の心理学——平等主義のパラドクス』）一书。池上从10年前开始就对日本的学历差异问题进行持续的实证研究，并在研究中总结出了很多有意义的观点。在全球 COE 计划中，我们于 2009 年邀请到了世界著名民族纷争研究者——牛津大学的迈尔斯·休斯托教授来到仙台参加以"社会公正、阶层与群体间纷争"为题的国际研讨会，池上担任了当时的评议人。从这一点来讲，池上与我们有着共同的问题意识。

公正世界信念

1966 年，一位名叫勒纳的社会心理学家发现了某个实验现象，该现象以此为契机在之后变得广为人知。在他们的实验中（Lerner and Simmons，1966），作为实验参加者的女大学生观察了接受记忆力检查的某个学生因不合格而受到电击惩罚的状况。实验结果发现，相较于被事先暗示相信自己可以改变现状的参加者，事先被暗示不能改变现状的参加者对受到电击的受害者持更加否定的态度。基于此，勒纳指出，当人们看见有人遭受不幸时，他们在产生同情的同时，也会认为这个人一定是因为某些相应的原因遭受到了这样的不幸，这被称为公正世界信念（Just World Belief）。公正世界信念指的是世界是公正的，一个人所遭受的待遇是与这个人相称的。具体而言，其包含了"努力的人就会有回报，不努力的人不会有回报"或者是"善良的人会收获幸福，作恶的人不幸在等着你"这种想法。该信念包含了"希望世界公平"这一愿望，并广泛存在于人们的思想中（Lerner and Miller，1978）。

"善有善报，恶有恶报"这种因果报应的观念可以在世俗的伦理和宗教的讲义中经常看到，这也反映了公正世界信念。此外，最近经常可以看到体育界与商界的成功人士会在电视上用"不要放弃，只要努力一定可以实现梦想"等言语来鼓励年轻人。努力就有回报这样的信念的确是一种提高上进心和积极性的想法。实际上，在心理学中，有一个被称为自我效能感的概念，自身持有该信念的人被发现在完成各种任务时有非常强的动机和耐心（坂野、前田，2002）。但是，"只要努力"这种信念，反过来看的话，就会解释成人们不顺利是因为没有努力。成功的人是因为他努力了，而没有成功的人是因为他不够努力。这样的理念中虽然有一部分是事实，但是，人们却将其过分夸大，奉行为为人处世之观念。

无论好坏，世间所有人都应该得到与之相应的结果，这就是公正世界信念。但是，这个信念在刺激上进心的同时，也会肯定现状，即使存在社会差异，人们也会认为这是难以避免的并容忍其存在。在这个意义上，公正世界信念会催生肯定现状的思想。即使在面对一个存在差异与不平等的社会结构时，人们也会认为它的存在是有理由的，因此不会想要马上进行变革。从这个角度来讲，公正世界信念可以被认为是阻碍社会差异缩小的心理因素。

有观点认为公正世界信念是从人们的控制欲中派生出来的。这个世界充满了不合理、不讲理的事，也不知道下一秒会发生什么，这种不可预测性让人们感到不安。但事实并非如此，人们相信这个世界是可以预测的。公正世界信念能够减少人们的不确定感，提升人们对于未来生活的希望。但是，公正世界信念有如上所述的副作用，会成为阻碍社会差异缩小的心理因素。

制度正当化

制度正当化是近年在欧洲备受关注的社会心理学理论。它也试图从人类心理学的角度去阐释社会中明明存在不平等，却不容易发生社会变革的现象。现在世界上仍然存在很多独裁国家。根据2011年的"民主主义指数"（Economist Intelligence Unit, 2012），在被调查的167个国家中，有52个国家被认为是独裁国家，占世界总人口的37.5%。虽然偶尔有市民站起来为了打倒独裁政权而发起暴动和内战，但这是极个别例子，在大多数独裁国家中，人们处于极不平等的压制之下，并且只能忍受现状。其原因除我们所知的暴力支配与情报统治外，难道就没有其他的吗？一位叫津恩的政治历史学者认为，人们有被长期卷入的倾向，也有顺从于强大环境的倾向（Zinn, 1968）。

另外，即使在非独裁的所谓"民主国家"中，其社会中也存在很大的差异。根据OECD（2012）资料，在高基尼系数国家中，前10名（包括美国、英国以及澳大利亚）几乎都是所谓的"民主国家"。这些国家拥有报道自由以及公职选举制度，是非常有可能利用和平手段促成社会变革的。然而，为什么在这样的国家中不平等仍然没能缩小？这很明显不能归咎于高压政治体制了。

尝试从心理学观点来解释这一不合理社会现象的是约斯特的制度正当化理论（Jost et al.，2004）。他在这篇2004年的论文中提出了以下主张：①即使违反自身利益，人们也有动机将现有社会体制正当化；②而这样的动机只存在于现有社会体制下待遇最差的低阶层者中；③该动机经常是下意识性的，并非人们的自觉性产物。在不平等的社会体制之下，高阶层的既得利益者想要将现状正当化，是因为他们要保护自身利益不受损害，这很容易理解。然而，在现有社会体制之下完全没有获得利益的低阶层者是否真的像约斯特所说的同样要将现状正当化呢？

我们于2010年12月邀请约斯特参加了在东京召开的名为"社会不平等及其正当化"的全球COE国际研讨会，并有幸听取了他关于制度正当化理论及相关研究的演讲。在此次演讲中，他为了回答我们的问题，展示了很多实证性的研究结果（Jost，2010）。例如，他引用1998年的盖洛普调查，指出超过一半的美国低收入者仍然认为美国的市场制度是公正的。川岛申佳（2012）以日本人为对象针对社会公正感做了同样的调查，然而结果却比较复杂。当被问及"社会是否公正"的时候（宏观公正感），整体而言持否定回答的人更多，但是，当被问及"自己是否被社会公正对待"的时候（微观公正感），持肯定回答的人则更多，无论在高阶层还是低阶层中，都有过半的人回答自己是"被公正对待"的。此外，从学历角度来讨论该问题的池上

（2012）发现，低学历者在学历社会中虽然处于不利地位，但是他们与高学历者一样，仍然支持学历主义。虽然问法上稍有不同，但这些结果都暗示在日本人中同样也存在制度正当化的现象。

对于正当化的理由，有许多理论尝试对其进行解释。首先可以列举出的就是认为人类对变化有抵触情绪的心理惯性理论。改革需要付出很大代价，如果在不确定其是否能带来好的结果时，即使对现状有一定不满，人们也会趋于保持现状，这就是理性选择。这时，人们会对难以改变的现状产生不满情绪，这一情绪是非常痛苦的。因此，人们会说服自己，认为"这是没有办法的"，以此来缓解痛苦，并将现有制度正当化（Jost et al.，2004）。此外，约斯特等人还指出，至少美国人还抱有一定的非现实性乐观期望（正向错觉），即认为在现有制度中，自己总有一天也能飞黄腾达（Jost et al.，2003）。

另外，约斯特（Jost，2010）还认为人们有积极支持现有制度的倾向，而这主要表现在当社会受到外部威胁的时候。在"9·11"恐怖袭击事件发生后，美国公民无论处于哪个党派都开始支持布什总统的政策。外在威胁会强化人们的集体依赖性和集体所属意识，在这种心理状况下，集体内部的阶层以及社会差异被弱化，而同伴意识则会被增强，由此产生美化本国的集体自豪感，并强化制度正当化。

互补性世界观

从制度正当化研究中衍生出来的另外的差异正当化心理被称作互补性世界观。由于在日本，相关研究主要由池上（2012）负责开展，因此本节将基于她的研究进行介绍。互补性世界观是一种信念，它认为在经济层面没有得到利益的人在其他方面应该会与之互补地得到另外的东西。约斯特等（Jost et al., 2005）通过对各国的调查确认了这一信念。一般而言，经济地位高的人会在"有知识、有精力"等能力维度被高度评价，而在"易亲近、诚实"等人格维度其评价却很低；但是，对于经济地位低的人，评价却恰好相反。

这样的互补性刻板印象的确频繁出现在人们的日常对话中。比如，地域性刻板印象认为"大城市里的人虽然过着便利且充实的生活，然而人与人之间的沟通很少很孤独。而小地方虽然生活交通不便还很贫穷，但是在那里生活的人们人际关系都很好，内心很充实"，或者也有类似于"高学历的人虽然很优秀，但是都很自私而且冷漠；而低学历的人能力虽然一般，但是很温柔而且经常为人着想"等与学历、能力以及人性相关的刻板印象（池上，2012）。

互补性世界观在某些情况下有一定的依据。人们在产业化前的农村社区中，为了季节性农耕，协同作业是不可缺少的，同时，由于居住的地方也都相对邻近，所以日常交流也很活跃，相互依赖性强的合作文化能够强化人们对他人的关怀。然而，在产业化社会中，人们之间的合作性很少，工作单位离居住地甚远，交流也变得稀少，因此人与人之间的相互依赖性与对彼此的关心都一定会相对弱化。经济富裕程度与人性相关的互补性世界观在人们的生活体验中有着根本性的区别，从某种程度上来讲这是事实，但是如今它却正被夸大，并且被无条件地普遍化。刻板印象总的来说就是这样。虽然有一部分是事实，但是像这样被夸张的刻板印象在人们之间普遍流传也需要考虑人们接受它的心理背景。

约斯特的研究进一步指出，越是抱有互补性世界观的人，对经济差异越是宽容，也越倾向于支持产生不平等的现有社会制度。因此，该信念也是将社会差异正当化的一个心理因素。那么，这是一个怎样的心理机制所产生的效果呢？

从互补世界观的角度来看，在经济层面处于不利地位的人在其他方面能够得到一定的利益，因此，综合起来考虑的话，他们并没有处于过分苛刻的环境之中；而在经济层面处于有利地位的人，在其他方面却有所缺失。因此，总体而言，人们所得到的待遇其实基本上是持平的。从大局来看，人们会认为世界是公平的，即使在经济层面有一定的差异与不平等，对于其不满也会被互补性世界观减弱，从而提高对现有制度的宽容性。

虽然互补性世界观也会增强世界是公正的这一思想，但是这与前述的公正世界信念相比却大相径庭。川岛申佳与大渊宪一（第13章）认为，人们在判断某个状态是否公正的时候，会使用三个标准。这三个标准分别为平衡、平等以及必要性。作为最初解释社会差异正当化心理的公正世界信念，其表达的内容是人们会受到与之资格（能力以及努力）相符的待遇。因此，这是从平衡标准角度来表达的公正。另外，互补世界观则认为，无论怎样的人都会有好的以及不好的一面，从大局上来看，世界是平等的。因此，这是从平等标准来看待的公正。

心理阻碍及其消除

在上一小节，我们列举了作为阻碍社会差异缩小的心理因素，即公正世界信念、制度正当化以及互补性世界观，并考察了其心理机制。其中所包含的心理阻碍因素主要有以下几点。①盲目相信世界是公正的：人们之间，存在希望世界变得公平的这种信念。我们一般认为从平衡标准所看到的公正是公正世界信念，而从平等标准所看到的公正就是互补性世界观。②改革成本与不确定性：想要打破现状，改变社会制度是需要心理以及物质成本的。对于这些成本的负担感知以及对于不确定性的回避却让人们止步于改变现状。③认知不协调的降低：虽然觉得现状是不公正的，但是又没有办法改变，这种情况下就会出现认知不协调。为了回避这种不愉快的心理状态，让自己接受"无能为力"这种想法，自身会试图去将现状正当化，认为现状并不是完全不合理的。④非现实性乐观主义：虽然现在还不清楚该点是否适用于日本人，但是，约斯特的研究指出，部分美国贫困层的人相信自己有一天也会在现有制度下晋升成为高地位的人，因此，在他们之中基本上看不到对现实的悲观性。

像这样的现实正当化心理虽然会缓和处于不利地位人群的痛苦，但是，这也使他们接受现状，降低其变革动机。因此，为了让世人认识社会差异，并使以力争缩小社会差异为目的的社会运动以及社会政策达到预期效果，就有必要了解人们内心的这种非意识性心理阻碍的存在。其中最重要的是，作为现有制度下的牺牲者，低阶层的人也有这样的心理阻碍，如果在认识不到这一点的基础上将他们单纯地看作牺牲者的话，很有可能会招致他们的反感。

4. 面向不平等的缩小

—— 从必要性标准来看待不公正

社会差异问题与社会公正有着紧密联系。如果某一种差异被认为是公正的，那这种差异就会被默认甚至推崇；但是，如果这种差异被认为是不公正的，它就会被指责并要求被改善。然而，如川岛和大渊（第 13 章）所述，公正判断的标准不是一概而论的。从历史上来看，由于社会理念的差异，判断公正的标准有很多，但整体而言，包括日本在内，在现代民主社会中，一般公正标准有平衡、平等以及必要性这三种。

在本书的各章中，笔者讨论了各个社会领域中的差异，当然，这些研究都将差异视为是不公正的。如果仔细观察这些不公正是参照什么样的标准来判断的，就可以发现它们中大多数都是按照必要性标准来的。例如，本书中，由佐藤（第1章）与永吉（第3章）所指出的以非正规雇佣者为对象的支援制度整备迟缓问题，松冈（第10章）与中室（第11章）所研究的由家庭环境等初始条件所引发的学历差异固化问题，或者是由下夷（第4章）所谈到的日本单亲母亲家庭高贫困率等问题，这些都强调了在日本社会差异扩大的情况下对于其弱势者的救助政策不完善的问题。因此，这些都在批判现实社会并没有满足公正的必要性。换言之，在如今日本社会中的不平等问题中，最严重的就是从必要性标准来判断不公正的一面。

如社会差异缩小的心理阻碍一节所述，关于从平衡标准以及平等标准角度来看待不平等问题，人们有着将其正当化，且不会将其当作不公正问题的倾向。也就是说，人们对于违背平衡以及平等的不平等问题有着心理耐性，因此不会轻易将其看作不公正。但是，关于必要性却并非如此。人们对于违反该标准的不平等是非常敏感的，并且将这样的状态视为问题的倾向非常强烈。关于这一点，现有社会调查的数据可以证明。在2010年笔者以日本成年人为对象的调查中（Ohbuchi, 2011），当询问三种公正标准中哪一项最为重要时，回答必要性的人占比是最高的。

虽然没有可以参考的数据，但我们可以推断，把必要性标准看作判断不公正先决条件的可能不只有日本人。这是由于在正义论思想家的主张中，我们可以看到同样的东西。第一，众所周知，罗尔斯和凯莉（Rawls and Kelly, 2001＝2004）认为在社会差异原理中，差异被默认，是由于现有制度下既得利益者的活动改善了不利地位者的待遇。他的论点来自合理性观点，认为如果从"人生只有一次"等人类特质来合理性地思考的话，就应该有这样的结论，即社会制度应该被设计成无论谁都可以改善处于不利地位现状的机制。第二，森（Sen，1992 = 1999）认为，在自由与平等等人类的普遍价值中，应该包含"发展自我，让自己活得像人"这样的权利，并陈述无论在什么样的社会中，对于处于不利地位的人的救济都是需要被最先考虑的，这是基于价值理念的主张。

森的主张也影响着研究解决民族纷争等问题的社会科学家的思考方式。曾经，他们单纯认为人为了活着，其基本只有食欲以及睡眠欲等生物学上的欲求，但是近年来，森所主张的认为自我实现、自尊心以及社会包容等精神和社会需求才是人类基本所需的这种思考方式正在加强。这是因为，从生物学角度无法说明被压迫民族不顾自身性命为了民族自治以及民族自豪投身于抵抗运动中的这种现象（Bar-Tal，2011；2012）。从这个角度来看，为了满足必要性这个标准，除了单纯的生存，也需要有满足精神以及社会需求的生活水平。这才是在今天的日本，我们要求缩小社会差异的焦点。

憎恶因缺少必要性而引起不公正的这种心情，对日本人而言，除了上述意识形态，也与传统价值观相关。虽说不是当事人，但是很多人都觉得不能放任身边的人们生活在痛苦之中，同时，即使是生活富裕的人，当看到生活贫困的人时，也有人会对自身的奢华生活感到愧疚。所以，有部分看法认为传统共同体意识如此强烈的日本人，特别喜欢以保护弱者为目标经营集体（大渊，2008）。

虽然我们可以从心理、理念以及合理性等方面来列举其理由，但是从结果而言，可以说在现代日本，对于不平等，人们会抱有强烈的不公正感，同时，希望缩小不平等的标准主要基于必要性。

参考文献

Bar-Tal, Daniel, 2011, *Intergroup Conflicts and Their Resolution: A Social Psychological Perspective*, Psychology Press.（＝2012，熊谷智博、大渕憲一訳『紛争と平和構築の社会心理学——集団間の葛藤とその解決』北大路書房。）

de Mandeville, Bernard, 1714, *The Fables of the Bees: Or.*（＝1985，泉谷治訳「蜂の寓話——私悪すなわち公益」法政大学出版局。）

Economist Intelligence Unit, 2012, *Democracy index* 2011: *Democracy under Stress*, http://pages.eiu.com/rs/eiu2/images/EIU://Democracy://Index://Dec2011.pdf（2012年11月8日アクセス）.

池上知子, 2012, 『格差と序列の心理学——平等主義のパラドクス』ミネルヴァ書房。

Jost, John T., 2010, "A System Justification Perspective on Social Stratification and Inequality," Paper presented at the International Symposium of the Center for the Study of Social Stratification and Inequality, Tohoku University (Tohoku University Tokyo Office, December 18).

Jost, John T., Banaji, Mahzarin R., and Nosek, Brlan A., 2004, "A Decade of System Justification Theory: Accumulated Evidence of Conscious and Unconscious Bolstering of the Status Quo," *Political Psychology*, 25: 881 – 919.

Jost, John T., Blount, Sally, Pfeffer, Jeffrey, and Hunyady, Gyogy, 2003, "Fair Market Ideology: Its Cognitive-motivational Underpinings," *Research in Organizational Behavior*, 25: 53 – 91.

Jost, John T., Kivetz, Yifat, Rubini, Monica, Guermandi, Grazia, and Mosso, Cristina, 2005, "System-justifying Functions of Complementary Regional and Ethnic Stereotypes: Cross-national Evidence," *Social Justice Research*, 18: 305–333.

川嶋伸佳, 2012, 「ミクロ公正感と社会階層――ふさわしさ知覚の効果」未公刊論文。

Lerner, Melvin J. and Miller, Dale T., 1978, "Just World Research and the Attribution Process: Looking Back and Ahead," *Psychological Bulletin*, 85: 1030–1051.

Lerner, Melvin J. and Simmons, Carolyn H., 1966, "Observer's Reaction to the 'Innocent Victim': Compassion or Rejection?" *Journal of Personality and Social Psychology*, 4: 203–210.

OECD, 2012, OECD Factbook 2011–2012, http://www.oecd-ilibrary.org/economics/oecd-factbook-2011-2012://factbook-2011-en, 2012年11月8日アクセス。

大渕憲一, 2008, 「不平等と公正」, 原純輔、佐藤嘉倫、大渕憲一編『社会階層と不平等』放送大学教育振興会, 209–221。

Ohbuchi, Ken-ichi, 2011, "Social Class and Values in Japan," Ohbuchi Kenichi and Asai Nobuko eds., *Inequality, Discrimination, and Conflict in Japan: Ways to Social Justice and Cooperation*, Transpacific Press, 22–40.

Pratto, Felicai, Sidanius Jim, and Levin, Shara, 2006, "Social Dominance Theory and the Dynamics of Intergroup Relations: Taking Stock and Looking Forward," *European Review of Social Psychology*, 17: 271–320.

Rawls, John and Kelly, Erin, 2001, *Justice as Fairness: A Restatement*, Harvard University Press.（=2004, 田中成明訳『公正としての正義再説』岩波書店。）

Sen, Amartya, 1992, *Inequality Reexamined*, Harvard University Press.（=1999, 池本幸生、野上裕生、佐藤仁訳『不平等の再検討――潜在能力と自由』岩波書店。）

坂野雄二、前田基成，2002，『セルフ・エフィカシーの臨床心理学』北大路書房。

橘木俊詔，2010，『日本の教育格差』岩波書店。

Zinn, Howard, 1968, *Disobedience and Democracy: Nine Fallacies on Law and Order*, Vintage.

后　记

　　如导言所述，本书汇集了社会阶层与不平等研究中心10年的研究成果。在导言中虽然阐明了中心的研究项目，但是并没有涉及教育项目的内容。教育项目的内容也就是本中心的主要目的是将研究和教育如两个车轮一样组合起来推进研究教育活动。

　　成为教育项目对象的是博士后成员以及博士研究生。博士后成员通过国际社会学会名单或网站等各种国际网络进行应聘。每年有许多优秀的青年研究者来应聘，以至于我们在选拔中难以做出取舍。他们于国内外顶尖高校取得博士学位，为本中心带来了最前沿的研究，也成为研究生的榜样。

　　研究生是在校内公开招募的。这些招募的研究生虽然原本就是资质很高的学生，但是，在接受本中心的国际性以及跨学科性的项目教育后，其研究视野不断拓展，也成长为能够在国际会议中进行演讲并将论文投稿于国际杂志的研究者。中心刚成立的时候，在研讨会中，对"我们必须用英文演讲"抱有疑问的研究生也逐渐能够积极地活跃于各种国际场合中。

　　在教育项目中，中心的专任教员做出了许多贡献。在全球COE计划实施的5年间我们雇用了1名副教授以及6名助教。他们不仅是优秀的研究者,也热心参与英语课程的开设、英语论文的写作以及英语演讲的个人指导等,为博士后成员与研究生奠定了在国际舞台发挥能力的基础。

本中心教育项目的最大特征是定期举行英语研讨会。我们招聘国内外一流研究者,并让他们讲解全球最前沿的研究,同时,让博士后成员和研究生习惯于用英语做报告。此外,由于不同研究领域的研究者会做不同科目的报告,就自然而然地形成了跨学科的氛围。我们也开展分研究部门的研讨会,深化各部门中成员的研究内容。通过国际性和跨学科性的定期研讨会以及深化研究的分部门研讨会,本中心培养了博士后成员与研究生推进自身研究的能力。

另外,我们也举办了数次国际讨论会。这样的讨论会有两个效果:一个当然是通过重复对最前沿研究的讨论,高水平地推进中心的研究;另一个是让博士后成员与研究生通过与世界一流研究者直接对话,亲身体会世界各地的研究情况。

不仅如此,与本中心成员大卫·格伦斯基担任所长的斯坦福大学"贫困与不平等研究中心"举办的夏令营成为博士后成员与研究生锻炼的场所。每年夏天,在本中心或"贫困与不平等研究中心"都会举办为期 5 天的夏令营,其内容主要是研究生报告自己的博士论文构想。美、日研究生的交流对他们来说总是充满了知识的碰撞。

本书内容大多数以这些研讨会、讨论会以及夏令营中心成员间的讨论为基础。研究与教育如两个轮子有效地结合在一起所产生的结果有助于成员开展活跃的讨论。例如,第 1 章就是执笔者佐藤嘉伦根据与今井顺等中心成员在研讨会和讨论会上的讨论结果写就。此外,第 3 章也是执笔者永吉希久子基于与中心成员关于制度与不平等关系的讨论所累积的结果而写就。

现在，很多研究者从该项目出发，在全国各地进行研究活动或指导新研究者。本中心在日本社会如"一石激起千层浪"，这样的情形正是我们当初设立该项目时所追寻的目标之一，对于这一点我们可以自豪地说取得了丰硕的成果。

在全球COE计划结束的2013年3月，本中心也暂时告一段落。但是，这并不是结束。我们打算继续与在日本东北大学推行融合研究的国际高等研究教育机构合作，并利用10年间积累的研究教育成果以及国际网络向下一阶段进发。

最后，我们要向通过21世纪COE计划与全球COE计划支持本中心的文部科学省，同时给予我们总长裁定经费等财政支援与学术支援的日本东北大学和文学研究科，以及历经10年持续支持我们研究教育活动的中心事务所的和泉爱玲、大友復父、木村美穗、尾琦宽昭、远藤弘表达诚挚的谢意。

2013年2月
佐藤嘉伦、木村敏明

索 引

人物索引

あ 行

秋永雄一 秋永雄一 11

アベグレン, J. C. 詹姆斯・克里斯蒂安・阿贝格伦 26

池上知子 池上知子 311, 314, 315

イザキ, S. 施洛莫・伊萨基 10, 171, 175

石田賢示 石田贤示 9

イゼルビット, V. 樊尚・伊泽拜 301

今井順 今井顺 10, 25, 27, 325

岩田正美 岩田正美 30

エスピン－アンデルセン, G. 戈斯塔・艾斯平－安德森 56

大西仁 大西仁 6

大渕憲一 大渕宪一 11, 285～287, 299, 317, 318

か 行

金子勝 金子胜 5

苅谷昭彦 苅谷昭彦 212, 213, 216, 217, 230

川嶋伸佳 川岛申佳 11, 293, 295, 297, 300, 314, 317, 318

熊谷智博 熊谷智博 301

グラスキー, D. 大卫・格伦斯基 325

クンチャラニングラート 康贾拉宁格勒 39

玄田有史 玄田有史 22

さ 行

酒井正 酒井正 23

佐藤嘉倫 佐藤嘉伦 1, 6, 197, 308, 309, 319, 325

下夷美幸　下夷美幸　9，310，319

ジョスト，J. T. 约翰·约斯特　314～318

白波瀬佐和子　白波濑佐和子　22

ジン，H. 霍华德·津恩　313

菅山真次　菅山真次　26

数土直紀　数土直纪　296

スハルト　哈吉·穆罕默德·苏哈托　43，47～49

ヤホダ，M. 马里·雅赫达　68

セン，A. 阿玛蒂亚·森　320

た行

タイラー，T. 汤姆·R. 泰勒　290

瀧川裕貴　泷川裕贵　10

竹中歩　竹中步　9

橘木俊詔　橘木俊诏　5，11，265

ダルバート，C. 克劳迪娅·德尔伯特　299

太郎丸博　太郎丸博　20

辻本昌弘　辻本昌弘　9

デュルケーム，E. 埃米尔·杜尔凯姆　147

な行

永瀬伸子　永瀬伸子　23

中室牧子　中室牧子　9，11，310，319

永吉希久子　永吉希久子　8，309，319，325

野村正實　野村正实　28

は行

浜田宏　滨田宏　10

濱本真一　濱本真一　11

樋口美雄　樋口美雄　23

ヒューストン，M. 迈尔斯·休斯托　311

ブーケ，J. H. 朱利叶斯·赫尔曼·波克　42

フォレンホッヘン，C. V. 科内利斯·范·佛伦霍芬　38

二村一夫　二村一夫　27

ブッシュ大統領　布什总统　315

ブラトー，F. 费莉西亚·普拉托　308

フリダスタイン，N. 尼尔·弗利格斯坦　151，152

ブリックマン，S. P. 菲利普·布里克曼　290

ポランニー，K. 卡尔·波兰尼　144

ま行

松浦司　松浦司　11，265

松岡亮二　松冈亮二　10，310，319

マルクス，K. 卡尔·马克思　144

宮本太郎　宮本太郎　25

武者陵司　武者陵司　5

や・わ・ら行

吉原直樹 吉原直树　6

ラーナー，M. 梅尔文・勒纳　299，311

レッグ，J. D. 约翰・大卫・李格　39，43

ロールス，J. 约翰・罗尔斯　319

ワヒド，アブドゥルラフマン 阿卜杜拉赫曼・瓦希德　49

事項索引

あ行

アジア人材資金構想 亚洲人才资金构想　105

アメリカ 美国　214

一卵性双生児 同卵双胞胎　245，248，255

イデオロギー 意识形态　310

移動 流动　143～146，149，155

　――障壁 壁垒　21

移民 移民　97～111，116，119～121，123，124，128，130

　――地位達成 地位获得　9

因果応報 因果报应　312

インドネシア 印度尼西亚　6，8，310

SSM調査 SSM调查　16

OECD OECD　214，314

オールドカマー 旧来者　103

回帰分析 回归分析　104，105

か行

外的脅威 外部威胁　315

格差 差距　155

　安定性の 稳定性――　205

　地域間 地域间――　281

　賃金 工资――　19，20

学習活動 学习活动　216，218，226

学習資本 学习资本　212，213，227，228

学習資本主義社会 学习资本主义社会　212

学習態度 学习态度　213

学習能力 学习能力　212，216，219，222，226，228，229

学習の市場化 教育的市场化　230

学歴 学历　309

　――主義 主义　315

家族固定効果 家庭固定效应　244，248

家族政策 家庭政策　91

学校基本調査 学校基本调查　275

学校選択制度 择校制度　230

学校ランク 学校排名　219，223，226

家庭環境 家庭环境　310

企業規模 企业规模　155

企業形態 企业类型　140

企業内組合 企业工会　26，152

企業福祉 企业福利 154

企業別組合 企业类工会 152，154

擬似実験 准实验 246

規制緩和 管制放松 29，139，154

機能主義的社会階層論 功能主义社会分层论 24，308

義務教育費国庫負担金 义务教育经费国库负担制度 11，263，264，267，268

キャリア 职业晋升 142，148，152

キャリアパス 晋升捷径 111

ギャロップ調査 盖洛普调查 314

教育生産関数 教育生产函数 241，256

教育達成 受教育程度 11

教育投資 教育投资 11

強制執行制度 强制执行制度 88

兄弟固定効果 兄弟固定效应 248

——モデル 模型 245

均衡 均衡 267

グローバルCEOプログラム 全球CEO计划 2，5，326

経済思想 经济思想 307

経済社会学 经济社会学 140

計測誤差 测量误差 246，249

契約 契约 143～147，149，156

ゲーム理論 博弈论 11，265

結婚 结婚 22

——格差 不平等 29

欠損値バイアス 缺失值偏误 253

建国五原則 建国五原则 41

現状肯定 肯定现状 313

抗議行動 抗议行动 299

高校ランク 高中排名 215，228

講集団 互助会 9，116～123，125，127～132

交渉された秩序 在妥协中所形成的秩序 142

公正 公正 284，285，288，289

——研究部門 研究部门 4

——の絆仮説 的羁绊假说 300

——の公式 的公式 285

社会的 社会—— 318

公正感 公正感 11

社会的 社会—— 314

マクロ 宏观—— 11，291，292，299，314

ミクロ 微观—— 11，291～293，299，314

公正世界信念 公正世界信念 12，299，311

高度技能人材 高级技能人才 99，104，107，109

公認宗教 公认宗教 41

公平 公平 285

衡平 平衡 286，287，293，298

——基準 标准 317

国際移動研究部門 国际流动研究部

門 4

国際的なシンポジウム 国际讨论会 325

個人剥奪度 个人剥夺感 172

国家 国家 10

国庫負担金 国库负担额 263～265, 275, 281

子どもの貧困率 儿童贫困率 73

雇用・福祉レジーム 雇佣-福利体制 8, 25, 30, 155

——の機能不全 的功能缺失 28

雇用関係 雇佣关系 10, 140, 143, 149, 154, 156

雇用形態 雇佣形态 140, 154

雇用レジーム 雇佣体制 25

孤立 孤立 54, 55, 68

コントロール願望 控制欲 313

さ行

最適戦略 最优策略 273

在日 在日 103

在留資格 居留身份 109

サマースクール 夏令营 2, 325

参加者選抜 参加者选拔 117, 123～125, 128, 129

産業化社会 产业化社会 316

サンプルセレクションバイアス 样本选择性偏误 253

資金交換 资金交换 117, 122, 129

自己効力感 自我效能感 312

自己責任 自我责任 229

自己束縛 自我束缚 117, 128, 129

自集団高揚 集体自豪感 315

システム正当化 制度正当化 12

——理論 理论 314

自然実験 自然实验 246, 247

自尊心 自尊心 299, 301

失業 失业 8, 53～57, 59～62, 64, 67～69

——手当 补助 309

児童扶養手当 儿童抚养补助 82

ジニ係数 基尼系数 6, 8, 166～170, 176, 179, 314

市民権 市民权 143, 144, 146

企業 企业—— 27, 29

産業 产业—— 10, 144, 150, 151, 153, 156

社会移動 社会流动 98, 104

——研究 研究 3

社会階層 社会分层 3, 11, 215, 228, 229

——研究 研究 4

——と社会移動全国調査 与社会流动全国调查 16

——と不平等教育研究拠点 与不平等教育研究中心 1

——と不平等の構造と変動研究部門 和不平等结构与变迁研究部門 4

社会規制 社会规定 56，57，60，
　　61，67，68
社会給付 社会补助 56～58，60，
　　65，67，68
社会経済（的）地位 社会经济地位
　　214～216，219，223～230
社会参加 社会参与 53
社会的支配理論 社会支配理论 308
社会的収益率 社会收益率 275
社会的排除 社会排斥 8，23，53～
　　58，60，62～67，69，155
社会的フィールド 社会场域 141
社会的ポジション 社会位置
　　24，26
社会ネットワーク 社会网络 100
社会保障 社会保障 24
　　——制度 制度 8，55，56，58，
　　67，68
社会理念 社会理念 286
就学児童の健康状態 学龄前儿童的
　　健康状况 11
従業員 职工 154
終身雇用 终身雇佣 15，26，142，
　　153，154
　　——制 制 28，30
囚人のジレンマ 囚徒困境
　　267，270
充足度（日语）满意度 295，296
集団間葛藤 集体间矛盾 301

集団間不平等 群体间不平等 187，
　　189，194
集団同一化 集体统一化 301，302
集団分散 组内方差 190
収入 收入 11
主観的幸福感 主观幸福感 10，
　　165，166
出入国管理及び難民認定法 出入国
　　管理及难民认定法 97，103
出版バイアス 发表偏倚 249，250
準拠集団 参照对象 178
使用者 使用者 10
省略された変数バイアス 遗漏变量
　　偏误 242，250
職業別組合 职业类工会 150～152
処理群の平均処理効果 实验组的平
　　均干预效应 250
私立 私立 219，227
人口移動 人口流动 267，270，271
新自由主義 新自由主义 307
新成長戦略 新成长战略 102
新制度論 新制度论 141
心的慣性 心理惯性 315
人的資本 人力资本 20～22，102，
　　104，106，108，212，216，228，
　　229
　　——家 家 229
心理的障壁 心理障碍 12，311
心理的要因 心理因素 12，311

スタンフォード大学「貧困と不平等研究センター」斯坦佛大学"贫困与不平等问题研究中心" 2, 325
生活保障 生活保障 25
正義 正义 285
正規雇用 正规雇佣 7, 139, 154, 155
——者 者 6
成均館大学サーベイリサーチセンター 成均馆大学调查研究中心 2
制度 制度 141, 142, 155
　社会 社会—— 8, 310
正当化 正当化 319
生徒文化 学生文化 215
正の同化 正向同化 9, 99, 101～103, 106, 109
政府 政府 10
セーフティネット 安全网 59, 68
積極的労働市場政策 积极的劳动力市场政策 56～59, 62, 63, 67, 68
セレクションバイアス 选择性偏误 242, 249, 250
総額裁量制 总额裁定制 265
操作変数 工具变量 248
　——法 法 243
双生児データ 双胞胎数据 11

相対的剥奪 相对剥夺 170, 179, 293, 295
相対的剥奪度 相对剥夺感 10
　社会整体の 社会整体的—— 174
相補的ステレオタイプ 互补刻板印象 316
相補的世界観 互补世界观 12, 316
底上げ戦略 自下而上战略 308

た 行

第3号被保険者制度 第三号被保险人制度 80
対数分散 对数方差 10, 190, 193
多様性の中の統一 多样性中的统一 42
男性稼ぎ主モデル 男主外模式 9, 28, 31, 80
男性非正規雇用者 男性非正规雇佣者 30
　——比率 比例 15
地位 地位 140, 142, 147, 150～152, 155, 156
　——達成 获得 106
　——役割構造 分工结构 24
　社会的 社会—— 150
　職業的 职业—— 100
中央教育審議会 中央教育审议会 264
"中央研究院"社会学研究所・民族学研究所 "中央研究院"社会学研

究所・民族学研究室所 2

中国系住民 华人 47，49

通常授業外の学習活動 课外学习活动 11

デフォルト 失效 9

伝統的価値 传统价值 320

同化（理）論 同化理论 9，98，99，104

投資行為 投资行为 214，216，227，228

独裁国家 独裁国家 313

トラッキング 分班 214，216，227～230

トリクルダウン 涓滴 307

な 行

内生性 内生性 242

ナショナリズム 民族主义 315

21世紀COEプログラム 21世纪COE计划 1，3，326

二重経済 二元经济 42，43

日系人 日裔 116～119，121～127，130

日本型経営 日本式经营 26

日本型雇用慣行 日本式雇用习惯 15

日本経営者団体連盟 日本商业联合会 28

ニューカマー 新来者 97，103

人間性次元 人格维度 316

認知的不協和 认知失调 318

年功序列 年功序列 26

年功賃金 年功薪金 154

農村共同体 农村社区 316

No Study Kids（NSK） NSK 218

は 行

パート法 短期雇佣劳动法 10

配偶者控除 配偶减免税 80

配偶者特別控除 配偶特別减免税 80

波及効果 溢出效应 253

剥奪度 剥夺感 171

発展授業 进阶班 218，222，226，227，229

比較 比较 152

東アジア研究部門 东亚研究部门 4

非現実的楽観主義 非现实性乐观主义 318

PISA PISA（国际学生评估项目） 214，216，217，225

非正規雇用 非正规雇佣 7，57，60，61，67，68，139，153，154

——者 者 6

——者比率 者比例 15

必要性 必要性 286，287，293，297

——基準 标准 319

——に基づいた不公正の是正 基于必要性的不公平修正 12

ひとり親世帯 单亲家庭 7
ひとり親世帯のためのニューディール 为了单亲家庭的新政策 86
費用対効果 费用与效果比 272，275
平等 平等 286，287，293，297
　　——基準 标准 317
　　——主義 主义 285
不確実性 不确定性 317
福祉レジーム 福利体制 25
ふさわしさ 相符性 295
双子固定効果 双胞胎固定效应 248，256
普通科 普通课程 219，223，226，227
負の同化 负向同化 9，98，101，104，106～109
不平等 不平等 3，139，149，155，284，287
　　——研究 研究 3
　　——の要因分解 因素分解 190，192
　　　雇用の 雇佣的—— 309
　　　所得 收入—— 10
普遍的価値 普遍价值 320
プリンストン大学社会学部 普林斯顿大学社会学院 3
分散関数回帰分析 方差函数回归分析 10，192，203，204
分配的公平理論 分配公平理论

293，295
平均量の単回帰分析 平均值的一元回归 193
ベイズ推定 贝叶斯推定 204
変革コスト 改革成本 317
ホームレス 无家可归者 29，30
母子（家庭）世帯 单亲母亲家庭 7，9，310
ポジティブ幻想 正向错觉 315
母子福祉政策 单亲母亲福利政策 9
補習授業 补习班 218，226，227，229
ポスト産業社会 后工业社会 212
ボトムアップ 至下而上 308

ま 行

マイノリティ 少数群体 115，130，133
　　——研究部門 研究部门 4
マルチレベルモデル 多层模型 221，223
民主国家 民主国家 313
民主主義指数 民主主义指数 313
民族紛争 民族纷争 320
面識関係 熟人关系 117，126，127，129～131

や 行

有能さ次元 能力维度 316
養育費 养育费 87

——政策 政策 9

——相談支援センター 咨询支援中心 89

ら行

楽観的期待 乐观期望 315

ランダム化比較試験 随机对照试验 246，249～255，257

履行確保制度 履行确保制度 88

留学生30万人計画 留学生30万人计划 102

労使関係 劳资关系 145

労働過程 劳动过程 147

労働基準 劳动基准 146

労働組合 劳动工会 10

労働契約 劳动契约 144

労働市場 劳动力市场 144，147

労働者 劳动者 10

労働組織 劳动组织 147

労務管理制度 劳务管理制度 147

ロジスティック回帰分析 logistic回归分析 223，225

ロンドン大学クイーン・メアリー・カレッジ 伦敦玛丽女王大学 3

わ行

ワークショップ 研讨会 324，325

# 作者简介[*]

（按写作顺序）

[*] 佐藤嘉伦　序言、导言、第 1 章
1957 年　　出生于东京市
1987 年　　博士毕业于东京大学研究生院社会学研究科，获博士（文学）学位
现在　　　日本东北大学杰出教授
研究方向　行为科学、社会学
主要著作：
Social Exclusion: *Perspectives from France and Japan*，（共编）Trans Pacific Press，2012.
『現代の階層社会 1——格差と多様性』（共編）東京大学出版会，2011 年。
Japan's New inequality: *Intersection of Employment Reforms and Welfare Arrangements*，（共编）Trans Pacific Press，2011.
『ワードマップ　ゲーム理論——人間と社会の複雑な関係を解く』新曜社，2008 年。
Deciphering Stratification and Inequality: *Japan and Beyond*，Trans Pacific Press，2007.

---

[*] 表示编者

* **木村敏明　导言、第 2 章**

1965 年　　出生于神奈川县

1999 年　　博士毕业于东北大学研究生院文学研究科，获博士（文学）学位

现在　　　日本东北大学文学研究科副教授

研究方向　宗教学、宗教人类学

主要著作：

Stratification in Cultural Contexts，（编著）Trans Pacific Press，近期上版。

『聞き書き震災体験——東北大学 90 人が語る 3.11』（監著）新泉社，2012 年。

『宗教と現代がわかる本 2012』（共著）平凡社，2012 年。

「地震と神の啓示——西スパトラ地震をめぐる人々の反応」『東北宗教学』Vol. 5, 2009 年。

永吉希久子　第 3 章

1982 年　　出生于大阪市

2010 年　　博士毕业于大阪大学研究生院人类科学研究科，获博士（人类科学）学位

现在　　　日本东北大学研究生院文学研究科副教授

研究方向　社会学

主要著作：

「日本人の排外意識に対する分断労働市場の効果」『社会学評論』63 (1), 2012 年。

『外国人へのまなざしと政治意識』（共著）勁草書房，2011 年。

下夷美幸　第 4 章

1962 年　　出生于鹿儿岛县

1988 年　　博士毕业于御茶水女子大学研究生院家政学研究科，获博士（社会科学）学位

现在　　　日本东北大学研究生院文学研究科副教授

研究方向　家庭社会学

主要著作：

『養育費政策にみる国家と家族——母子世帯の社会学』勁草書房，2018 年。

『固定された性役割からの解放（講座ジェンダーと法　第 2 巻）』（共著）日本加除出版，2012 年。

竹中步　第 5 章

1966 年　　出生于神奈川县

2000 年　　博士毕业于哥伦比亚大学社会学系，获社会学博士学位

现在　　　布林莫尔学院社会学系副教授

研究方向　社会学

主要著作：

How Contexts of Reception Matter: Comparing Peruvian Migrants' Economic Trajectories in Japan and the U. S., *International Migration*, 2012.

How Diasporic Ties Emerge: Pan-American Nikkei Communities and the Japanese State, *Ethnic and Racial Studies*, 32（8），2009.

石田贤示　第 5 章

1985 年　　出生于石川县

2011 年　　硕士毕业于日本东北大学研究生院教育学研究科，获硕士学位

现在　　　博士就读于日本东北大学研究生院教育学研究科

研究方向　教育社会学

主要著作：

「若年労働市場における社会ネットワークと制度的連結の影響——社会ネットワークによるスクリーニング機能」『社会学年報』40，2011 年。

中室牧子　第 5 章、第 11 章

1975 年　　出生于奈良县

2010 年　　博士毕业于哥伦比亚大学艺术与科学研究生院，获博士（教育经济学）学位
现在　　　日本东北大学研究生院文学研究科助教
研究方向　教育经济学
主要著作：

Schooling and Migrant Remittances in Transition Economies: The Case of Albania and Tajikistan, *International Development Planning Review*, 32（3）: 2010.

Mobility of Skilled Labor in Transition Economies: The Perspectives from Brain-Drain, Brain-Waste, Brain-Circulation and Brain-Gain, *Journal of International Cooperation Studies*, 18（1）, 2010.

辻本昌弘　第 6 章
1972 年　　出生于奈良县
2000 年　　博士毕业于日本东北大学研究生院文学研究科，获博士（文学）学位
现在　　　东北大学研究生院文学研究科副教授
研究方向　社会心理学
主要著作：

『心理学の視点 24』（共著）国際文献社，2012 年。

今井顺　第 7 章
1967 年　　出生
2006 年　　博士毕业于纽约州立大学石溪分校，获社会学博士学位
现在　　　北海道大学研究生院文学研究科副教授
研究方向　比较雇佣关系论、经济社会学、劳动社会学
主要著作：

The Transformation of Japanese Employment Relations: Reform Without Labor, Houndmills/Basingstoke, Palgrave Macmillan, 2011.

Japan's New Inequality:*Intersection of Employment Reforms and Welfare Arrangements*，Trans Pacific Press，2011.

滨田宏　第8章

1970年　　出生于兵库县

2001年　　博士毕业于关西学院大学社会学研究科，获博士（社会学）学位

现在　　　日本东北大学研究生院文学研究科副教授

研究方向　数理社会学

主要著作：

「線型結合モデルは科学的説明たりうるか?」『理論と方法』27（2），2012年。

『格差のメカニズム――数理社会学的アプローチ』勁草書房，2007年。

泷川裕贵　第9章

1975年　　出生于爱知县

2003年　　博士毕业于东京大学研究生院人文社会研究科，获博士（社会学）学位

研究方向　数理社会学、公共社会学、社会阶层论

主要著作：

『公共社会学1――リスク・市民社会・公共性』（共著）東京大学出版会，2012年。

「持続する不平等を説明する――相対的リスク回避モデルを中心に」『理論と方法』49，2011年。

松冈亮二　第10章

1977年　　出生于东京市

2012年　　博士毕业于夏威夷大学马诺阿分校教育学校，获教育学博士学位

现在　　　　日本东北大学研究生院文学研究科国际 COE 项目"社会分层与不平等教育研究中心"研究员
研究方向　　教育社会学、教育政策学、比较教育学
主要著作：
Comparative analysis of institutional arrangements between the United States and Japan：Effects of socioeconomic disparity on students'leaning habits，『比較教育学研究』46，2013 年。
Tracking effect on tenth grade students'self-learning hours in Japan,『理論と方法』53，2013 年。

秋永雄一　第 12 章
1951 年　　出生于东京市
1985 年　　博士毕业于东京大学研究生院教育学研究科
现在　　　　日本东北大学研究生院教育学研究科教授
研究方向　　教育社会学
主要著作：
『教育社会学——第三のソリューション』（共編訳）九州大学出版会，2005 年。
『日欧の大学と職業』(共著) 日本労働研究機構，2001 年。

滨本真一　第 12 章
1987 年　　出生于千叶市
现在　　　　博士就读于东北大学研究生院教育学研究科
研究方向　　教育社会学
主要著作：
「公立中高一貫校の拡大規定要因分析——学校タイプによる傾向の違いに着目して」『社会学年報』41，2012 年。

川岛申佳　第 13 章

1982 年　　出生于大阪市

2012 年　　博士毕业于日本东北大学研究生院文学研究科，获博士（文学）学位

现在　　　日本东北大学研究生院文学研究科助教

研究防线　社会心理学

主要著作：

「多元的公正感と抗議行動——社会不変信念，社会的効力感，変革コストの影響」（共著）『社会心理学研究』27，2012 年。

大渕宪一　第 13 章、终章

1950 年　　出生于秋田县

1977 年　　博士毕业于日本东北大学研究生院文学研究科，获博士（文学）学位

现在　　　日本东北大学研究生院文学研究科教授

研究方向　社会心理学

主要著作：

『新版　人を傷つける心』サイエンス社，2011 年。

『謝罪の研究』東北大学出版会，2010 年。

译后记

本书由我的硕、博导师日本东北大学研究生院文学研究科副科长佐藤嘉伦教授与同校的宗教学木村敏明教授共同编著。佐藤嘉伦教授是日本著名的社会学家,其主要研究方向为社会分层与流动以及社会不平等。他曾于2005年主持日本全国社会分层与流动调查(The National Survey of Social Stratification and Social Mobility,简称SSM调查),并担任国际社会学会理事、美国社会学会合理性与社会分会会长、日本社会学会理事。现担任日本社会学会议员以及《日本社会学评论》(英文版)主编。

本书成书于2013年,是对社会阶层与不平等研究中心(Center for the Study of Social Stratification and Inequality)十年的研究成果的汇总。十年前,由于泡沫经济崩溃,日本政府难以负担庞大的财政支出,开始着手进行全面的市场化改革,例如邮政事业民营化、交通运输事业民营化以及公共事业民营化等。而这样的改革在小泉纯一郎内阁时期(2001~2006年)达到高潮,被誉为"没有圣域的结构改革"。然而,这一场改革彻底打破了日本高度经济成长期(1954~1973年)以来所维持的劳动力市场的雇佣习惯,终身雇佣制与年功序列制土崩瓦解,非正规雇佣者以及派遣劳动者的占比不断攀升。但是，与之相应的福利政策却未能及时制定，这导致日本国内社会不平等加剧。该中心正是成立于 2003 年日本社会结构变迁之际，其意在深度分析当今日本社会阶层与不平等研究的现状，并试图找出缩小社会差异的方法。

本书分别从制度、历史、文化、宗教、民族构成等宏观社会背景与人们的属性和资质、能力等微观特性角度来分析与阐释日本社会差异与不平等的产生机制，为我们整体勾勒出日本当今社会分层与流动的完整图景。同时，本书内容翔实且具体，全面介绍了影响日本社会不平等的因素。此外，本书中对于不同的研究侧面采用了完全不同的分析手法，包括理论分析、质性实证分析、定量实证分析以及数理模型分析，这对我国社会学研究而言非常有借鉴意义。

作为"社会研究新视野丛书"的一本，本书的翻译和出版由上海大学社会学院张海东教授策划和支持。张海东教授曾访问日本东北大学研究生院文学研究科行为科学研究室，与佐藤嘉伦教授熟悉，也曾邀请佐藤嘉伦教授访问上海，两人建立了持续的学术交往关系，曾合作开展东亚城市（上海、首尔、东京）社会不平等研究。目前两位教授与一位韩国学者同为东亚社会学会社会分层与不平等研究网络的召集人。所以翻译本书的设想一提出就得到佐藤嘉伦教授的大力支持，其为协调版权等事宜付出了很多努力。

本书翻译工作历时一年有余，由于本书为组合式结构，所以翻译工作由翻译团队成员分别承担。过程中采用分担翻译、共同校对、分别修改的模式。首先，由承担各章节的译者进行直接翻译；其次，翻译结束后，由翻译领队总合译文，再分别交给不同的译者进行译校；最后，将译校完成的文本再次汇总并查阅。

本书翻译工作由译校者集体合作完成。全书翻译、图表以及文字处理工作分工如下：序言、导言、终章、第 4 章、第 12 章和第 13 章由叶茂鑫翻译；第 1 章、第 3 章以及第 5 章的第 1、2 和 3 节由龚顺翻译；第 2 章、第 11 章以及第 5 章的第 4 节和第 5 节由李浩东翻译；第 8 章、第 9 章以及第 7 章的第 1、2 和 3 节由吕泽宇翻译；第 6 章、第 10 章以及第 7 章的第 4 节和第 5 节由谢拓文翻译。全书由叶茂鑫整体校对。

在此，对参与本书翻译工作的上述各位译校者致以诚挚的谢意。本书部分表格中的数值有误，但原书如此，因无法取得原始数据，翻译上只能与其保持一致。同时，翻译中也难免存在各种问题，责任完全由译校者负责，恳请读者批评指正，以进一步提高翻译质量。

叶茂鑫

图书在版编目（CIP）数据

不平等的形成：日本社会的差异、分层和公正/（日）佐藤嘉伦，（日）木村敏明编著；叶茂鑫等译. --北京：社会科学文献出版社，2022.12
（社会研究新视野丛书/张海东主编）
ISBN 978 - 7 - 5228 - 0758 - 4

Ⅰ.①不⋯ Ⅱ.①佐⋯ ②木⋯ ③叶⋯ Ⅲ.①社会问题 - 研究 - 日本 Ⅳ.①D731.38

中国版本图书馆CIP数据核字（2022）第171660号

社会研究新视野丛书
不平等的形成
—— 日本社会的差异、分层和公正

编　　著／〔日〕佐藤嘉伦　〔日〕木村敏明
译　　者／叶茂鑫 等

出 版 人／王利民
责任编辑／杨桂凤
文稿编辑／林含笑
责任印制／王京美

出　　　　社会科学文献出版社·群学出版分社（010）59366453
地址：北京市北三环中路甲29号院华龙大厦　邮编：100029
网址：www.ssap.com.cn
发　　行／社会科学文献出版社（010）59367028
印　　装／三河市龙林印务有限公司

规　　格／开　本：889mm × 1194mm　1/32
　　　　　印　张：11.25　字　数：280千字
版　　次／2022年12月第1版　2022年12月第1次印刷
书　　号／ISBN 978 - 7 - 5228 - 0758 - 4
著作权合同
登 记 号／图字01 - 2020 - 7171号
定　　价／89.00元

读者服务电话：4008918866

版权所有 翻印必究